초대국립박물관장회고

경복궁야화

김 재 원

탐 구 당

▣ 表紙사진 : 景福宮 慈慶殿

著者近影

일러두기

이 《景福宮夜話》는 국립중앙박물관에서 한달에 한번씩 나오는 《박물관신문》에 1985년 5월 31일부터 1989년 6월 1일까지 같은 제목으로 실었던 筆者의 글을 모아놓은 것이다.

제목이 말해주듯이 이것은 筆者가 25 년간(1945～1970) 國立博物館長으로 있다가 퇴직할 때까지의 옛 이야기들을 박물관에서 근무하는 젊은 분들을 상대로 두서없이 쓴 글이다. 처음에는 한 회에 원고지 5장을 넘지 않았으나 후에는 8장, 10장, 그리고 끝에 가서는 20장까지 늘어나게 되었다.

애초 시작할 때부터 박물관 역사를 체계있게 쓸 작정은 아니었으므로 이야기의 앞뒤가 뒤바뀌거나 중복된 경우도 있고, 같은 이야기를 부분적으로 두 번 이상 쓴 경우도 있다. 때문에 한데 모아 책으로 묶으려니 다소 어색한 부분이 많이 생겼다. 따라서 이야기를 알기 쉽게 연결하기 위하여 다른 지면에 쓴 내용을 빌려와서 《박물관신문》에 없었던 부분이 삽입된 경우도 있고, 또 원래는 실렸던 부분이 제외된 경우도 있다.

이 책의 내용을 대략 적어보면, 제1장은 어려웠던 시기의 박물관에 대해서이다. 필자가 퇴직할 때인 1970년까지의 박물관 시절 중 실로 어렵지 않았던 시기가 없었는데 여기서는 그 대략의 내용을 알기 쉽게 서술한 것이다.

그 어려운 와중에서 박물관이 수행한 업적중에 제일 컸던 것은 제2장의 海外展示로서 이 부분에 대해서는 비교적 길게 소개하였다. 그리고 6·25 이후 약 20여 년 동안은 박물관 활동을 위해서 항상 외국의 財團이나 學會 등의 원조를 받아왔고, 또 이 기관들을 통해서 한국학 연구에 대한 보조를 받았으므로 그 내용을 제3장에 서술하였다.

이 《景福宮夜話》를 쓸 때 가장 기억에 새로웠던 일 중의 하나가 베를린 古典考古學會에 참석하면서 경험했던 일, 그리고 로마에 여행했던 일이므로 그 내용을 제4장에 넣었다.

이상의 네 장이 필자가 《박물관신문》에 실었던 글의 주요 내용의 전부이다. 한편 돌이켜보면 해방 후인 1948년에 체류비용 175달러라는 얼마 안되는 교통비를 록펠러재단에서 받아 학예연구원으로서 美國의 주요 지역들을 돌아다니면서 考古美術學界의 학자들을 많이 만났던 것이 이후 나의 博物館人으로서의 생활에 큰 영향을 미쳤다고 생각한다. 그때의 기록은 乙酉文化社에서 나오던 학생잡지 《學風》(1948～1949)에 실린 바 있다. 그러나 일반독자들의 눈에는 별로 띄지 않았기 때문에 이 부분을 새삼스레 이 책의 제5장으로 첨가시킨 것에 대해서 독자 여러분들이 양해해 주기를 바란다. 그렇게 함으로써 《박물관신문》에 실은 이후의 부분을 이해하는 데 도움이 될 것으로 믿기 때문이다. 한편, 이 책의 내용상 순서로 보아 이 부분이 먼저 있었던 일이지만 가장 마지막 장에 실은 점을 이해하여 주기 바란다.

1990년 3월 여의도 書齋에서

著者

차 례

1. 어려운 시기의 박물관

해방 직후

1945년 8월 15일 12시, 일제의 역사적인 항복방송이 있은 후 우리나라 사람 누구나와도 같이 나는 이제부터 무엇을 하여야 되나 하고 생각하고 있었다.

8월 15일, 나는 그때까지의 朝鮮總督府博物館으로 찾아갔다. 일본사람들이 기쁘게 맞아주면서 "이제 우리는 어떻게 되나요? 우리가 그냥 머물러서 일을 할 수 있을까요? 누가 박물관일을 맡아보게 될까요?" 불안한 그들은 나에게 여러 가지 질문을 하였다. 일본 사람들이라 하더라도 전쟁말기에 감원하였기 때문에 有光教一(前 京都大學 考古學教室 주임교수), 榧本龜次郎(후에 奈良文化財研究所 平城京 주사주임), 澤俊一(朝鮮古蹟圖譜 외 많은 보고서 수록사진을 촬영한 사진기사) 외 몇 사람이 있을 따름이었다. 이밖에 유일한 한국인으로는 崔泳喜씨가 있었다. 나는 그들에게 나와 항상 긴밀한 연락을 취하도록 부탁하고 불안해하지 말라고 타일렀다. 그때 女子醫專강당에서는 學術院이라는 단체가 조직되어, 그 후 북한으로 간 白南雲이 위원장이 되어 서울에 있는 모든 학술기관을 '接收'하고 있었다.

하루는 그곳에 들렀더니 나더러 박물관을 '접수'하라고 하였다. 나는 서슴지 않고 별로 그런 형식을 취하지 않아도 접수한 것이나 다름없다고 말하고, 다만 경주와 부여에 金冠 등의 귀중품이 疎開되어 있는데 지방소식을 알 수 없어서 일본인 책임자가 귀국하면 그 공백기가 걱정된다고 하였더니 곧 가서 그 일을 처리하고 오라고 하였다. 물론 우리 정부도 수립되지 않았는데 내가 그곳에 갔대야 개인에 불과하지만 나는 일이 급함을 느끼고 白南雲에게서 여비를 받아 가지고 경주로 떠났다. 생각하면 이것이 내가 박물관사업에 참가한 첫 번째 일이라 하겠다.

당시 경주에는 大坂金太郎이라는 사람이 있었으므로 서울 박물관에 있는 有光教一씨의 편지를 가지고 경주에 도착하였다. 경주에서도 행정관리들이 갈피를 잡지 못하고 있는 상태였다. 미리 서울에서 조사해 간 바와 같이 경주박물관의 서기로 오래 있었던 崔順鳳씨를 불러 같이 大坂金太郎과 관장실에서 면담하고 경주박물관의 다음 책임자는 崔順鳳씨가 될 터이니 "오늘 당장 崔順鳳씨에게 모든 창고의 열쇠를 인계하라. 그러나 직장은 아직 이탈하지 말고 중앙의 지시가 있을 때까지 기다리라."고 지시하였다. 大坂은 공손하게 그러기로 약속하고 자기의 후계자가 자기의 보통학교 교장 때의 제자의 한 사람으로 신임할 수 있는 사람이라는 데에 안심을 한 모양이었다. 大坂씨는 그때로는 경주 시내에서 제일가는 여관인 안동여관에서 나에게 저녁식사 대접을 하였다.

나는 그 후 경주박물관에 갈 때마다 관장실에 있는 와당을 넣어서 만든 둥근 탁자를 보면 그것을 가운데 두고 大坂씨와 담판하던 생각이 나고 어리둥절해하던 패전국 일본인 大坂씨의 얼굴이 눈앞에 나타난다. 그는 지금 90여세로 아직도 생존해 있다고 들었거니와 경주박물관 창설에는 공로가 있는 사람으로 《趣味의 慶州》·《慶州의 傳說》 등의 저서도 내고 논문도 쓸 수 있는 사람이었다. 나는 경주의 일은 崔順鳳씨에게 중앙의 지시가 있을 때까지는 자기 재량으로 잘 처리할 것이며 문화재의 사수를 명령하고, 그때 시시로 변하는 중앙에서의 일이 궁금하여 급히 서울로 돌아왔다.

지금 상세히 기억에 남아있지 않으나 거족적으로 학자들을 규합해서 프랑스의 아카데미 역할을 하겠다고 다짐하던 學術院 내에도 균열이 생기고 점차 白南雲씨의 좌익적인 노선이 드러나서 모이는 사람이 줄어들었다. 나는 일단 박물관을 맡아볼 작정으로 거의 매일 景福宮 안에 있던 박물관에 출근하였다. 9월 7일 미군이 서울에 입성할 때까지는 有光씨 외에도 몇몇 일본사람이 박물관에 남아 있었으나 그들은

美軍政하에서의 국립박물관 개관식. 왼쪽부터 아놀드 장군, 크네제 비치 대위, 기파드씨, 하나건너 필자. 1945년 9월.

얼마 후 모두 귀국하였다. 미리 가족을 일본에 보낸 有光씨를 상대로 韓國博物館과 東洋考古學에서의 문제점 같은 것을 토의하면서 정국의 안정을 기다렸다.

일본인 교수들이 남아있는 사이에 박사학위를 타두려던 의학도들의 논문의 독일어 抄錄을 써준 것도 이 전후의 이야기이다. 그때 문교담당의 미군은 록카드대령이었는데 하루는 그에게 가서 내가 벨기에에서 쓰던 Ph.D. 金載元이라는 명함을 내보였더니 그는 크게 기뻐하고 "굳 맨" "베리 굳 맨"이라고 좋은 사람을 발견한 것을 기뻐하였다. 지금 생각하면 그때 그 명함을 내고 좀 더 좋은 자리를 원하였더라면 영달도 속히 되고 수지도 맞는 자리를 차지하였을 것을 고작 박물관장 자리를 얻은 것이 큰 실수였다고 고소하는 일이 많다.

내가 박물관장에 정식으로 임명된 것은 9월 27일인가였다. 그때 내 나이가 36세. "저명한 고고학자 누구 누구를 박물관장에 임명하였다"

고 라디오에서 몇 번이고 방송하였으나, 그때는 벌써 영어나 하는 사람은 무슨 부장, 무슨 장자리를 차지하였을 때이고 수지가 안 맞는 박물관자리는 별로 관심을 끌지 못한 때였다.

10월 10일쯤 有光, 미첼중위(사회교육담당), 윈클러군조와 같이 스리쿼터 한 대를 가지고 지프로 부여를 향하여 떠났다. 지방박물관, 분관 실정을 살피고 일본인 분관장 대신 한국사람을 그 자리에 앉히고, 또 지방분관에 疎開되어 있던 서울본관의 진열품을 서울로 옮길 계획이었다. 도중 조치원에 들렀을 때에 우리는 도로변에서 부산쪽으로 이동하는 일본 패잔병들의 처참한 모습을 보게 되었다. 그러나 우리 일행은 그런 데는 눈을 팔지 않고 곧장 부여로 차를 달렸다. 우리가 지나가는 곳마다 지방사람들은 미군이 서울에 입성하였다는 말은 들었으나, 실제로는 한 사람도 본 일이 없었고 우리가 데리고 간 미국 군인이 그들이 보는 첫 해방군의 모습이었다.

수십 명씩의 국민학교 학생들이 길가에서 우리 일행을 보면 양손을 들어 "만세"하고 고함을 지르고 장터를 지날 때면 호의에 넘치는 미소를 띠고 "만세"로 호응하는 군중들, 다 잊을 수 없는 감격적인 장면이었다. 나와 같이 지프에 탄 有光씨도 어느새 이들 환호성에 말려들어 손을 들어 만세를 부르고 좋아하였다.

우리가 부여에 도착하였을 때 부여의 청년들이 청년회 명의로 성대한 환영회를 베풀어 먼 데서 온 해방병사들을 위로하여 주었고, 새로 세워질 우리나라의 부여박물관을 위하여 축배를 올렸다. 그들은 모두 22~23세의 희망과 감격에 가득찬 청년들로서 장래의 포부를 털어놓았다. 같이 갔던 윈클러군조는 지금은 뉴욕시 월가(Wall Street)의 한 은행가로 발전한 사람인데, 그 후에도 太平洋戰線에 참가한 이후 최대의 유쾌한 일로 기억에 남는 것은 그 때 부여와 경주에 가던 길에서 받은 환영과 부여에서의 저녁식사 대접이라고 하였다. 그러나 그 후 나 자신은 수십 차례 부여에 갔건만 그때 만났던 청년들의 모습을 한 번도 본 일이 없는 것은 차라리 신기한 일로서, 나 역시 해방의 벅

찬 감격에 사로잡혔던 때의 기쁜 기억의 하나라고 생각한다. 부여에서는 아직도 남아있는 일본인 관장 대신 군청에 있는 洪思俊씨를 관장으로 앉히고 다음은 공주에 들렀다.

공주는 백제왕실이 부여로 가기 전의 옛 도읍으로서 일본인들이 주동이 되어 公州古蹟顯暢會를 만들었고 그 진열실이 있었다. 8·15 직후 지방유지들이 이것을 일본인에게서 접수하였고, 그 진열품을 보관하는 분이 劉始鍾씨였으므로 그를 만나서 공주고적현창회 진열실을 박물관 분관으로 승격하여 줄 것을 약속하였다. 그 후 이 약속은 실현되어 劉始鍾씨는 10여 년간 분관장직을 맡았다.

공주에서 우리는 경주로 달렸다. 우리는 물론 잠은 여관에서 잤으나 식사는 매번 C레이션이라는 미군들의 깡통으로 하였다. 그들은 매일 밤 늦게야 자고 아침에는 9시 전에는 일어나지 않았으나, 차로 달릴 때에는 적어도 당시 우리가 받은 인상으로는 전속력으로 달렸다. C레이션을 먹기 위하여는 하천가에 정거하는 것이 보통인데, 그것은 차나 커피물을 끓이는 데 편리한 까닭인 듯하였다. 우리는 그들의 이런 동작에서 그들의 전쟁 중의 행동이 어떠하였으리라는 추측을 할 수 있게 되었다.

공주에서 경주로 가는 도중 우리는 역시 몇 번이고 장터로 가는 시골사람들과 많은 국민학교 어린이들을 만나서 높이 만세를 불렀다. 예정보다 우리의 여정이 늦어져서 속리에서 하룻밤을 지내고 다음날에야 경주에 도착하였는데, 그때는 이미 일본인 大坂씨는 포항에서 배를 타고 일본으로 떠난 후였고 내가 임명한 대로 崔順鳳씨가 박물관을 지키고 있었다. 이 모든 인사는 우리가 서울에 돌아온 후에야 정식 발령이 났던 것은 물론이다.

경주는 외국인들이 볼만한 고적이 많다는 것을 그들도 아는 터이나, 우리는 경주에 오래 머무를 수가 없어서 필요한 조치만을 취하여 놓고, 새로 정식 임명될 崔順鳳씨의 전송을 받으면서 전쟁 중 경주에 소개되었던 대형 金銅半跏思惟像·金冠·金製腰帶, 기타 가장 중요한 국

아놀드軍政장관(中央)과 崔順鳳씨(右)와 필자.

보와 부여에서 싣고온 文樣塼 같은 것을 가지고 중앙선을 거쳐 서울로 떠났다. 우리들의 미군병사는 경주에 올 때도 지방인사들이 처음으로 보는 해방군이었거니와, 중앙선에 있는 촌락민들에게는 더욱이 그들을 볼 기회가 없었던 것이며, 따라서 그들은 한국을 일제의 압제에서 해방시킨 연합군 대표나 되는 듯이 도처에서 대환영을 받았다. 정오에야 경주를 출발한 우리들은 저녁 늦게야 풍기에 도착하였다. 풍기에서 밤을 지내게 된 이유는 이곳에 나의 가까운 친척의 한 사람이 있었던 까닭도 있다. 피곤한 우리는 金冠·半跏思惟像 같은 우리나라의 최고 국보를 실은 우리 차를 지서에 가져다가 밤새 잘 보관하라는 한 마디만을 남기고 숙소로 돌아왔다. 그때의 각자의 애국심은 대단하여 이것이 우리나라의 국보라는 말 한 마디로 어느 누구도 감히 그 차에 손을 댄 사람이 없었다.

우리는 이렇게 하여 지방분관을 살피고 각기 분관장을 임명하였고, 오랫동안 휴관 중이었던 景福宮 내의 박물관을 개관할 준비를 갖추었다. 총독부박물관은 원래 독립된 기구가 아니었으며 그것은 學務局 社

會教育課의 한 계에 불과하였던 것이다. 따라서 관장은 있어본 일이 없었고 박물관 직원은 우선 본부 學務局에 비치된 출근부에 날인하고 박물관에 나와야 되는 것이었다. 그때의 학무국에는 후에 한국은행총재를 지낸 全禮鎔씨가 있었고 사회교육과 사무관으로는 얼마 전까지도 民正黨의 최고위원이었던 尹吉重씨가 있었다.

나는 우선 박물관을 독립된 기구로 만드는 데 성공하였으며, 따라서 박물관이 생긴 지 40년 만에 처음으로 관장으로 들어온 사람이 나였던 것이다. 이때에 문제되는 것은 博物館係와 병립되어 있던 古蹟係의 사무를 어떻게 하나 하는 것이었는데, 有光씨의 조언으로 박물관이 古건축 수리사업을 떼어서 다른 부서에 준 것이니 이것이 박물관에서 고적보존사업이 분리된 원인이며 현재는 그 사무를 문화재관리국에서 하고 있는 것이다. 학무국 산하에는 도서관도 있고 과학관도 있었다. 그러나 우리나라의 사정에 어두운 미국인들은 그곳의 책임자로 누구를 두었으면 좋을는지도 모르고 있었다. 나는 하루 윈클러군조를 데리고 가서 역시 그의 손으로 타이핑하여 李在郁씨를 국립도서관장으로, 趙福成씨를 과학관장으로 임명한다고 서명하게 하였다. 일개 외국인 군조가 도서관장·과학관장을 임명한다고 제손으로 쓰고 서명한 그것이 효력을 발생한다는 것은 아마 세계 역사상에 없는 일이겠으나, 이것은 사실이다. 물론 후에 정식으로 발령조치를 하기는 하였으나 생각하면 우스운 일이다. 그러나 한편 이들 인사는 내가 국립도서관장의 경우는 李丙燾씨와 상의하였고, 과학관의 경우는 지금은 이북에 간 都逢涉씨와 문의하여 한 일이었기 때문에 전혀 엉터리 없는 인사는 아니었고 당시로는 최선의 인사였다.

지금 퇴계로 中央情報部 자리는 본래 總督官邸가 있던 자리이다. 그 건물은 수년 전 철거되었으나 그 안에는 역대통감과 총독들의 유품들이 진열되어 있었고 日皇이 한국에 왔을 때 탔던 마차 같은 것을 진열하고 加藤灌覺이라는 자가 관장노릇을 하였다. 이 자가 수차 경복궁으로 나를 찾아와서 자기를 부하로 인정하고 施政紀念館을 달리 이용하여 달라고 最敬禮를 하고 애원하였다.

이 자는 희대의 흉물로서 일본패전과 더불어 全州李氏로 改姓하였으며, 일본사람이지만 자기는 일본패전을 가장 유쾌하게 생각한다고까지 하면서, 뒤로는 일본인들이 그에게 맡기고 간 行裝을 시장에다 팔아 먹고 심지어는 진열품까지 미군에게 매각한다는 것을 알게 되었다. 나는 이 시정기념관을 民俗館으로 만들기로 작정하였다. 그래서 다행히 일본인 柳宗悅씨가 수집하여 놓은 민속자료가 박물관 창고에 있었으므로 이것을 그곳에 옮겨서 宋錫夏씨를 그곳 관장으로 추천하였다. 이것이 國立民族博物館으로 6·25 직후 국립박물관에 흡수되기까지 존립하고 있었다. 뒤에 들은 소식에 의하면 그 加藤灌覺이라는 자는 일본으로 돌아가지 않고 愛隣園이라는 고아원에서 죽었다고 한다. 일제때 잡지 같은 데 자주 나타나는 인물이므로 이곳에 기록으로 남기는 바이다.

이와 같이 학무국 산하 문화기관의 인사는 실제로는 내가 하였다. 이 분들은 지금은 사망 혹은 납북, 그렇지 않은 분도 그 직을 떠난 지 오래인데 나만이 25년을 한 자리를 지키고 있었던 것은 감개무량한 일이다.

해방 직후의 박물관의 陳列本館은 지금의 國立中央博物館과 비교하면 형편없이 작은 서양식 건물이다. 이곳에서 韓國國立博物館의 전신인 朝鮮總督府博物館이 태어났다.

1915년, 일본사람들이 그들의 한국 통치 만 5년을 기념하기 위하여 施政紀念物産共進會라는 조그마한 규모이지만 소위 박람회를 경복궁 안에서 개최하였다. 그때의 共進會는 모두 假건축의 임시 변통으로 지은 바라크였으나 그 중의 한 건물만은 半耐火 건물인 서양식 건축으로 지어서 각 지방에서 고적조사 때에 발견한 역사상 중요하다고 생각한 考古學的 유물들을 그 내부에 진열하여 두었다. 이것이 후에 박물관을 만들 때 그 진열본관 노릇을 하게 된 것은 당연히 생각할 수 있는 일이었다.

옛 국립박물관의 진열본관. 현재 경복궁 전통공예관.

6·25 후에 國立博物館이 이 건물에서 떠난 다음에는 學術院·藝術院 건물이 되었는데 지금은 다시 文化部 산하에 들어가서 傳統工藝館으로 사용되고 있다.

慈慶殿은 일제하에 박물관 사무실 건물로 사용되었다. 원래는 경복궁의 일부로 趙大妃가 거처하시던 곳이다. 당시의 박물관 직원이라야 많지 않았으니 이 건물로도 충분히 제 구실을 하였다. 그리고 뜰 건너에는 옛 궁궐의 사용인들이 거처하던 회랑 같은 것이 있어 숙직실로 사용되었고, 방문객들의 출입구가 있었다. 그리고 뒷뜰 담벽에는 지금도 아름다운 벽돌담에 十長生圖가 조각되어 있다.

景福宮에는 현재 勤政殿, 慶會樓, 思政殿, 千秋殿, 萬春殿, 修政殿 같은 건물이 남아 있으나 원래는 宮內에는 수십 동의 소속건물이 더 있었는데 일제 초기에 대부분 철거되었다는 사실은 이곳에 언급할 필요도 없다. 다만 景福宮의 建春門으로 들어오면 오른쪽에 위에 말한 박물관 진열본관이 있고 바로 마주보이는 곳에 大理石 石塔이 보인다. 이것은 京畿道 開豊郡 敬天寺에 서 있던 高麗末의 石塔인데 韓末에 日本 宮內大臣으로 있던 田中先顯이란 자가 掠去하여 일본에 가져갔

옛 국립박물관 사무실. 경복궁 慈慶殿.

慈慶殿뜰에서의 筆者.
일본인들로부터 접수한
유물과 함께.

景福宮의 대리석 경천사 석탑 및 勤政殿.

제 1 회분관장회의 기념촬영(1947. 8. 12.). 앞줄(왼쪽으로부터)—崔泳喜(서무과장), 洪思俊(부여분관장), 崔順鳳(경주분관장), 筆者(본관관장), 李弘植(진열과장), 劉始鍾(공주분관장), 秦弘燮(개성분관장), 李建中(본관사진사). 뒷줄—金連植, 徐甲祿, 林泉, 李閏洙, 朴日薰(경주서기), 金元龍, 金永培(공주서기), 姜鍾烈, 失名(부여서기), 張旭鎭, 崔熙淳, 姜載岳. (이 분관장회의에서 사진에 나오는 사람은 수위직을 제외한 관원 전부라고 할 수 있는데 분관에서 분관장 외에 서기 한 사람씩 참석하였다.).

직원야유회. 경복궁에서. 1946년 4월 22일.
맞은편 중간쯤이 손님으로 참가한 洪鍾仁, 그 오른쪽으로 筆者, 宋錫夏, 崔泳喜, 李化辰(수위장), 앞줄 왼쪽에서 일곱번째가 李弘稙, 그 오른쪽이 有光教一, 뒤에 서있는 사람이 李建中(사진사), 그 외 서무과 직원과 수위 포함.

던 것으로 후에 文化政治를 한다고 하여 돌아온 것이다. 이것이 수십개의 조각으로 勤政殿 회랑에 보전되었다가 해방 후 박물관의 힘으로 이곳에 세워졌다(1959~1960년 사이). 탑의 많은 부분이 소실되어 있던 것을 원형을 되살리려고 노력하였으나 제대로 되었는지 알 수 없다. 재건에 애쓴 사람은 林泉씨이고 재건비로는 그때 돈 500만환을 염출하였다. 이 탑을 본받아 만든 것이 파고다공원에 있는 圓覺寺의 10층탑인데 이보다도 120년 후에 만들어진 것이다.

경복궁 안에는 옛 궁전의 많은 건물이 철거된 뒤의 빈 자리에 전국 각지에서 옮겨온 石塔과 石碑들이 서 있다.

미군 간이병사

1945년 가을, 미군이 서울에 들어온 지 얼마 후 景福宮 안에는 큰 공사가 벌어졌다. 여기서 경복궁이라 하는 것은 예전의 중앙청 건물, 즉 지금의 國立中央博物館이 아니라 앞에서 언급한 陳列本館(舊學術院 건물)이 있던 장소의 뒷편 전체를 가리킨다. 이 공사는 갑자기 진주하여 온 미군을 수용하기 위하여 이른바 콘셋트라는 간이병사를 세우는 일이었다.

그 콘셋트를 짓는 데는 땅 표면을 고르고 시멘트를 다지면 되는 수도 있으나 경우에 따라서는 땅을 깊이 파는 수도 있었다. 그런데 땅을 깊이 파본 결과 거기서 전혀 의외의 일이 벌어졌다. 즉 勤政殿 뒤에서부터 근정전에 이르는 일대는 宮의 중심이 되는 지역으로, 지금은 흔적도 없어졌으나 원래 그곳에는 수많은 궁궐 건물이 서 있었던 곳이므로 땅을 조금만 파도 예전 건물의 주춧돌 같은 것이 수없이 나타나게 마련이다. 우리도 놀랐고 또 공사를 하던 미군들도 놀랐다. 어떤 石物은 온돌의 일부였던 모양으로 불에 그을린 채로 나왔다.

박물관에서는 이 공사를 중지할 것을 건의하고 古蹟保存會에 이 사실을 보고하였다. 그때의 위원장인 宋錫夏씨는 곧 위원회를 소집하여 이 공사를 중지할 것을 결의하고, 각 신문사에 땅속에서 나온 石造物을 찍은 사진들을 보냈다.

저녁 때 각 신문에 나타난 기사와 사진은 민심에 큰 충격을 주기에 충분하였다. 일본사람들이 경복궁의 많은 부분을 철거할 때의 참상이 새삼스럽게 드러나 그에 대한 분노가 이들 미군들에게 터진 셈이 되었다. 이 신문들을 보고 놀란 것은 우리뿐만 아니라 미군정당국도 마찬가지였다. 신문에 사진을 제공하고 이 기사를 실는 데 협조한 박물관장에게 군정장관의 이름으로 된 격한 어조의 견책장을 보내왔다.

HEADQUARTERS
UNITED STATES ARMY MILITARY GOVERNMENT IN KOREA
APO 235

AG 250 (TFYMG)

14 September, 1946

SUBJECT: Letter of Reprimand

TO : Dr. Kim, Cho Won, Director National Museum.

1. An investigation conducted by the Inspector General, United States Army Military Government In Korea, reveals that, prior to 13 August 1946, and subsequent thereto you did while occupying a postion of trust as Director of National Museum in the employment of United States Army Military Government In Korea, supply photographs of preliminary construction works of a United States Army Military Government In Korea dependent housing project. That you did assist in calling a meeting of members of the Association For The Preservation of Ancient Remains together with members of the local press, and participated therein for the purpose of criticizing the dependent building program of United States Army Military Government In Korea.

2. As a result of this meeting much false information was published by several Korean newspapers.

3. You were, at all times, fully aware of the rule which required you to act through and with the approval of your superior Mr. W.D. Giffard.

4. Your actions disclose that you are not worthy of the trust placed in you, and that you have attempted to impose your will upon the government of Korea. You are guilty in this matter of disloyalty to your immediate superior, to the Commanding General, United States Army Military Government In Korea, and to the Commanding General, United States Army Forces In Korea.

5. Your disloyal and dishonest acts in this instance has brought you into discredit with this headquarters, and a grave doubt exists as to your fitness to hold the important position of trust as Director of National Museum.

6. No further disloyal, insubordinate or dishonest actions upon your part will be tolerated by this headquarters.

ARCHER L. LERCH
Major General, United States Army
Commanding

견책장 영어 원본.

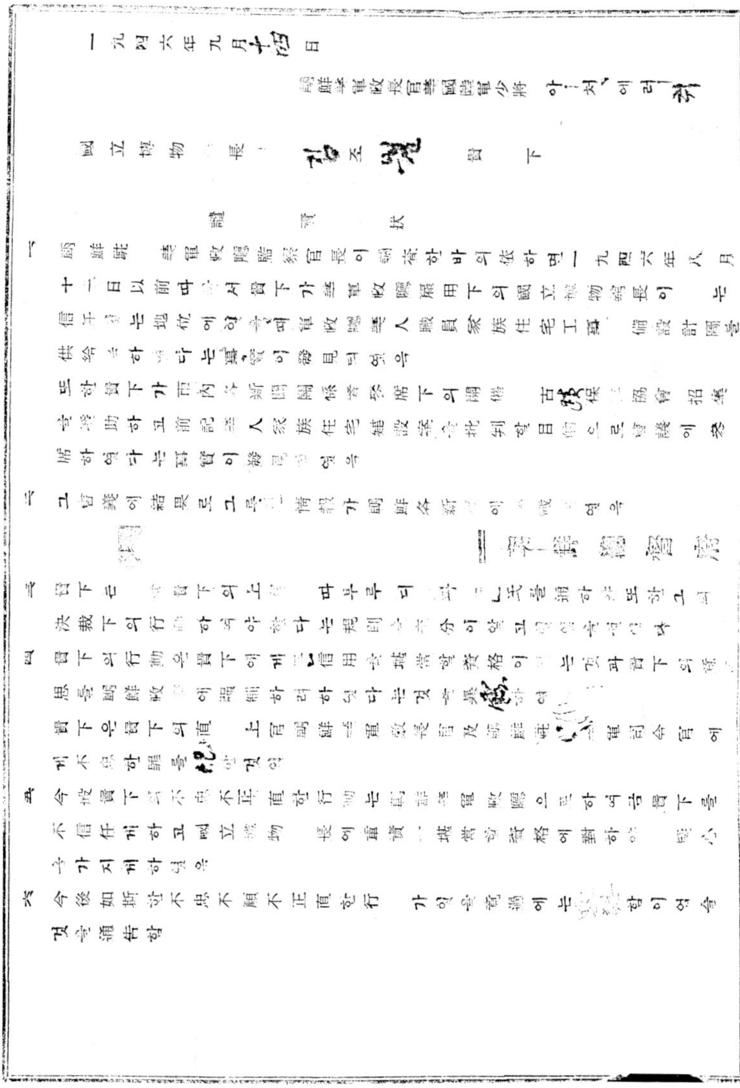

一九四六年九月十四日

朝鮮美軍政長官美國陸軍少將 아─처、에러─취

國立博物館長 김재원 貴下

譴責狀

一、朝鮮駐美軍政廳監察官長이調査한바의依하면一九四六年八月十二日以前때부터貴下가美軍政廳雇用下의國立博物館長이는信任받는地位에있을때軍政廳美人職員家族住宅工事 備設計圖를供給하였다는事實이發見되었음

또한貴下가市內各新聞關係者와會席下의開催 古蹟保存協會招集을援助하고前記美人家族住宅建設案을批判할目的으로會議에參席하였다는事實이發見되었음

二、그會議에結果로그를[illegible]情報가朝鮮各新聞에[illegible]되였음

三、貴下는 [illegible]貴下의上[illegible] 따부루디 [illegible]氏를通하야또한그의決裁下의行動하여야한다는規則을充分이알고[illegible]

四、貴下의行動은貴下에게信用을堪當할資格이[illegible]는것과貴下의[illegible]思를朝鮮政府에調和하려하였다는것을暴露하여

貴下은貴下의直 上官朝鮮美軍政長官及朝鮮駐美軍司令官에게不忠한罪를犯한것임

五、今般貴下의不忠不正直한行動는朝鮮美軍政廳으로하여금貴下를不信任케하고國立博物館長에重責─堪當할資格에對하야 疑心을가지게하였음

六、今後如斯한不忠不順不正直한行 가있을時에는[illegible]함이엇슴 것을通告함

견책장 번역문.

"그대의 상관인 군정장관에 대한 이러한 불손한 행위를 거듭할 때는 단호한 조치가 있을 것……."

이 견책장을 받은 후 더 이상 그들과 상대하지 않고 가만히 있었더니 다른 조치 없이 그 후 박물관장을 25년간 계속하게 되었다. 이 견책장의 원본과 그것의 번역물을 보면 朝鮮美軍政長官이라고 '대한민국' 대신 '조선'이라고 쓴 것이나 번역문 용지에 朝鮮總督府라고 쓰여져 있는 것은 우리나라의 국호가 아직 결정되지 않았던 것과 美軍政廳의 사무용품이 제대로 준비되지 않았던 까닭이다. 또 내 이름을 김조원이라고 한 것은 英文에 Chowon이라고 된 데에서 생긴 오류이다.

이 미군의 간이병사—이른바 '콘셋트'—를 경복궁에 짓는 일은 미국사람들 사이에서도 평이 좋지 않았다. 궁궐자리 더욱이 박물관이 있는 곳에 병사를 짓는다는 것은 언어도단이라고 하였다. 앞에서 박물관에서 그 공사를 중지하도록 건의하였다고 하였거니와, 때가 군정 때라 건의문을 영어로 쓴 것은 물론이다. 그런데 그 영문은 내가 초하였으나 타이프는 채빈(Helen B. Chapin)이라는 미국여자가 해주었다. 타이프를 치는 사이에 나의 미숙한 영어도 고쳐졌다.

그리하여 이 건의서 뒤에는 미국사람의 협조가 있었다는 것을 알아차렸다. 그들 조사관은 박물관 사무실에 와서 내 타이프라이터를 검사하였다. 어느 타이프라이터든지 그 독특한 글씨체가 있는 것으로 그 타이프가 군정장관에 대한 '반역'에 사용되었고 그것이 또 다른 미국사람과 공모하였다는 것으로 판정났다. 이 사건을 계기로 박물관을 잘 도와주던 교화국장 기파드(Damm Giffard)씨는 얼마 뒤에 귀국하지 않을 수 없었다.

결국 이 사건은 문교부장 劉億兼, 공보부장 李哲源 두 분의 중재와 결정으로 약간 수정되어 자경전에서 神武門이 있는 사이에 콘셋트를 짓게 되었지만, 박물관 뜰 안을 주야로 트럭과 지프가 다니게 되어 먼지와 소음은 이루말할 수 없었다.

가끔 그들은 建春門으로 다니기도 하였는데 우리 수위가 건춘문을 잠궈놓으면 자물쇠를 부수고 들어왔다. 박물관 뜰 안의 꽃을 무단히 뽑아가는 일은 보통 있는 일로 그런 것쯤은 해방군의 횡포라고 참을 수밖에 없었다.

이렇게 박물관은 군대에 포위된 모양이 되었고, 우리의 불편은 이루 말할 수 없었다. 뜰에 있는 풀밭에는 들어가지 말라고 'Off Limits'라고 써붙였으나 소용없는 팻말이 되었다. 그리고 이런 상태가 일년 이상 계속되었던 것이다.

미군은 생각지도 않았던 한국에 진주하라는 명령을 받고 한국에 왔으므로 한국사람들의 오랜 식민지시대의 경험에서 오는 외국인에 대한 거칠은 감정을 알 도리가 없었던 것이다. 이런 일이 크게 번지면 한미간에 예견치도 못한 불화를 일으킬 수도 있었다.

내가 이 견책장을 받았을 때 교화국장으로 있었던 사람은 기파드라는 대위였는데, 자기 부처 산하의 박물관장을 잘 감독하지 못하였다고 하여 면직되어 일찍 귀국하게 되었다. 이 기파드씨에 대해서는 뒤에서도 몇 차례 언급될 것이다.

선물을 찾는 무리

해방되기 얼마 전부터 思政殿, 千秋殿 뒤에 있는 회랑에 우리나라의 민속자료가 보관되어 있었다. 그것은 일본사람 柳宗悅씨가 모아 두었던 것으로 그는 한때 그것을 韓國民藝館 같은 것을 서울에 설치할 생각을 가졌던 것 같다. 다 알다시피 그는 특히 민예품에 많은 애착을 가진 사람으로, 東京에 日本民藝品을 전시하고 있어 일본사람들의 전통적인 아름다움이 무엇인지를 잘 보여주었던 것으로 이름이 높다.

柳宗悅씨는 일제시대에 보기 드물게 韓國의 미술과 공예에도 심취한 사람이며, 그가 光化門이 헐릴 때 동경의 有力紙에 쓴 글은 우리에게 잘 알려져 있다. 그 글이 결국 새 총독부건물의 앞에 있는 광화문을 景福宮 동쪽으로 옮기게 하여, 완전히 철거되어 없어지는 것을 막게 하였던 것이다.

그는 우리 자신이 아직도 우리의 전통적인 아름다움이 무엇인지 모를 때(예를 들어 우리의 소박한 조선시대 白磁가 얼마나 아름다운지를 아직도 깨닫지 못하였을 때) 우리에게 그것을 일깨워 준 사람의 하나이다.

그가 모아둔 그러한 수집품이 思政殿 뒤의 회랑 속에 보관되어 있었는데, 이 민속품이라는 것은 간단한 木工藝·刺繡 같은 소품들로서 크게 골동품적인 값이 나가는 것은 아니나 오늘날에는 모으기 힘든 물건들이었다.

그런데 이 창고에 매일밤 도적이 들었는데 다른 사람도 아닌 이 근처에 주둔하고 있던 미군들이었다. 그들은 밤이면 이 근처를 배회하다가 그 창고를 엿보았고, 옛 궁궐이었던 이 건물들은 발길로 차면 문이 열리게 마련이었다.

아침이 되면 이것을 발견하였으나, 몇 안 되는 우리 수위로는 이들 해방군인 도적을 막을 도리가 없었다. 이 때문에 박물관장이 가까이 있어야 된다고 하여 관저를 경복궁 안 敬安堂이라는 일본사람들이 官舍로 변조한 집으로 옮겼다. 그러나 역시 이 미국 도적을 막는 데는 큰 도움이 되지 못하였다. 결국 이 유물들을 南山의 倭城臺에 새로 생긴 民族博物館(박물관장 宋錫夏)에 이관한 뒤에야 도적질이 끝났던 것이다.

博物館村

峨嵋山은 경복궁 안에 있는 조그마한 산이다. 지금은 없어졌으나 예전에는 경복궁의 삼청동 쪽에 조그만 문이 있어, 그곳을 지나 궁 안으

景福宮 峨嵋山과 굴뚝.

로 들어가면 敬安堂이라는 옛 궁궐의 일부이던 지붕 네 귀에 龍머리가 달린 건물이 있었다. 그 곁에 또 비슷한 궁궐의 일부이던 璿源殿의 앞에는 긴 건물이 있었는데, 그것은 본래 지금도 勤政殿을 둘러싸고 있는 회랑 같은 것으로 이것 역시 일본사람들이 수위들의 관사로 개조하여 쓰고 있었으며 그때 적어도 5, 6명의 박물관 수위들이 살고 있었다.

본래 이 일대는 중앙청수위가 순찰을 돌면서 지키는 곳이나 해방후에는 이 일대를 박물관에서 관리하고 적어도 아침과 저녁 한 차례씩은 순찰하고 있었다.

그런데 어느날 아침 큰 소동이 벌어져 관장에게 급히 보고되었다. 즉 아미산 나무기슭에서 폭탄 20여 개가 든 큰 상자가 발견되었다는 것이다. 나는 급히 그리로 달려갔다. 아미산이라는 것은 내가 관사로 들어있는 敬安堂의 바로 뒷산이기 때문이었다.

그 폭탄이 든 상자는 한쪽만이 뜯겨 있어 그 구멍으로 안에 들어있는 검은 색의 통을 들여다 볼 수가 있었다. 나는 조심스럽게 그 중 폭탄 한개를 들어서 그곳에 씌어 있는 글을 읽었다. 그런데 그 사용법을 읽고 난 나는 아무리하여도 그것이 예사 폭탄이 아닌 것 같았다.

우선 그것이 폭발물이 아닌 것만은 확실하여졌으므로 우선 집으로 옮겨놓고 사전을 들고 다시 한번 사용법을 읽어본 결과 그것이 폭탄이 아니라 DDT라는 곤충을 죽이는 분무소독약인 것을 알았다.

나는 그 DDT를 몇 사람에게 나누어 주고 몇 해 동안 모기를 잡는 데에 요긴히 썼다. 어느 도적이 미군 병사에서 훔쳐내었으나 무엇인지 몰라서 버리고 간 것이었다.

경복궁 안의 자경전에서 神武門 사이에 있는 미군의 간이병사에 거의 매일 같이 도둑이 들었다. 그때는 해방 직후라 우리들의 빈곤함은 형언할 수도 없는 때로 도둑이 많은 것은 어찌할 도리가 없었다.

그래서 나는 이들 간이병사와 우리 박물관 관사 사이를 막아달라고 청하였다. 우리 박물관 관사라는 것은 지금은 헐려버려서 자취도 남지 않았으나 경복궁의 동쪽 벽을 따라서 삼청동쪽으로 가면 지금의 중앙박물관이 끝난 자리에 暗門같은 것이 있어 팔판동에서 경복궁 안으로 들어가게 된다. 그 안에는 璿源殿(日帝初期에 昌德宮으로 移建)자리가 있고, 경안당과 선원전 앞에 있던 회랑이 있었다. 지붕에 용머리가 달린 경안당은 이미 내부가 개조되어 있어 관장관사가 되었는데 응접실까지 갖추고 담으로 둘러 있고 정원수까지 가꾸어져 있는 당당한 건물이었다. 회랑에는 5, 6명의 수위 가족들이 살았고 또 일본사람이 새로 지은 집에는 당시 총무과장(崔泳喜), 진열과장(李弘稙) 등 간부가 살았었다. 후에는 한동안 서울大考古學教授 金元龍박사(2대관장), 東國大총장 黃壽永박사(3대관장)가, 또 지금 화가로 유명한 張旭鎭씨도 이곳에서 산 일이 있고, 故 林泉도, 京都大學의 명예교수로 있는 有光教一박사도 그의 한국에서의 마지막 해를 이곳에서 지냈다.

미군들은 나무판자로 그들의 간이병사와 우리 사이를 막아 주어 우리들은 경복궁 벽에 있는 暗門을 통하여 출입하였다. 그런데 우리 박물관 관사촌에는 꽤 넓은 공지가 있어, 우리는 이곳에 야채를 재배하여 그 안에 있는 사람들은 야채를 밖에서 사서 먹는 일은 많지 않았다. 다만 지금과 같이 화학비료가 없어 인분을 썼는데, 지금 보기에는 지극히 야만적인 것 같으나 곧 묻어버리기 때문에 냄새도 많이 나지 않았고, 또 생각하면 그것이 어느 것보다도 좋은 비료이고 수천년동안 써오는 것이기도 하다.

이 박물관 관사와 관련하여 있었던 갖가지 에피소드를 여기 모두 열거할 수는 없다.

하루는 어떤 중년 청년이 관장관사로 와서 婿郞되는 사람을 만나겠다고 찾아왔다. 그때 나는 결혼한 지 5년도 안 되어 사위를 둘 그런 나이가 아니었다. 알고 보니 우리 수위장 李化辰씨의 사위가 자기는 관장의 사위라고 한 모양이었다. 수위장 자신도 박물관촌 주민의 한 사람이었음은 물론이다. 이 때문은 아니었지만 박물관에서는 수위장을 아랫관장 진짜 관장을 윗관장이라 불렀다. 그것은 그런대로 이유가 있었다. 직접 손발같이 움직이는 부하를 제일 많이 거느리고 있는 것은 아랫관장이었기 때문이다. 그래서 그의 채소밭은 다른 수위청소부들이 모아서 도와주어 박물관촌에서 제일 수확이 많았다.

이러한 박물관촌은 미군정이 없어지고 미군이 일단 철수하고 콘셋트 간이병사가 비어진 뒤에도 계속하여 있었으나, 6·25 동란이 터지자 없어지게 되었다.

1950년 8월 15일 이른 아침 평복을 입은 자가 박물관촌에 나타나 그날 오후 3시까지 박물관 관사에 사는 사람은 전부 이사하여 나가라고 명령하였다.

실은 그때 벌써 정부는 남쪽으로 달아나고 중앙청은 텅 비었고 경복궁 안에는 괴뢰군이 살고 있었다. 그런데 그때까지 우리 박물관촌에는 별로 간섭하지 않았는데 별안간 철수명령이 내린 것이다.

우리 박물관 주민들은 대부분 제집도 없는 갈데없는 사람인데 그때까지도 남아 있던 조그만 暗門을 통하여 얼마 안 되는 가재도구를 밖으로 내어다 삼청동길에 쌓아 놓았다.

다행히 그날 3시라는 철거시간은 연장되어 그 다음날까지도 우리들의 이사짐은 길가에 놓여 있었다. 그때의 혼란은 지금 여기에 다 쓸 수도 없다. 십여 세대의 빈한한 살림이나 쌓아 놓은 물건은 많았는데 그 중 일부는 밤새 도둑을 맞기도 하였다.

이렇게 쫓겨났다가 9·28에 국군이 서울을 탈환한 뒤 3개월 동안을 다시 제집이라고 들어와서 살았으나, 1·4 후퇴에 다시 쫓겨난 뒤로는 아무도 이곳에 다시 들어온 사람은 없다.

나 자신은 첫번에 나갔다가 다시 이곳에 들어오지 않았는데, 부산피난살이 3년 후에 와보았더니 큰 폭탄이 집 앞에 떨어진 자국이 있었다. 나는 현관에 걸려있던 '敬安堂'이라는 현판을 떼어 근정전 회랑에 가져다 달아두었는데 지금은 문화재관리국에 보관되어 있다.

채빈여사

蔡斌(Helen B. Chapin)여사는 동양미술에 일가견을 가진 상당한 학자였다. 그는 당시 미국에서 동양미술을 전공하는 사람으로는 모르는 사람이 없을 정도의 학식을 가졌으며 물론 대학에서도 충분히 가르칠 수 있는 실력을 가진 사람이었다.

그러나 그는 오랫동안 캘리포니아주에 있는 밀스여자대학에 교수가 아닌 도서관 사서로 있었다. 자격은 충분한데 왜 교수로 있지 않았을까? 여러 가지 소문이 있었는데 우선 그의 목소리가 사람을 자극하는 묘한 목소리로 한때 목소리를 바꾸라는 충고를 받은 일이 있었다고 하나 사실인지 모르겠다.

해방 직후 우리나라에 온 그는 國務省의 위촉을 받고 한국 文化財에 대한 기록을 수집하고 있었으며, 일하는 장소는 박물관이었다. 그가 서울에 있는 동안 어디에나 자전거를 타고 다녔고 골동품 경매에는 반드시 참가하였다. 경매장에 나오면 한국손님들은 "美人이 왔다. 美人이 왔다"라고 떠들었는데 이 경우 美人은 미국사람이라는 뜻과 아름다운 여자라는 뜻이 섞인 유머러스한 의미를 가지고 있었다. 50이 가까운 그는 소위 美人으로는 거리가 먼 여자였다.

그는 시간나는 대로 南韓의 古蹟地를 찾아 군정청이 제공하는 지프를 타고 다녔으므로 전국 어디에서나 잘 알려진 "美人"으로 통하였다. 그때 발표한 한국고적에 대한 논문이 몇편 있어 아직도 인용되는 일이 많다.

물론 美軍政이 끝나고 우리 정부가 수립됨과 동시에 그도 한국을 떠났는데 그가 한국에서 수집한 골동품과 책은 모두 부린모아여자대학에 기부하였고, 언제인가 뉴욕대학 소퍼교수는 그가 남겨 놓은 遺稿를 모아서 자기가 주간으로 있는 《아티브스·아시애》에 발표한 일이 있다. 그 중에서 그의 〈雲南省 菩薩像에 대한 연구〉는 아직도 중요한 학설로 인정되고 있다. [Helen Burwell Chapin, "A Long Roll of Buddhist Images", *Artibus Asiae*, Vol. XXII(1970); Vol. XXXIII(1971)]

한문도 잘 읽고, 일본말도 잘하고, 동양미술에 그만한 조예가 깊은 학자가 흔하지 않은데도 불구하고 불우한 채빈여사는 서울에 많은 화재를 남기고 저세상으로 떠났다.

여사는 해방 후 박물관에 와 있던 외국사람으로 제일가는 학자였다. 그러나 우리가 몹시 바쁜 나날을 보냈었고 또 조그마한 일에도 참지 못하는 그의 성격 때문에 그에게서 좀 더 많은 것을 들을 기회가 없었다.

우리가 해방 후 첫번째 낸 발굴조사보고서 《壺杅塚과 銀鈴塚》(1946)의 영문개요도 내가 쓴 독일어를 영어로 번역하는 데 여사가 많이 도와주었다.

나의 서재에는 아직도 여사가 준 論文 別刷나 그가 손수 원고를 쓰고 등사하여 발행한 *Leaves from a Western Garden*이라는 잡지가 몇권 보관되어 있다. 이 잡지는 여사가 1938년에 밀스대학에 있을 때 季刊으로 시작한 것으로 집필은 자기가 하고 동양미술을 다룬 논문, 중국과 일본의 그림과 시 같은 것을 소개하였다. 한 부에 50센트, 연 2불씩의 구독료가 첫 면에 적혀 있다. 얼마나 많은 부수를 찍어냈는지 알도리는 없다.

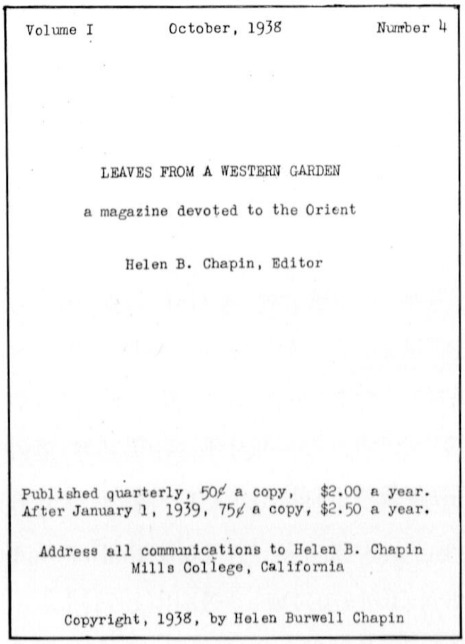

Volume I October, 1938 Number 4

LEAVES FROM A WESTERN GARDEN

a magazine devoted to the Orient

Helen B. Chapin, Editor

Published quarterly, 50¢ a copy, $2.00 a year.
After January 1, 1939, 75¢ a copy, $2.50 a year.

Address all communications to Helen B. Chapin
Mills College, California

Copyright, 1938, by Helen Burwell Chapin

채빈여사의 프린트물 표지.

慈慶殿에서의 채빈여사. 筆者와 서무과장 崔泳喜씨.

1959년 한국미술전시회가 워싱턴에서 열릴 때에 국무성에서 촉탁으로 일하는 아델리아 홀여사방에 들렀더니 채빈여사가 오랫동안 박물관에서 수집한 한국문화재에 대한 자료가 보관되어 있었다. 그들 자료가 후에 어떻게 되었는지는 알 도리가 없다. 그때 채빈여사에 대하여 홀여사가 아무런 이야기도 하지 않은 것으로 미루어 보아 채빈여사가 이미 별세하였던 모양이다.

그가 있던 밀스대학은 샌프란시스코에서 멀지 않은 곳에 있다. 돌로 지은 회색의 건물로서 그 겉모양이 우리나라 이화여자대학과 흡사한데, 후에 들으니 이화여자대학이 그 대학을 본받았다고도 하나 자세히는 알 수 없다. 이 대학은 미국에서 동양미술을 가르친 최초의 대학 중의 하나인데, 강좌를 담당한 살모니교수는 독일에서 나치정권 때문에 망명한 유태계 학자로 미국에 와서 처음은 이 대학에서 가르쳤으며, 후에는 뉴욕대학의 교수로 있었다.

소문에 의하면, 채빈여사는 자기가 가르쳐도 될 동양미술사에 구태여 살모니교수를 초빙하여 온 데 대하여 불만을 가지고 1938년 말에 이 대학을 사직한 것으로 알고 있다. 불우한 일생이었다. 유감이나마 그가 자전거를 타고 서울시내를 다니던 사진을 찾아낼 도리가 없다. 지금 청진동에서 東林社라는 출판업을 하는 金東洙가 아직 어린 소년으로 채빈여사와 전국의 寺刹古蹟地를 심방하였는데 그도 여사의 사진은 보관하고 있지 않다고 한다. 마침 필자와 채빈여사가 慈慶殿에서 찍은 작은 사진이 있어 확대 복사하여 보았다.

慈慶殿 박물관 사무실에서 그는 항상 우리 직원들과의 사이가 원만하지 못하였으며 군정 초기의 한 이야기거리의 주인공이었다. 사진에서 보듯이 여사는 체격이 작아서 앞에 나서는 것을 피하는 성품이었다. 필자는 그가 한국 밥을 먹고 싶다고 하여 영어를 가르치는 대신에 점심에 초대하는 길을 터 놓았는데 영어에 대하여 한 가지 일을 두 번 물으면 신경질을 내어 그것도 오래가지 않았다. 아마도 인품에 어딘가 문제가 있었던 듯 미국 대학에서도 교직의 자리에는 있지 못하

였다.

여사가 쓴 한국을 소개한 글로 "Palaces in Seoul"과 "Puyŏ, One of Korea's Ancient Capitals"가 있다(*Transaction of the Korea Branch of Royal Asiatic Society*, XXXII, 1951 참조).

미술강좌

1949년 쯤이 될 것이다. 박물관 직원들 사이에 공개 미술강좌를 열어 적어도 중학교 미술선생들에게 한국의 古美術 내지는 중국의 古美術을 대상으로 하는 미술사적인 강좌를 열어보자는 의견이 나왔다. 이것은 곧 실천에 옮겨졌다. 그때만 하여도 박물관에 강당시설이 없어 비어있는 修政殿을 쓰기로 하였다. 이 수정전은 慶會樓 앞에 있다. 이곳에는 본래 西域에서 온 壁畵를 진열하였는데, 전쟁 때 독일 베를린의 같은 종류의 서역벽화가 파괴되었다는 소식이 전하여 왔고, 또 미군 문화 담당자들의 조언에 따라 진열품 전부를 진열본관 2층 창고에 넣고 이 수정전을 강당으로 썼다. 의자는 어떻게 마련하였는지 지금 기억에는 없으나 환등기는 새로 미국에서 사온 대형기계를 썼고 스크린은 어디서 가져왔는지 이것 역시 기억에 없다. 물론 지금 같이 쉽게 '슬라이드'를 장만할 수도 없었고 유리로 된 큰 슬라이드를 만들려면 사진사가 크게 수고하여야 되고 돈도 들어서 대개는 사진을 환등기 아래에 넣어서 스크린에 비치게 하는 식이었다.

그래도 그때로서는 신식 강의방식을 도입한 것으로 그때까지 版을 돌려가면서 구경시키던 것보다는 훨씬 현대식이어서 강사들은 여간 신나는 일이 아니었다.

강사진으로는 그때에 박물관 안에 있던 美術硏究會의 회원으로, 박물관 직원으로는 金載元, 李弘稙, 金元龍, 閔天植, 崔熙淳(淳雨) 등이 나왔고, 관 외의 회원으로는 金瑢俊, 申應植, 德壽宮美術館에서 李揆弼

제2회 미술강좌 후 기념촬영. 1949년 10월. 앞줄 의자에 앉은 분들이 講師임. 왼쪽으로부터 閔天植, 金元龍, 李弘稙, 金瑢俊, 筆者, 李揆弼, 黃壽永, 崔熙淳.

같은 분이 나와서 도와주었다. 이 중에서 李弘稙씨는 미술 자체보다는 명문에 대한 이야기를 많이 하였고, 제일 인기 있는 것은 金瑢俊씨의 동양회화에 대한 이야기였다. 金씨는 일본에서 서양화를 전공한 사람으로 후에는 동양화를 전문으로 하였는데 이 점은 高羲東씨의 경우와 같았다.

강좌참석자 모집은 각 중학교에 초대장을 보내는 식이었는데 20, 30명씩의 참석자가 있어 대체로 호감을 준 것 같았다.

그러나 돌이켜보면 당시 우리 강사진들의 실력이 오늘에 비하여 대단히 뒤떨어진 것을 부인할 도리가 없고 또 우리 미술강좌에 대한 외부 사람들의 평이 반드시 좋지만은 않았다. 그 중에는 '건방진 것들'이라고 매도한 사람도 있었으니 그 중의 하나가 당시 京畿女高의 미술선생이었던 都相鳳씨였다. 都씨는 일본 東京美術學校 출신으로 후에는 미술계의 지도적 역할을 한 화가였다.

李如星이라고 하면 거의 기억에서 사라진 인물이나 해방 직후에는 꽤 많은 활동을 하던 才士이다. 신문기자로, 화가로, 또 정치에도 관심이 있고, 《數字朝鮮硏究》라는 세 권의 책도 내고, 그보다도 《朝鮮服飾考》라는 책을 써서 주목을 받았다. 지금 이들 책의 좋고 좋지 않음을 논할 필요를 느끼지 않는다. 그러나 남들이 생각지도 않는 이런 방면에 관심을 가진 것만도 특이한 존재였다. 그는 東洋古美術에 많은 관심을 가졌으나 美術史의 체계있는 공부를 한 일은 전혀 없었으므로 《朝鮮服飾史》같은 것도 지금은 거론할 필요는 없는 것이다. 광복이 되자 그 자신은 建國準備委員會의 중요 일원으로 활약하였으나 (후에 월북) 그를 따르던 申應植, 閔天植, 韓相鎭 같은 젊은 친구들은 자주 박물관에 찾아오고 미술에 대한 관심을 표명하였다. 이런 사람들이 외부에서의 후원을 얻어 박물관을 중심으로 美術硏究會가 태어났다. 그래서 이 미술연구회가 그때로는 가장 활발하게 움직인 모임이었다.

이 미술연구회가 가진 연구발표는 《歷史學報》 제 1 집의 彙報를 보면 상세히 알 수 있는데 그 발표가 반드시 지금의 안목으로 보아서 수준급이라고 할 수는 없었다. 그래도 우리들의 의욕은 대단하였고 연구발표의 대상도 동양미술만이 아니고 서양미술도 포함되었다. 그 중에서 지금은 국립현대미술관장으로 있는 李慶成씨의 레오나르도 다빈치의 〈동굴 속의 마돈나〉를 중심으로 하는 이야기도 있어 오래도록 우리 기억에 남아 있었다.

이 미술연구회의 활동은 6·25 동란이 터질 때까지 계속되었다. 부산 피난 중에는 물론 그런 움직임이 있을 수 없었거니와 정치적으로 좌右의 대립이 뚜렷하여지고, 미술강좌에도 도와주었던 金瑢俊은 자진월북하여 공산진영으로 갔고, 韓相鎭은 행방불명, 閔天植은 박물관에도 잠시 籍을 두었으나 동란 중 오해로 일시 감금된 바 있었으나 死去하였다. 애석한 일이었다.

모두 우리 미술과 고고학 분야에 많은 관심을 가진 분들로서 해방과 더불어 기를 펴려 하였으나 뜻을 이루지 못한 사람들이다. 그러나 이렇게 이들 이름을 경복궁 비화에 기록하는 필자로는 감회가 깊다.

참고로 당시의 연구활동과 강좌내용을 아래에 적어보았다.

<歷史學報 제1집 휘보> (1952)

美術硏究會

1949年 2月, 美術의 硏究와 啓蒙을 期하여 發足한 本會는 國立博物館內에 사무소를 두고 金載元, 閔泳珪, 金瑢俊, 李弘稙, 閔天植, 韓相鎭, 金元龍, 黃壽永, 申應植 등 소수의 同人을 중심으로 매월 1·2회의 정례발표회와 미술강좌 등을 열어 활발하고 착실한 활동을 하던 중 斯學界의 관심을 모으기에 이르러 실질적인 운영에 주안을 두었던 본회는 1950年 1月에 비로소 總會를 모으고 國立博物館長 金載元박사를 회장으로 대외적인 활동을 하게 되었다. 1950年 6月에는 국립박물관과 共同企劃으로 미국 뉴욕대학 교수 살모니 박사를 招請하여 學界의 지대한 관심 아래 6·7·8·9 4개월에 걸친 東亞美術考古學特別講義를 개강 중 6·25 사변의 勃發로 인하여 비록 중절되고 말았으나, 그간의 本會事業 중, 특기할 만한 일의 하나이었다. 사변 중 서울의 講堂施設과 중견회원의 다수를 상실했으나 이듬해의 1·4 南下待避後 釜山에 모인 會長 金載元박사 및 金元龍, 閔泳珪, 裵濂, 李慶成, 崔淳雨 등 諸氏는 會勢의 復舊, 再開를 劃策하고 이를 준비해 오던 바 1952년 4월, 國立博物館 釜山事務處 내에 사무소를 두고 사변 후 최초의 硏究發表會를 4월 26일 성황리에 모음으로써 남하한 중견회원의 다수를 다시 규합하여 이후 매월 2회 제1, 제3 토요일에 정례적으로 硏究發表會를 열고 있다. 발족 이래 주요 업적은 다음과 같다.

1949년			
2월 17일	硏究發表會	新羅6部의 性格	李 弘 稙
3월 11일	〃	李朝陶磁器의 變遷에 대하여	崔 淳 雨
3월 14일	硏究發表會	浮石寺本尊像의 年代考察	閔 天 植
4월 13일	강연	古代文化의 硏究	金 載 元
4월 16~17일	臨地硏究會	於驪州神勒寺 및 高達寺址, 25명 참가	
5월 4일	硏究發表會	新羅의 護國龍과 護法龍	黃 壽 永

5월 5일	강연	美國의 박물관	金 載 元
5월 7일	第1回 美術講座	朝鮮의 塔婆	黃 壽 永
5월 14일	〃	佛像에 대하여	閔 天 植
5월 28일	〃	東洋畫의 常識	金 瑢 俊
6월 4일	〃	李朝木工藝에 대하여	申 應 植
6월 11일	〃	高麗陶磁器에 대하여	崔 淳 雨
5월 7·29일	강연	美國紀行	金 元 龍
7월 22일	古蹟調査	慶州古墳의 現狀	閔 天 植
	報告會	皇吾里 第52號墳의 出土品	李 弘 稙
		五臺山 紀行	黃 壽 永
7월 29일	研究發表會	新羅土器에 대하여	金 元 龍
8월 6일		회원 金瑢俊[朝鮮美術大要]出版 紀念會 於東國大學 史學研究室	
8월 12일	研究發表會	朝鮮時代王族墳墓에 대하여	李 揆 弼
9월 3일~4일	臨地研究會	於水原 龍珠寺, 20명 참가	
9월 9일	研究發表會	新羅王陵考	金 永 基
9월 30일	〃	다빈치의 그림의 藝術的 構造에 대하여	韓 相 鎭
10월 4일		金山寺考	黃 壽 永
10월 8일	〃	檀園그림에 대하여	金 瑢 俊
10월 10일	〃	瑞鳳塚出土銀盒銘文에 대하여	李 弘 稙
10월 22일	〃	新羅藥師如來像의 問題	閔 泳 珪
10월 26일	第2回 美術講座	東洋美術의 始原	金 載 元
		石造美術塔婆	黃 壽 永
10월 27일	〃	美術品의 銘文	李 弘 稙
		南畵와 北畵	金 瑢 俊
10월 28일	〃	李朝陶磁에 대하여	李 揆 弼
		三國以前의 美術	金 元 龍
10월 29일	〃	佛像의 形式	閔 天 植
		朝鮮陶磁器의 工藝美	崔 淳 雨
11월 13일	研究發表會	利瑪竇의 世界地圖에 대하여	金 良 善
12월 3일	〃	華府후리어美術館所藏 青銅器에 관하여	金 載 元

1950년			
1월 3일	總會		
1월 14일	研究發表會	伊太利 르네쌍스 繪畫에 나타난 聖母像	李慶成
2월 4일	〃	新發見된 新羅梵鐘의 銘文에 관하여	李弘植
		新發見된 新羅梵鐘의 發見經過와 그 樣式에 관하여	黃壽永
3월 18일	〃	現代繪畫의 構成에 대하여	金永周
4월 1일	〃	三國新羅時代如來像에 대하여	朴勝木
4월 12일	第3回 美術講座	三國時代의 文化	金元龍
		우리나라의 木竹工藝品	申應植
4월 13일	〃	朝鮮古建築에 대하여	李漢哲
		佛教美術에 관하여	閔天植
4월 14일	〃	西洋美術에 관하여	韓相鎭
		現代의 西洋畫	兪慕烈
4월 15일	〃	東洋美術概說	金瑢俊
		古陶磁에 대하여	崔淳雨
4월 25일	研究發表會	토인비의 史觀에 대하여	鄭大爲
5월 11일	特別美術講座	朝鮮의 塔婆	黃壽永
	於光州 朝鮮大學	李朝繪畫	金瑢俊
5월 12일	〃	朝鮮의 古陶磁	崔淳雨
		三國以前의 文化	金元龍
5월 13일	〃	高句麗古墳壁畫	金載元
5월 14일 ~17일	臨地研究會	참가 10명 光州市東・西塔, 證心寺 光山郡, 道岬寺 靈岩郡, 無爲寺 康津郡, 大興寺 海南郡, 華嚴寺 求禮郡.	
5월 23일	研究發表會	三齊繪畫에 대하여	金瑢俊
6월~9월	東洋美術考古學特別講義		
6월 20일 ~24일		亞細亞의 舊石器時代文化(Eastern Aspects of Palaeolithic Art, Salmony Ph.D.)	뉴욕대학 교수 살모니박사

		이 講義를 始頭로 기타 14회를 4개월에 걸쳐 繼續開講豫定이었으나 6·25사변勃發로 中絶	
1952년			
4월 26일	研究發表會	新羅金귀고리에 대하여	金元龍
5월 10일	〃	韓國人形에 대하여	尹京烈
5월 20일	강연	美國繪畵에 대하여	부르노오

댄스파티가 열린 덕수궁

1946년 어느날 미군공병대가 덕수궁에 들어왔다. 石造殿을 美蘇共同委員會 사무실로 만들라는 상부의 명령을 받은 것이다. 덕수궁의 석조전에는 일본 회화를 보관하고 진열하기 위한 상당히 우수한 시설이 있었다. 格納庫는 더욱이 우수하였고, 진열장도 그때로는 일급품들이었다. 이곳의 시설은 李王職에서 돈을 내어 만들었으므로 예산에 여유가 있었던 것이다.

미군 상부에서 美蘇共同委員會 사무실을 일정한 기일 안에 만들라는 지시를 받은 그들은 격납시설, 진열장 같은 것을 순식간에 '함마'로 때려부셨다. 덕수궁 직원이 손을 쓸 수도 만류할 수도 없었다.

덕수궁미술관을 지키던 李揆弼씨는 속수무책 만나는 사람마다 붙들고 이 만행에 대하여 분개하였으나 무슨 효과가 있을 수 없었다.

지금 생각하면 그들도 인간인 이상 좀 더 이치를 따지고 이야기하였던들 그렇게는 되지는 않았을 것이라 생각되나, 李揆弼씨는 평생 미술관을 지켜온 사람으로 영어는 한마디도 못하니 이 극단의 비극에 대처할 능력도 힘도 없었던 것이다.

이리하여 단시일 내에 사무실이 된 石造殿에는 식당도 있고 큰 홀도 생겨 이곳에서 여러 가지 연회가 열리고 댄스파티도 있었던 것은 물론이다. 미술관 시설을 때려부수고 그곳에서 댄스파티를 할 때 나도

石造殿 앞에서 筆者의 가족. 1956년.

한번 가서 댄스하는 장면을 구경한 일이 있다.

하기는 석조전이란 본래 외빈들을 모시기 위해서 舊 韓國 정부에서 지은 건물로서 그런 의미로는 제기능을 되찾았다고 말할 수도 있다. 그러나 얼마전까지의 미술관을 때려부수고 댄스파티를 한다는 데는 매우 언짢은 기분이 들었다.

그러나 당시 세상이 많이 달라져서 그 몹쓸 왜놈은 없어지고 우리 해방군인 미군이 들어왔으니 언짢은 일이라도 받아들일 수 밖에 없는 처지가 아니었던가?

석조전은 6·25 동란 때 화재로 파괴되고 다시 수리하여 이번에는 국립박물관이 그 자리에 들어갔다. 이 글을 쓰는 나는 그곳에서 17년을 근무하였다. 세월의 바퀴는 자꾸 돌아가게 마련인 것이다.

박물관에 관계하는 사람은 李揆弼씨의 이름 쯤은 알아야 될 것이다. 그는 李王家美術館과 일생을 같이 한 분이다. 일제시대에 그 사람들 아래에서 거의 유일한 한국인 직원으로 봉사하였고, 해방이 되었을 때에는 자연적으로 그 미술관 관장이 되었다. 그래서 고려자기와 이조자기에는 이 사람이상 아는 사람이 없었고 자기도 그렇게 자처하였다.

李王家美術館(해방 후 德壽宮美術館으로 改稱)은 이른바 李王職이라는 기구 밑에 있어 일본 宮內省 소속이었다. 일제시대에는 이 석조전 안에 주로 李王家에서 사들인 현대화가 진열되었고, 이 석조전 곁에 있는 새 건물에 한국고유의 미술, 즉 古繪畵·陶磁器·佛像 등이 진열되어 있었다. 李王家美術館은 舊王宮의 풍부한 재력으로 매입한 진열품으로 후에 설립된 총독부박물관의 수장품보다는 질이 우수한 것이 많았다. 그렇기 때문에 우리 정부가 세워진 후에도 얼마 동안 그 소속이 확실치 않아서 후에 문교부 소속이 될 때까지 약간의 시간이 흘렀다.

이때문에 李揆弼씨는 미술관 운영예산을 제대로 받지 못하고, 한때는 입장료를 받아서 그것으로 월급도 받고 미술관을 운영하였다. 그뿐만 아니라 지하의 강당을 결혼예식장으로 빌려주어 그것으로 비용에 충당하기도 하였다. 천하의 보물을 가지고 있는 덕수궁미술관으로는 실로 기가 막힐 노릇이었다.

이렇게 지내온 형편은 6·25 동란이 터진 후에도 개선되지 않았고 부산에 피난가서도 월급이 나올 데가 없었다. 그래서 李揆弼씨와 그 아래에 있던 林憲眞씨 두 사람의 이름을 박물관 직원으로 만들어 넣어 봉급과 쌀배급을 타서 지급하였다.

문교부에서는 원칙으로 따져서 승락하지 않을 것이라 생각되고 또 시간과 수속이 번거러웠으며 당장 월급은 있어야 살겠으므로 독단으로 이런 비상대책을 썼던 것이다. 이러한 비상수단은 얼마가지 않았으나 문교부에서는 피난지 부산에 몇 명의 직원이 왔는지 미처 파악하지 못할 때라 그대로 통과되었고, 박물관장은 이와 같이 미술관 직원에게 부정으로 봉급을 지불했다고 해야 조금도 양심의 가책을 받을 일이 아니었다.

지금은 그 덕수궁미술관이 본래의 국립박물관에 합쳐져 있지만 그에 관한 소문은 이미 오래전부터 들려왔었다. 두 박물관을 병합하여야 한다고 생각한 것은 물론 국립박물관측이었다. 이규필씨에게는 가장 싫은 소문이었고 한사코 반대하였다. 두 박물관이 합쳐진 것은 그가 사정에 의하여 퇴직하고 몇 해 후에 생긴 일이었다.

덕수궁에 대하여 몇 마디 덧붙이고자 한다. 그곳은 韓末에 온갖 애환을 거친 곳이고 물론 石造殿도 그 일부이다. 석조전은 미국인으로 우리나라에 세관관리로 와 있던 데비드슨의 건의에 따라 세관수입으로 外國人 접대를 위하여 1900년에 건축되어 10년 만에 완성된 우리나라 최초의 서양식 건물이다. 건물 전면에는 李王家를 나타내는 梨花의 문장이 조각되어 있다. 韓末의 왕실이 겪은 사연을 이루 다 이곳에 쓸 수 없으나 한 에피소드만 말하고 지나가고자 한다.

하루는 필자가 재임 중 李垠(殿下)妃였던 方子女史가 와서 석조전 2층 정면 동쪽 방을 가리키면서 그곳에서 자기의 所生 晋이 원인모르게 急患에 걸려 사망하였다고 하였다. 그 때 方子女史는 東京에서 남편과 같이 돌아와 체류중이었다. 方子女史는 晋의 죽음이 자연으로 생긴 병에 의한 것이 아니고 어떤 흉계로 죽음을 당하였다는 뜻으로 어디엔가 쓴 일이 있었다. 물론 해방되기 오래 전의 일이다.

일본인 소유 문화재 접수

해방이 되자 박물관의 큰 과제 중의 하나는 일본사람들이 가지고 있는 문화재를 찾아 오는 일이었다. 그러나 그것은 어려운 일이었고 또 이곳에 그 어려운 사정을 일일이 적을 수도 없다. 따라서 여기서는 그 중의 몇 가지 일만 적어보려고 한다.

한국에 와 있던 일본인 중에 제일 많은 문화재를 가지고 있던 사람은 大邱에 근거를 두었던 小倉武之助라는 자인데, 1903년에 한국에 와서 1911년에 처음으로 대구에 전기회사를 설립, 그후 차차 사업을

慶北 山淸 泛鶴里 신라 3층석탑. 景福宮.

확충하여 한국의 모든 전기회사를 통합 경영한 막강한 부력을 가졌던 사람으로, 우리나라의 문화재 특히 新羅, 加耶 등의 故地에서 나온 도굴품은 거의 전부 이 자의 소유가 된 듯한 느낌을 준다.

도굴된 유물은 물론이고 또 뒤에서 도굴자들을 조종하여 긁어 모은 우리 문화재의 수량은 이루 헤아릴 수가 없을 정도이다. 종류도 고고 자료·조각·금속공예품·도자기·칠공예·토속품·서예·회화·염직품 등 후에 일본정부에서 중요 문화재 또는 중요 미술품으로 지정된 것도 39점이 있다.

해방이 되자 이 자는 이 모든 물건을 재빨리 일본으로 밀반출, 우리 박물관에서 그 자의 거대한 저택에 갔을 때는 텅빈 집뿐이고 지하실 같은 데에 약간의 물건이 남아 있었으나 그것은 대수롭지 않은 것들이었다.

이 자는 트럭 같은 운반수단을 자유로이 쓸 수 있었으므로 지방에 흩어져 있던 석조물도 자기집 뜰에 옮겨 놓은 것이 많은데, 지금 慶北大學校 교정에 옮겨져 있는 보물 135·258호의 浮屠도 그 중의 하나로 小倉이 훔쳐서 옮겨온 것이기 때문에 이 浮屠의 원소재지는 아직도 알려지지 않고 있다.

서울 경복궁 뜰에는 山淸 泛鶴里에서 옮겨온 3층 석탑이 慈慶殿으로 가는 길 오른쪽에 있는데, 이것은 小倉이 시골에 숨겨 놓은 것을 먼저 선수를 쳐서 가져온 것이며 역시 자세한 원소재지가 알려지지 않고 있다. 그뿐 아니라 小倉의 하수인이 맨아래 지대석을 가져오지 않았기 때문에 현재 경복궁 뜰의 탑 지대석은 시멘트로 대신하고 있다. 이 山淸의 3층석탑은 해체된 채로 있다가 미군정 때에 파고다공원 안에 있는 圓覺寺 多層塔의 상층부 위의 세 층이 수백년 동안 지상에 놓여 있었던 것을 미공병대가 다시 위에 올려 놓은 후, 역시 그 힘을 빌어서 세워놓은 것이다. 여담이나, 파고다공원 탑의 위 3층을 다시 올려 놓을 때는 잠깐 동안 탑 전체가 좌우로 흔들리는 아슬아슬한 순간도 있었다.

이 圓覺寺塔과 泛鶴里塔을 다시 세울때 우리를 도와준 사람은 후에 스미스소니안 자연사박물관의 인류학부에 근무했던 크네제빗취(Gene Knezevich, 후에 Knez로 바꿈)대위였다.

韓日會談 중 문화재 반환청구를 할 때 물론 小倉의 소유품도 문제

부여 규암리 출토 관음보살입상
舊市田次郎 소장.

가 되었을 것이나 그것은 하나도 돌아오지 않았고, 또 우리 측에서도 小倉의 노략질한 문화재의 실상도 파악하지 못하였던 것 같은데, 후에 그런 한국과의 모든 문제가 지난 다음에 小倉의 물건은 東京國立博物館에 기증되었고, 1982년 《寄贈 小倉콜렉션目錄》이라는 책이 같은 박물관에서 발간되었다. 이 목록에 실려있는 우리나라 유물은 1,

030호까지 있는데 한 호에 몇 개씩 들어있기 때문에 실제 숫자는 더욱 많을 것은 물론이다.

여하간 이 小倉이라는 자는 우리나라 문화재 최대의 약탈자임에 틀림없다. 유감이나마 그 모든 것의 일부도 찾아오지 못한 것은 길이 한이 되는 일이다.

대구에서 小倉과 골동품 수집의 라이벌 관계에 있던 市田次郞이라는 의사가 있었는데, 이 자가 가지고 있던 물건 중에 제일 잘 알려져 있는 것은 부여에서 나온 窺岩里 출토 金銅觀音菩薩像으로 關野貞의 《朝鮮美術史》 도판 13에 나와 있다. 三屈 자세의 백제불상으로 일급의 물건인데, 이것도 해방 직후 일본으로 빼돌렸던 것으로 지금 그것이 어디에 있는지 筆者도 모르는 것은 유감스러운 일이다. 물론 市田의 다른 소장품이 어찌되었는지도 모르고 있다.

내가 전쟁 전 1938년경, 독일 民俗博物館의 라이데마이스터박사를 만났을 때 그가 대구에서 좋은 물건을 많이 모았다고 하는 이야기를 들었는데 그것이 곧 小倉과 市田 등의 소유물일 것으로 짐작한다.

이외에 대구에는 또 다른 수집가들이 있었으니 白神壽吉이라는 大邱女高普 교장으로 해방 때까지 있었던 사람과 杉原長太郞이라는 杉原合名會社 사장 외에도 많은 공직을 가진 사람이 있었는데 그들도 당시로는 잘 알려져 있던 수집가들이었다.

그들의 수집품은 《朝鮮考古圖錄 第1》(白神壽吉氏蒐集考古品圖錄, 1936)과 《朝鮮考古圖錄 第2》(杉原長太郞氏蒐集考古品圖錄, 1939)에 실려 있다. 대구시민들의 적절한 조치로 이들 물건은 전부 대구에 두고 갔다.

白神의 물건은 해방 전에 서울박물관에 이관된 것도 있는데, 대구에서는 달성공원 안에 있는 일제의 잔재인 소위 國體明徵館을 市立博物館으로 만들어 이들 물건을 전시한 일이 있었다. 나도 이 때문에 수차 대구에 출장하여 협력한 일이 있다. 그러나 행정상 시의 과에 소속되는 시립박물관장은 기껏해야 계장급이 되므로 이 자리에 유능한 사람을 데려올 수도 없고 충분한 예산을 확보할 수도 없었다. 그래서 결국 이들 수집품을 慶北大學으로 옮겨갔던 것이다. 杉原이 가졌던 보물 268호 粉靑象嵌蓮花文扁壺, 보물 271호 痲紙銀泥首楞嚴經 卷第10과, 그외의 와전・도자류, 退溪・阮堂과 西崖의 필적 등은 아직도 경북대학교박물관 진열품의 중심이 되는 것으로 알고 있다.

이곳에 大邱女高普 교장을 지낸 白神의 수집품에 대한 이야기를 썼거니와 공주에는 그곳 고등보통학교장으로 해방 때까지 있었던 輕部慈恩이라는 사람이 있었다. 그는 宋山里 古墳을 도굴하여 마치 우연히 발견한 것처럼 서울박물관 당국에는 보고하지 않고,《考古雜誌》2권 8・9호, 24권 3・4・5・6호, 26권 7・8호와 잡지《朝鮮》에 실린〈公州의 遺蹟〉등으로 발표하였다. 그런데 그곳에 나온 유물은 한 점도 공주에 남아 있지 않아 공주박물관 劉始鍾씨의 청으로 나는 미군정 당국을 통해 일본에 있는 輕部에게 그 반환을 청구하였으나 그는 하나도 가져간 일이 없다고 하였다.

그후 그 자는 公州高普 졸업생들의 청으로 해방 후 다시 공주에 왔으나 시민들이 분노하여 있는 것을 알고 제대로 얼굴도 내밀지 못한 채 돌아갔다. 그가 지금부터 4, 5년 전에 사망하였다는 사실도 공주시민들이 알고 있었다.

市田의 窺岩里에서 발견된 금동관음보살상에 대하여 언급하였거니와, 이와 쌍벽을 이루는 또 하나의 百濟篠 관음상이 國立博物館에 소장되어 있다. 해외전시 때는 반드시 포함되는 상이다. 이 보살상은 해방 때에는 城大醫學部 內科教授로 있던 篠崎의 소유로 그 이전에는 역시 庭瀨博章이라는 일본인의 소장이었다. 나는 有光씨에게 부탁하여 篠崎에게 자진 기부하는 형식을 취하도록 종용하였다. 그것은 어디까지나 그의 교수로서의 체면을 지켜주기 위한 것이었다. 그러나 그는 "새 나라의 건국에 이바지될지 모르나, 나는 많은 돈을 주고 입수한 것이고 또 지금 나는 돈이 필요하니, 새 정부에서 사가라고 하시오"라는 것이 그의 퉁명스런 회답이었다.

나는 크네제비치대위에게 부탁하여 미국 MP(헌병)를 篠崎의 집에 보내서 그 금동관음상을 가져왔다. 그후 이 관음상을 볼 때마다 市田의 관음상을 놓친 것이 한스럽기만 하였다.

東方考古學의 渤海遺蹟調査團에 참가하였던 城大教授 鳥山喜一이 가지고 있던 渤海의 土佛 중심의 유물을 李라는 사람이 가져왔다. 자기 선생인 鳥山에게서 보관하라고 맡은 것인데 보아달라는 것이다. 나는 당장 그 유물의 중요성을 알아보고 며칠만 두고 가라고 하였다. 그 후 李가 다시 와서 그 물건을 도로 달라고 할 때, 나는 부드럽게 그 유물을 박물관에 두는 것이 온당하지 않은가라고 말하였더니 그도 그 말에 찬성하였다. 지금 그 물건은 국립박물관에 보존되어 있다(東亞考古學會, 《東京城 渤海國上京 龍泉府址의 發掘調査》, 1939 참조). 李는 그후 자진 월북한 사람이다.

서울에는 오랫동안 鮎貝房之進이라는 이를테면 '素人' 학자라고 부를 수 있는 사람이 있어 우리나라의 역사와 언어에 대하여 많은 연구 발표를 하였는데, 그의 논문은 10여권에 이르는 雜攷에 모여 있다. 이 사람은 또 古문화재에 관심이 많아 그 중에는 박물관에 기증한 것도 많았다. 그는 일본의 저명한 漢學者이며 詩人인 落合直文이라는 사람의 친동생으로 아는데 고령으로 본국으로 갈 기회를 기다리고 있었다. 그런데 당시 謀利에 밝은 사람들이 이 사람의 집에 드나들며 골동품 같은 것을 인수하려고 하였다. 그런데 나는 그가 중국 殷墟 출토의 甲骨文을 가지고 있다고 듣고, 크네제비치대위를 데리고 그의 집으로 찾아갔다. 노인인 그의 감정을 상하지 않게 하기 위하여 정중히 말을 꺼냈다. "이 사람은 미국사람인데 동양문화에 관심이 많아서 선생님이 가지고 계시는 甲骨文을 한번 보고 싶어 왔습니다."

나의 말에 그는 "그것 참 신통한 미국사람이군" 하고 선뜻 그 물건을 내보여 주었다. 그런데 그는 의외로 이상한 소리를 하였다. 즉, 그 갑골문은 해주 근처에서 나왔는데 비슷한 물건이 山東에서도 발견된다고. 이것은 전혀 당치도 않은 소리이다. 그는 또 크네제비치대위(그는 갑골문이라는 것이 무엇인지 들어본 일조차 없는 사람이었다)가 그런 물건에 관심이 있다는 말을 듣고 "젊은 미국사람이 정말 신통하군" 하더니, 그냥 그 물건을 넘겨주면서 "자네가 가지게" 하는 것이 아닌가. 지금 박물관에 있는 갑골문은 그렇게 하여 입수한 것이다.

후에 중국의 갑골문에 대한 東洋學界의 일인자인 董作賓씨가 왔을 때 이 갑골문을 보인 일이 있는데, 그 내용은 그의 관심을 끄는 일이 아니었던 것으로 안다. 그대신 서울대학에 있는 갑골문에 대하여는 해독하고 논문을 보내온 것이 발표된 일이 있다.

城大豫科에는 橫山將三郞이라는 독일어 교수가 있었다. 그는 韓國考古學에 관심이 있어 선사시대의 유물을 수집하고 있었는데 성격이 괴팍하여 수집한 자료는 절대로 타인에게는 보이지 않았다. 그의 집 2층 다다미방에는 전국에서 모은——그러나 주로 서울을 중심으로 모은——석기, 토기로 가득 차 있었다. 우리에게 전하여 온 그의 말로는 그 자료를 박물관에 줄 터이니 일본으로 가는 데 도움을 달라는 것이었다. 그러나 박물관에 그러한 힘이 있는 것은 아니어서 우선 우리는 그 자료를 가져오는 것이 중요하다고 생각하였다.

有光씨와 같이 그 자택에 갔을 때는 그가 이미 서울을 떠난 후인 것으로 기억되는데 우선 눈에 띈 것은 그가 채색토기라고 발표한 토기였다. 당시 중국에서 仰韶土器를 위시하여 많은 채색토기가 발견되어 세계학계에서 이야기거리가 되었었는데 橫山이 한국 채색토기라고 발표한 것을 눈앞에 놓고 놀란 것은 그 채색은 橫山 자신이 조작하여 그려 놓은 것으로밖에 생각되지 않았기 때문이다(橫山將三郞, 《朝鮮史前土器硏究》, 日本先史學人類學講座 第9卷, 1939 참조).

서울에는 오래전부터 淺川伯敎라는 도자기연구가가 살고 있었다. 그는 일본의 柳宗悅씨의 영향을 받아 한국의 민예품에 많은 관심을 가지고 있었다. 또한 우리나라 전국을 돌아다니면서 陶窯地址를 조사하여 모은 파편이 수천에 이르는 것으로, 역시 박물관에 가져왔다. 이에 대하여는 그가 도요지를 파괴하고 다닌다고 당시 서울박물관에서는 많은 비판을 하였는데, 그때 서울에는 역시 도요지 조사를 하고《高麗陶磁의 硏究》라는 책을 쓴 野守健이 있었다. 野守健은《朝鮮古蹟圖譜》의 편자인 關野貞의 친동생이다.

淺川이 수집한 陶器片은 그곳에 붙었던 窯址의 이름도 떨어져 나가고 또 그것을 모은 사람 외에는 크게 소용되지 않았다. 그는 해방 후에는 박물관에 많은 협조를 하여 귀국할 때에 그가 살던 집을 박물관 직원인 徐甲祿씨에게 물려주기도 하였는데 徐씨는 수년 후 6·25 동란 전에 숙환으로 그곳에서 별세하였다.

淺川에게는 淺川巧라는 동생이 있어《朝鮮의 膳》이라는 책을 써서 그때로는 좋은 책이라는 평을 받았다.

일제시대에 평양에는 많은 일본인 수집가가 있어 그들은 주로 樂浪出土品을 모으고 있었는데 그것은 북쪽 일이라 알 도리가 없었다.

또 서울에 있던 사람으로 城大 豫科과장 黑田幹一이라는 사람도 얼마간의 수집품이 있었다고 하여, 후에 동료관계에 있던 兪鎭午씨를 통해 그것이 어찌 되었는가를 알고자 하였으나 확인할 수 없었다.

伊藤槇雄이라는 사람도 좋은 물건을 가지고 있어, 그 중 세 개의 도자기는 寶物(國寶) 368·371·377호로 지정되어 있었는데 후자 두 개의 고려자기는 崔昌學씨 소유가 되었다가 파손되었으며, 368호는 장사꾼 손에 들어갔다가 梨大博物館 소유로 되어 있는 淳化四年銘陶器인 것이다.

이 외에 몇몇 일본인들도 많은 골동품을 가지고 있었던 모양이나 해방 후의 혼란기라 많은 모리상인들의 농간으로 우리의 손이 미치기 어려웠던 것은 물론이었다.

해방 후 6·25동란 전에 골동상에 嚴씨라는 분이 있었다. 어느날 그는 傳 玄齋 沈師正筆의 〈맹호도〉라는 그림을 사라고 왔다. 이 그림은《朝鮮古蹟圖譜》第14卷에 森啓助라는 사람의 물건으로 나와 있는 것으로, 지금 보아도 정말 한국 호랑이 그림이 틀림없다. 일금 1만원으로 사라고 하기에 군정청에서 특별예산을 타서 사들였다.

이 그림은 그후 해외전시 때마다 외국에 나갔고, 圖譜圖鑑의 70호로, 또는 파리전시 때의 프랑스어 도록목록의 134호로도 나와 있고, 일본어 목록에는 작자 미상으로 나와 있다.

嚴씨는 나에게 후에 일금 천원을 사례로 가져왔는데 나는 그 돈을 崔泳喜 서무과장에 厚生에 쓰라고 주었다. 嚴씨는 후에 납북된 것으로 안다.

壺杅塚 發掘

대부분의 일본사람들이 우리나라를 다 떠난 후 10여명만 남아 있었는데 그중 하나가 有光教一씨였다. 박물관의 많은 물건이 어디 박혀있는지를 아는 사람은 그뿐인 까닭이었다.

有光씨는 서울박물관(總督府博物館)에서 유일하게 京都大學을 졸업한 考古學을 전공한 자였다. 일본사람들 중 東京大學과 京都大學교수들이 한국에 와서 고고학적 조사를 하고 발굴된 유물들은 대개 서울에 남겨 놓고 갔었다. 이 유물의 관리를 위하여 서울 박물관에 있던 사람 중 진짜 전문가는 有光씨가 유일한 사람이었다. 그는 戰前後 15년간 한국에 있었으며 후에는 강사로 京城大學에 출강하였다. 아래 사진은 그가 한국이 분단되기 전에 기념촬영한 것이다. 이외에 崔泳喜씨가 있었으나 그는 어려서부터 오래 근무한 믿을만한 사람으로 전문지식이 없었던 것은 어쩔 도리가 없었다.

有光씨가 일본으로 돌아가기로 결정된 것은 1945년 말이었으나, 가기 전에 발굴경험이 많은 그를 고문으로 하여 경주에서 첫 古墳발굴을 하는 것이 어떠냐 하는 의견이 학계에서 나왔다. 그런 의견을 낸 사람 중 하나가 故 宋錫夏씨였다.

政局이 안정되지 않았는데 무슨 발굴이냐고 반대하는 의견도 나왔으나 우리는 우리대로 추진하여 1946년 5월 우리나라에서 우리 손으로 첫 발굴을 시작하였다. 나는 林泉(측량, 도면)·李健中(사진)·有光씨와 같이 기차로, 徐甲祿(기록)은 미군상사 밀스와 같이 발굴도구를 싣고 트럭을 타고 경주로 갔다.

그때까지 일본사람들의 발굴은 고분 아래에 새끼로 줄을 치고 한국사람은 가까이 가지도 못하게 하여서 어떤 식으로 발굴을 하는지 구경한 사람은 경주박물관에 고용원으로 근무하는 몇 사람밖에 없었다.

宋錫夏씨는 저 거대한 鳳凰臺를 파보자는 과격한 의견도 내놓았으나 우리는 겸손하게 이미 윗부분이 파괴된 제140호분을 선정하였는데 발굴이 시작되자 李丙燾, 宋錫夏, 趙潤濟, 李崇寧 등의 震檀學會회원들이 대거 경주로 몰려왔다.

이 140호 고분에서 의외로 이때까지 볼 수 없었던 여러 가지 遺物이 나왔다. 그 첫째로 壺杅塚이라는 이 고분의 이름이 연유되는 銅壺의 밑바닥에서 乙卯年國/岡上廣開/土地好太/王壺杅十이라는 4字4行의 銘文이 발견되었다. 國岡上 廣開土地 好太王이라는 것은 바로 輯安에 있는 廣開土王碑의 주인공, 즉 고구려 제19대 왕의 이름이 틀림없고, 壺杅에 있는 명문의 글자체도 그 碑의 글자체 그대로가 아닌가. 그것은 한국 고고학상 획기적인 발견이 아닐 수 없었다. 新羅古墳에서 글자가 나온 것은 그때까지도 있었는데, 廣開土王의 이름이 신라의 무덤에서 나온 것은 정말 놀라운 일이었다.

그런데 이 무덤에서는 이밖에도 놀랄만한 유물이 나왔다. 그것은 漆로 된 面으로 그 두 눈은 금으로 둘러싸여 있었다. 나는 보고서에 그것은 '方相氏의 面'이라고 기술하였다. 方相氏라는 것은 《周禮》에 나오는 "곰의 가죽을 쓰고 두 황금 눈을 하고 무덤에 들어가서 惡鬼를 몰아낸다"는 존재로서 중국에서 오래전부터 있었던 습관을 옛 신라사람들도 가졌던 것이라고 생각했고 지금도 그렇게 생각한다. 이 方相氏面은 위의 銘文만치나 중요한 발견인데, 유감이나 습기가 찬 이 面은 그대로 보존하기가 매우 어려웠다.

호우총은 곁에 있는 銀鈴塚(은방울이 출토됨)과 같이 1948년 국립

壺杅塚 출토 青銅壺 銘文

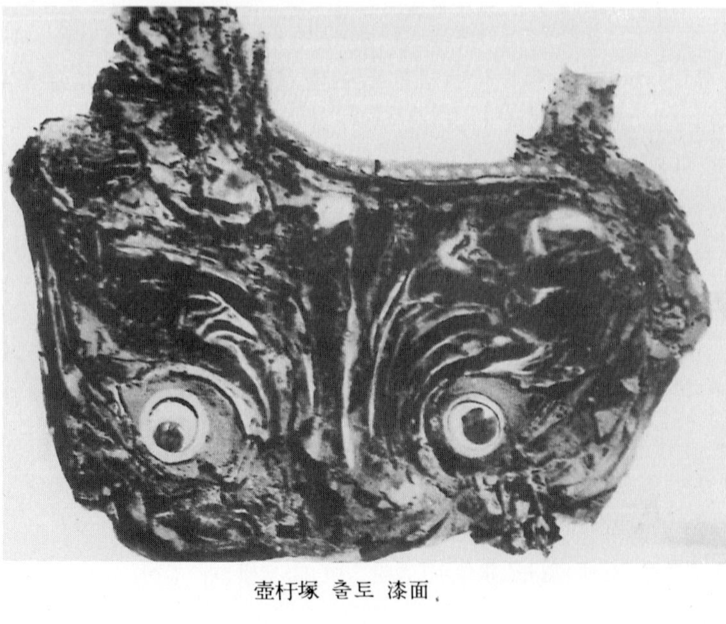

壺杅塚 출토 漆面

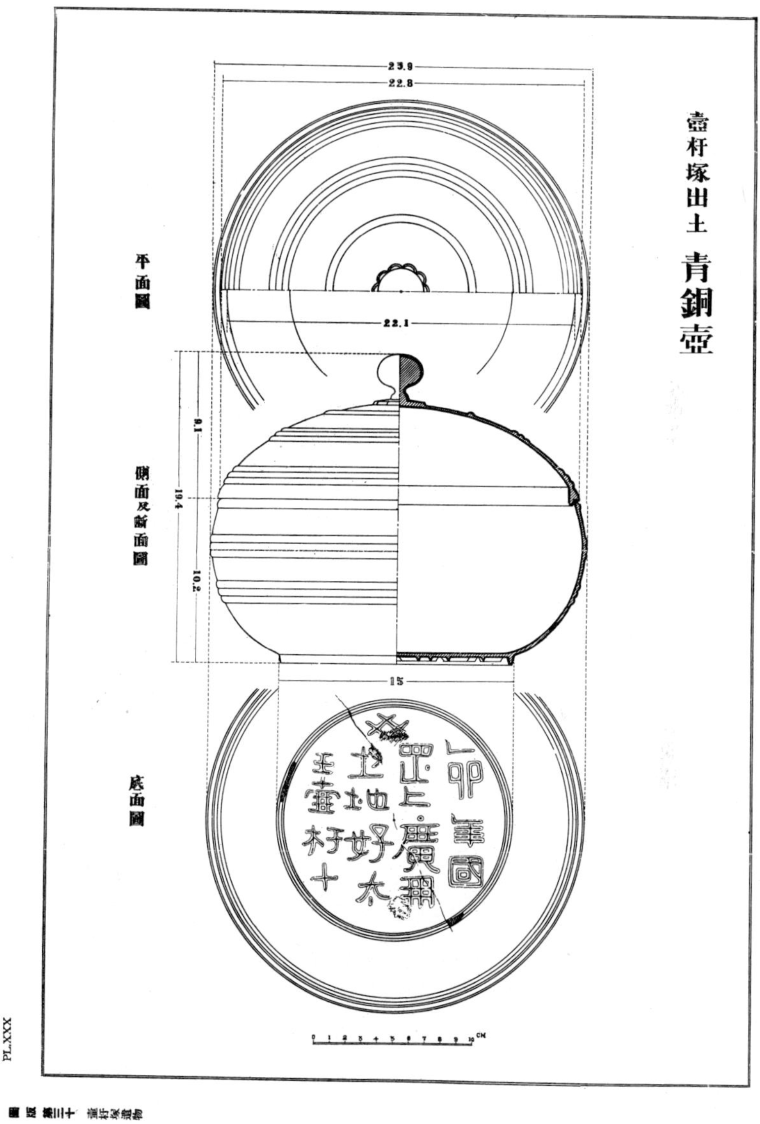
壺杅塚出土 青銅壺
平面圖
側面及斷面圖
底面圖
23.9
22.8
22.1
9.1
19.4
10.2
15
乙卯年國岡上廣開土地好太王壺杅十
PL. XXX
圖版第三十 壺杅塚遺物

林泉씨가 그린 실측도.

壺杅塚발굴 후 慰靈祭, 1946년 5월.
筆者가 祭壇 앞에서 머리를 숙이고 있으며 그 뒤에 승려가 서 있음. 뒷줄 처음이 촬영하는 밀스 상사. 그 왼쪽으로부터 차례로 有光教一, 崔順鳳, 徐甲祿, 林泉, 李建中. 다음 세 사람은 失名, 마지막은 기춘이라 불리던 人夫이다.

有光教一씨와 筆者. 慈慶殿 앞. 1946년 2월.

有光博士回甲宴. 1968년. 앉은 분 왼쪽으로부터 李丙燾, 有光敎一, 李熙昇. 뒷줄 왼쪽으로부터 李崇寧, 筆者의 妻, 韓祐劤, 筆者, 柳洪烈, 金元龍, 金龍德, 李基白, 張仁淑.

박물관의 첫 古蹟調査報告書로 출판되었다. 당시 사회의 혼란이 계속되었던 때로는 잘 출판되었다고 생각한다(1946年 發掘報告《壺杅塚과 銀鈴塚》乙酉文化社刊).

나는 이 발굴을 끝내고 그 사이 많은 수고를 한 有光敎一씨를 기파드대위와 같이 지프를 타고 부산 부두까지 데려다 주었다. 그곳에는 滿洲와 북한에서 온 여위고 헐벗은 많은 일본사람들이 수송선을 타려고 장사진을 치고 기다리고 있었다. 우리는 이곳에서 어제까지의 우리 隊員의 한사람과 작별하게 되어 섭섭한 마음으로 그를 보냈으며 有光씨의 눈에도 눈물이 고였다.

有光씨는 그후 京都大學 考古學科 主任敎授, 橿原考古學硏究所 所長 등의 요직을 거쳤고, 우리 國立博物館에서도 특별히 그가 우리 박물관에서 마지막까지 국경을 넘어서 애써준 공로를 생각하여 몇 번인가 우리나라에 초대하였고, 1988년 새 박물관 개관식에도 왔다 갔었다. 1967년 우리나라에 왔을 때는 마침 그의 회갑(11월 10일)이 되었으므

미국으로 가는 길. 仁川에서. 전송하러 나온 손님과 박물관 직원.1948년.

로 나는 國際호텔에서 조촐한 回甲宴을 마련하여 李丙燾, 李熙昇씨 등 학계의 원로까지 합쳐 20여명이 참석하여 그의 장수를 축하하여 주었다.

그 모진 倭政시대에도 이러한 사람이 있었고, 그를 위하여 우리 학계에서 회갑연을 베풀었다는 것은 日本 考古學界에서도 美談으로 오늘날까지 전하여 온다. (뒤의 有光씨 회고 참조 pp. 94-99)

미국나들이

1947년 봄 록펠러財團의 人文學部長 파스박사(Charls B. Fahs)가 서울에 왔다. 외국 문화재단이 우리나라에서 무슨 사업을 할까 하고 연구하러 온 첫 경우였다. 우선 第一順位에 박물관이 들어 있었다.

박물관이 사회에 어떻게 기여하여야 되는가를 연구 시찰하기 위하여 나와 金元龍씨가 미국에 1년 동안 가기로 결정된 것은 너무나 당연한 일이었다. 金元龍씨는 최고학부를 졸업하고 語學에 능한 유일한 박물관원인 까닭이다.

우리는 1948년 4월 인천에서 미국 해군 수송선을 타고 샌프란시스코에 도착하였다. 실은 출발 전에 나의 첫 아들이 죽어서 나의 기분은 별로 좋지 않았던 때이다.

加州大學에서 한국에 대한 강의를 맡은 죠지 맥큔씨(George McCune, 한국에 선교사로 왔던 샤논 맥큔 尹山溫의 아들)의 代講을 하는 그의 부인 에블린의 부탁으로 약 20분 동안 30명 학생 앞에서 이 이야기를 하였다. "한국박물관장이라고 하나 월급이 겨우 15달러 밖에 안되는데, 지금이 부자나라에 첫발을 디디고 나니 휘황찬란하여 머리가 돌아가지 않습니다. 云云…." 참석했던 미국 학생들은 눈이 휘둥그래졌다. 그럴 수가 있나?

金元龍씨는 예정대로 토론토박물관으로 가고, 나는 財團에서 정해준 스케줄에 따르지 않고 뉴욕에 가서 뉴욕대학의 살모니(Alfred Salmony) 교수를 만났고, 그곳에서 스웨덴의 석학 칼그랜(Bernhard Karlgren)의 강의도 듣고, 켐브릿지에서는 하바드대학 워너(Langdon Warner) 교수의 분에 넘치는 대접도 받았다.

다음에 원래의 예정지인 칸사스시티박물관에 가서 그 지독히 더운 여름을 보냈는데, 그 다음은 미네아폴리스박물관을 지나서 시카코에서 中國의 甲骨文 연구로 유명한 董作賓씨도 만나고 그곳에서 다시 토론토에 가서 외로이 지내는 金元龍씨를 찾았다.

나는 예정을 3개월 앞당겨 돌아오는 길에 호놀룰루에 들러서 그곳 미술관장 그리핑(Robert Griffing)씨와 또 한국에서 군정 때 교화국장으로 있던 기파드씨를 만나 장차 미국에서 개최할 수 있는 한국미술 전시회를 계획하고 1948년 12월 초 귀국의 길에 올랐다.

호놀룰루에서 떠나기 전날 밤 어느 부자집에 초대되어 높이 1미터에 이르는 그 집 어린이의 크리스마스 선물을 보고 놀라기도 하였다.

그때는 젯트기가 없는 때라 호놀룰루를 출발한 후 도중 와이키키 해변에서 두세 시간 태평양의 밤하늘에 뜬 별들을 쳐다보면서 명상에

미국 캔사스에서 식크만관장과 함께. 왼쪽으로부터 식크만관장(作故), 王世襄(北京의 故宮博物院 연구원), 식크만씨 慈親, 筆者. 1948년.

잠길 수 있었다. 미국은 꿈의 나라 같았다. 온 세상이 빈곤에 허덕이는데 어찌 미국만이 저 번영을 누릴 수 있을까.

12월 30일 나는 東京 羽田비행장에 내렸다. 시내를 운행하는 전차의 시트를 칼로 도려간 칼자국이 역력히 보였다. 그것이 전쟁 직후의 동경의 모습이다.

나는 서울에 와 있었던 熊谷宣夫씨를 찾아 갔다. 영양이 나빴던지 광대뼈가 솟아올라 있는 모습에서 그들의 가난한 생활을 알 수 있을 만하였다. 그는 그의 직장인 美術研究所에서 일본학자들과 좌담회를 마련하였다. 原田淑人 · 小場恒吉 · 齊藤忠 · 福山敏男 · 久野健 · 松下隆章 · 秋山光和 · 田澤坦 · 田中一松 · 嘉門安雄 · 矢島恭介 · 新規矩男 · 山口竹子 · 川上經 · 持丸一夫 · 本間順治 · 石澤正男 · 中武宣傳(無順) 등 모두 한국의 그후 소식을 듣고 싶어 하였다.

유명한 柳宗悅씨와 같이 禪學者로 저명한 鈴木大拙씨를 만나러 그의 鎌倉의 私邸로 방문하였다.

이 글을 쓰는 지금 일본은 세계 최대 부국의 하나로 부상하였으나 그때는 우리와 별로 다를 바 없이 굶주림에 허덕이는 듯 하였다.

미국에서 귀국하여 직원들과 함께 慈慶殿에서. 1949년 1월 9일.

나는 아홉달에 걸친 미국여행 이야기를 원고지 열장에 써보았다. 유럽에서 11년을 지낸 사람이라 미국사람도 유럽사람과 같은 사람이라고 생각하였으나, 그것은 큰 잘못이었다. 여기에 그것을 자세히 쓸수는 없으나, 대체로 미국사람들은 정을 붙이기 어려운 사람이라 생각되었다. 그러나 나는 미국에서도 많은 친구를 사귀었고 오래도록 그 친분은 계속되고 있었다.

나를 미국으로 데려간 것이 록펠러재단이므로 그들과의 관계는 오래 계속되었다. 우리가 월급으로 살 수 없다는 말을 듣고 파스박사는 1950년부터 3년간 매년 2천불이라는 그때로는 큰 돈을 조건없이 박물관에 주었다. 부산 피난시절에 우리 박물관의 간부직원들은 이 돈으로 큰 고생을 하지 않고 지냈다. 이에 대하여는 다음에 또 언급될 것이다.

개성박물관

開城에는 해방 전부터 府立博物館이 있었다. 부여·공주·경주박물관을 통합하여 국내 주요 박물관이 모두 새로된 국립박물관의 산하에 들어왔는데 개성부립박물관도 국립박물관의 일부가 되어야 한다는 생각으로 1946년 봄 나는 개성으로 갔다. 그곳에서 개성유지들과 대면하여 개성박물관을 국립박물관의 일부로 만들겠다는 의도를 전하였다. 처음에는 약간의 반발심도 있었던 모양으로 그 지방유지의 한분인 孔聖學씨가 나와서 그때 37세인 국립박물관장에게 여러 가지 질문을 하였던 것으로 기억된다.

실은 부립박물관이라고는 하나 그 진열품은 대부분 서울박물관에서 빌려준 것인데, 나는 그 빌린 물건들을 고스란히 개성에 둘 것이고 서울박물관의 분관이 되더라도 현재 걸려 있는 박물관이라는 현판(孔聖學筆)도 그냥 둘 것이며, 따라서 실질상은 아무런 변동이 없으리라는 등등을 약속하였다. 이리하여 개성시민들과의 대결은 원만히 성공적으로 끝났다.

얼마 후에 새 분관장으로 秦弘燮씨를 임명하였다. 그는 상당히 부유한 집 출신이고 비록 고고학이나 미술사를 전공으로 공부하지는 않았으나 대학출신의 유능한 사람으로 추천되었던 것이다.

이때를 전후하여 개성에 주둔하는 미군들이 그들의 간이병사(콘셋트)를 滿月臺에 만들기 시작하였다. 만월대는 옛 고려궁전이 있던 자리이다. 비록 표면에는 많은 유구가 없었으나 그곳은 중요한 고적으로 개성시민들이 큰 애착을 가지고 있던 곳이다.

"만월대를 파헤치다니, 그런 일이 있을 수 있나!" 시민들이 떠들기 시작하였다. 우리는 곧 미군들에게 주의를 환기시켰으나 처음에는 별 반응이 없었다. "표면에 별것이 없는데 후에 원상태로 만들면 되지 않나"라는 것이 그들의 생각이었다. 역사가 짧은 그들이 만월대의 의의를 이해하기는 어려운 일이었다.

때마침 하버드대학의 유명한 워너교수가 볼스박사와 같이 왔다. 동양문화와 미술에 관심이 많은 그들은 곧 지프를 몰아 만월대에 가서 상호간의 몰이해에서 자칫하면 불행한 사태로 번질뻔한 일을 선처하여 주었다. 그들은 동경 총사령부에 건의전문을 보냈고, 동경 총사령부에서는 서울 8군사령부에 즉각 간이병사 건설을 중지하도록 명령을 내렸다.

1949년 여름 개성에서는 소위 松嶽山事件이라는 것이 터졌다. 38선이라는 선은 개성 북쪽에 있는 송악산봉 위로 지나가는데, 그곳에서는 개성의 시가가 한눈에 보였다. 그 때문에 그쪽과 남쪽 사이에 포격사건이 자주 일어났다. 그러나 그 여름의 송악산사건은 특별히 심하였다.

나는 개성박물관이 위태롭다고 생각하여 그곳에 있는 진열품(대부분 고려자기)을 서울로 옮기는 것이 옳다고 생각하여 李弘植씨와 閔天植씨를 대동하고 가서 그들 물건을 서울로 옮겨오려고 하였다. 그런데 秦弘燮관장은 한사코 반대하였다. 만약 이 사실을 개성시민이 안다면 크게 인심이 소란하게 되고 자기의 입장이 곤란하다는 것이었다.

그러나 나는 이 일을 강행하기로 하고 崔熙淳(淳雨)씨 외 몇 사람을 다시 개성으로 보내 중요한 진열품의 대부분을 궤짝이나 륙색에 넣어서 개성에서 8km 가량 떨어진 鳳東驛으로 옮기고 그곳에서 기차로 몇 차례에 걸쳐 서울에 옮겼던 것이다. 개성역은 송악산에서 사정거리안에 드는 좋은 목표이고, 또 높은 언덕 위에 위치한 박물관도 역시 포격에 좋은 대상이 될 수 있었다. 우리가 진열품을 옮기는 날도 가끔 포탄이 날아왔는데 砲煙의 냄새를 맡으면서 우리는 큰 일을 해치웠던 것이다.

다만 문화국장 趙根泳씨는 문교부의 사전승인을 받지 않고 유물을 옮겼다고 노발대발하였고 시말서를 쓰라고 야단쳤는데, 나는 같은 박물관 안 물건을 옮기는 데 무슨 사전승락이냐고 맞서기도 하였다.

1950년 6월 25일 북한군은 아침 5시 시민들이 아직 깨어나기도 전에 개성시를 점령하였다. 모든 것은 다 그들이 차지하였으나 개성박물관의 도자기·불상·회화 등등이 있었던 진열장은 텅 비어 있었던 것이다.

6·25 동란

6·25 동란이 있은 지도 벌써 40년이 되었다. 지금 우리 박물관에 근무하는 젊은 분들은 대부분 이때에 아직 태어나지 않았을 것을 새삼스레 느끼고 이 글을 쓸 생각을 하였다.

1985년 10월인가, 高麗青磁展이 박물관에서 열렸을 때 나도 그 테이프를 끊는 열에 서게 되었다. 물론 별 의미있는 것은 아니나 나로서는 감개무량한 일이었다. 그곳에 전시된 名品 중의 어느 것 하나 내가 서울에서 어려운 상황 아래서 부산으로 옮기지 않은 물건이 없었던 까닭이다.

1950년 6월 25일 그때 학예관이었던(후에 전쟁 중에 세상을 떠남) 閔天植이라는 청년이 저녁때 우리집에 왔다가 총알이 날아오는 것을 보고 혼비백산하여 집으로 돌아갔다. 6월 25일 아침 나는 美術研究會가 가지고 있는 돈(30만원?)을 은행에서 찾아왔다. 수위에게는 5천원, 사무직원에게는 만원씩 나눠주었다. 그 돈으로 쌀을 사두라고. 그러나 실지로 쌀을 산 사람이 몇 명인지는 알 수 없었다. 그리고 진열장에 있던 진열품을 모두 창고에 넣어두라고 하였다.

6월 27일 종일 멀리서 총성이 요란하게 들리더니 28일은 景福宮 안 관사에서 잠을 잘 수가 없었다. 동쪽 청량리 방면에서 함성이 울려오고 따발총 소리가 요란하게 들렸다. 가끔 국군옷을 입은 병사들이 도망쳐 왔다. 동네 사람들은 군복 대신에 평복을 빌려 주어 그들의 신분을 감추라고 하고 속히 한강을 넘어가라고 충고하였다.

그들 병사들 말에 의하면 탱크 4백대 가량을 앞세우고 북괴군이 서울에 들어오고 있다는 것이다.

아침 9시쯤 되었을까. 박물관 구내에 벌써 인민공화국기가 올라갔고, 그 아래에서 우리 직원 중의 한사람이 李承晩 타도의 연설을 하였다는 것이다. 도저히 상상할 수 없는 사태가 벌어졌다. 이런 일이 있을 수가 있을까.

수일 후에 나는 박물관 사무실이던 慈慶殿에 가 보았다. 나를 본 직원은 누구나 다 나를 보기를 어느 딴 세상에서 온 사람으로 아는 듯 이상한 표정을 하였다.

경복궁 안은 조용하기만 하였다. 그때까지 요소에 배치되었던 景武臺 경찰서 순경은 모두 달아나 버렸다. 그들은 한강을 넘어서 가 버렸던 것이다.

물론 시내의 혼란은 극도에 달하고 북괴의 탱크대가 거리를 누비고 온갖 소문이 들려 왔으나, 신변의 위험을 느낀 나는 한발짝도 밖으로 나가지 못하고 있었다.

6월 29일인가 소위 內閣直屬 物質文化硏究保存委員會에서 왔다는 김용태라는 사람이 자경전에 오라고 하여 갔더니 모든 박물관에 대한 권한을 넘겨 준다는 문서에 도장을 찍으라 하였다. 여기에 그 이상의 일을 쓸 생각은 없다. 그런 일은 한국 전체 어디에서나 있었던 일인 까닭이다.

경복궁 안에서 멀지 않은 대통령관저에는 수백 명의 사람이 몰려갔다. 그들은 닥치는 대로 그곳에 있는 물건을 들고 나왔다. 들리는 소문으로는 경복궁 안에서도 인민군들이 시민들을 끌고 와서 총살하였다고 하고, 이른바 인민경찰이라는 사람들이 교통정리를 한다고 광화문 네거리에 서있다고 하였다.

박물관에는 다른 데와 마찬가지로 자치위원회가 생겼고 몇 사람은 완장을 두르고 있었고 모든 명령은 김용태에게서 나왔다. 그 사람은 서울에서 학교를 다녔는데 취직을 못하여 그에 대한 깊은 원한을 품고 있다고 하였다.

알고보니 박물관 안에도 공산당원이 있었다고 하는데, 그 첫번째는 사진사인 김영욱이라는 사람이라고 하며 매일 아침에는 어딘가에 가서 지령을 받고 왔었다. 그러나 그는 인품이 나쁘지 않아 다른 사람을 해치는 일은 하지 않았다고 들었다.

나는 아침부터 저녁까지 집 뜰안에 있는 나무 뒤에 숨어 있었는데 다행히 큰 일을 당하지 않았으나, 중학교에 다니던 처남은 지원병으로 붙들려 갔다가 다시는 돌아오지 않았다.

그후 8월 15일, 경복궁관사에서 쫓겨난 후에도 나의 거처를 아는 사람이 없어 다행히 무사하였다. 적어도 두 사람이 나의 거처를 찾아 다녔으나 찾지 못하였다. 이것으로 첫번째 북한점령하의 나의 생활을 끝내기로 한다.

살모니교수

북괴가 남침하기 수일 전 미국의 국무장관 덜레스씨가 서울에 왔다. 공산국진영에서는 그가 한국전쟁을 일으키라고 지시하기 위하여 한국에 왔다고 떠들고, 그가 戰線을 시찰하는 사진은 그런 의미로 공산국의 신문에 이용되기도 하였다.

덜레스국무장관이 김포비행장에 도착하였을 때 우리나라 의장대가 나가 환영의 군악을 연주하였다. 이런 의식이 진행되는 동안 비행기 안에서 기다려야 했던 살모니(Alfred Salmony)교수는 "金! 이렇게 군악대까지 데리고 나를 환영할 줄은 몰랐어!"하고 너털웃음을 웃으면서 내려와 악수를 교환하였다.

이튿날 박물관을 방문하러 온 덜레스 부인을 안내하고 나는 당시 내가 살고 있던 敬安堂의 응접실에서 살모니교수와 오래도록 이야기를 나누었다.

살모니교수와의 교우는 1936년경 벨기에에서 시작되었으니 가히 오랜 친구라 하겠다. 그는 뉴욕대학 동양미술사 교수로 많은 저서를 내었고 세계적인 학술지 《아티부스 아시애》(*Artibus Asiae*)의 주간이기도 하였다. 그는 국무성의 프로로 3개월간 北方文化에 대하여 박물관에서 공개강연을 하기로 되었었다.

첫 강의를 마친 후 더 좋은 숙소를 정하려고 이곳 저곳 찾아다니는데 북쪽에서 대포소리가 들려왔다. 북한의 남침이 시작되었던 것이다.

그날 저녁 대사관의 문정관 휫플여사 댁에서 식사를 하는데 포성은 끊이지 않고 점점 더 크게 들렸다. 그러나 살모니교수는 오래간만에 미국정부의 비용으로 동양에 온 것을 기뻐하고 재미있는 이야기를 많이 하였다. "전쟁… 아무 걱정 말어. 미국에서 큰 비행기 열 대만 오면 그만이야! 그 따위 북한쯤이야…."

이러한 낙관에도 아랑곳없이 그 전쟁은 결국 우리나라 전체를 3년 이상이나 전화에 몰아넣은 비극을 초래하지 않았던가.

이틀 후 살모니교수는 나에게 하직인사도 없이 다른 미국사람과 같이 서울을 떠나버렸다. 가지고 왔던 슬라이드도 박물관 사무실에 팽개친 채…. 전쟁 중 이 슬라이드를 미국에 보내줄수가 없게 된 내가 그것을 비로소 돌려보낸 것은 1954년인가였다.

살모니교수는 3개월간의 예정으로 한국에 왔기 때문에 남은 시간은 동경에서 보냈고 그가 자기의 서울에서의 경험담을 이야기할 때는 "누가 한국전쟁을 일으켰는지 아시오? 그것은 바로 이 살모니교수란 말이오." 그는 이런 죠크를 각처에서 하였다.

이왕 살모니교수 이야기가 났으니 여기서 좀더 그에 대한 소개를 하고 지나가기로 하자.

그는 독일에서 태어난 유태계의 사람이다. 일찍 동양미술에 관심을 가져 지금 국립중앙박물관과 밀접한 관계를 가지고 있는 독일의 쾰른 동아시아미술관의 수석학예관으로 그 미술관을 창설한 핏셔씨의 부인을 도와 공로가 많은 사람이다. 그때에 나의 은사가 된 헨쩨 교수와 같이 《아티부스 · 아시애》를 창간하기도 하였다. 제1차세계대전 때는 프랑스의 포로가 되어 고생도 하였으나 귀국 후에는 많은 논문을 써서 유럽의 몇 안 되는 동양미술 전문가가 되었다. 이때에 일본을 거쳐 한국에도 다녀갔다. 그는 그때 이야기를 자주 하였는데, 서울에서는 한국사람은 한 사람도 만난 일이 없다고 하였다. 그렇게 한국에 학자가 없었다는 말이나 그는 일본사람만 만난 것이 이상하다고 하였다.

히틀러가 정권을 잡은 다음날 그는 독일에서 도망쳐 벨기에에 왔다가 미국으로 망명하였다. 처음에는 샌프란시스코 근교의 밀스여자대학 교수를 하다가 후에 뉴욕대학 교수가 되었다.

살모니교수는 내가 다시 미국에 갔을 때 나에게 모든 친절을 다하여 도와주었다. 그때 나는 뉴욕을 중심으로 많은 동양미술품 수집가의 수집품을 볼 수 있었다. 나는 壺杅塚과 銀鈴塚 發掘 略報(Two Old Silla Tombs)를 투고하였더니 극구 칭찬을 하고 적지 않은 원고료를 주었다. 이런 학술지에서는 보통 고료를 지불하는 일이 없었던 것이다. 그때 그는 同誌의 빽넘버를 채워주어 아직도 이 잡지의 가장 완전한 세트를 가진 사람은 드문데 그 중에서도 내가 거의 완전한 세트를 가지고 있다.

그는 여름방학에는 의례히 유럽에 여행하여 그의 잡지의 발행지인 스위스의 아스코나에 갔는데, 1958년 여름에 영국에서 Ile de France라는 프랑스 호화선을 타고 프랑스에 가는 도중 심장마비로 세상을 떠났다.

나는 그의 추도호에 〈漆谷 松林寺磚塔에 대하여〉("Treasures from the Songyim-sa Temple in South Korea")라는 논문을 썼다(*Artibus Asiae*, Vol. XX11, No. 1/2, Ascona 1959).

숨가쁜 9·28 전후

9·28이란 서울이 탈환된 날을 가리킨다. 나는 필운동에 있으면서 중앙청건물 위에서 미국공군과 북한기관총대가 공방하는 숨가쁜 광경을 보고 있었다. 결국 북한병사들은 견디다 못해 자취를 감추자 중앙청건물(지금의 國立中央博物館)위 원형 돔에서 불이 났다. 괴뢰군들이 일부러 방화한 것일까. 이 불은 건물의 다른 부분에도 번졌다.

이때 성북동에서는 全鎣弼씨댁에서 북한요원들의 감시하에 全씨의 수집품을 포장하고 있었다. 그것을 빨리 마칠수록 그들이 전씨의 물건까지 합쳐서 두 박물관의 수장품까지 북으로 가지고 갈 확률이 큰 것이다. 우리 측에서는 지연작전을 폈다.

고려자기를 포장하였다. 크기를 재지 않고 하였다고 하여 다시 풀었다가 쌌다. 또 고려자기를 싸는 데는 아무리 하여도 많은 종이를 써야 되고, 회화는 습기가 안들도록 싸야 되고, 불상은 머리 부분이 약하다는 등등의 이유를 들어 3일 간에 겨우 5개의 포장을 마쳤다.

포장한 물건을 궤짝에 넣어야 된다. 전쟁중에 궤짝이 어디 있나. 그러면 판자를 구하여야 되고 목수를 구하여야 되고 또 못을 사와야 되고—이렇게 지연작전을 하는 사이에 때는 늦었다. 그들은 모두 팽개치고 북으로 도망쳤다. 그들의 눈앞에서의 대담한 지연작전은 생명을 건 싸움이었다. 이 중 한사람은 崔熙淳씨였고, 또 한사람은 蔣규서였다.

崔는 나의 필운동 은신처로 찾아왔다. 이제 국군이 들어오면 누가 누구인지를 알 수 없을 터이니 관장이 국보수호의 주역이 누구인지 영문으로 증명을 써 달라는 것이다.

아직도 괴뢰군이 우글거리는데 이런 글을 몸에 지니고 다니는 것은 위험천만이라고 말하였으나 미리 써 가져온 증명서에 서명 날인하여 주었다. 아닌게 아니라 광화문에서 괴뢰치안대원의 검색에 걸려 아슬아슬하게 정체가 탄로날 뻔하였다고 후에 이야기하였다.

9월 29일 아침, 나는 신무문을 거쳐 처음으로 경복궁에 발을 들여 놓았다. 감개무량하였다. 진열관 안에 있는 2층건물에서 미군장교 두 사람이 나를 보고 황급하게 소리를 지르며 손짓하는 것이 아닌가.

나는 그제야 그 장교의 말을 알아들었다. 내가 가는 바로 길 옆에 지뢰가 있으니 주의하라는 것이다. 그 순간 나는 아찔하였다. 겨우 살아 남았는데….

몇 달만에 나는 다시 우리의 사무실인 자경전에 들어왔다. 우리 수위들이 완전히 이 사무실을 비우고 나간 지가 불과 3, 4일인데 그 사이 완전 수라장이 되었다. 기계라고 이름붙은 것은 모두 파괴되어 있었다. 시계는 물론 캐비넷도 문이 떨어져 있었고 뜰 안은 온갖 종이로 가득 차 있었다. 다만 한가지 이상한 것은 그 캐비넷 속에 있었던 고미술협회에서 온 古書(三國遺事)가 없어진 일이었다. 그것은 귀중한 것이나 그 괴뢰병사들이 가치를 알 수 있는 그런 물건은 아니었다. 왜 없어졌을까? 그러나 그 古書는 다행히 후에 부산에 나타나서 옛 주인의 소유물로 돌아갔다.

景福宮 안을 돌아보았다. 진열관 뒤에 한 북한병사가 죽어 있었다. 또 이때에 勤政殿 뒤에 있는 思政殿・千秋殿・萬春殿의 세 건물 중에서 만춘전이 그 앞에서 떨어진 폭탄 때문에 파괴되어 그 안에 있던 衣裳이 전멸되었고, 또 어느 사업가가 일본사람들에게 전수하여 기부한 대형 티벳트金銅라마佛像이 완전히 파괴되었다. 만춘전에는 또 大谷수집품의 하나인 西域에서 가져온 미이라 한구가 있었는데 그것도 부서져서 흩어져 있었다. 미이라는 6·25가 일어나기 얼마전에 전시되어 호기심 많은 서울시민 수천 명이 와서 구경하였던 것인데 그만 부숴져 버렸다.

또 경회루로 가는 길 옆에도 한 북한병사의 시체가 있었다. 우리 수위들은 우선 그 길 옆에 묻어 버렸는데 다음해 여름까지 그대로 있어, 그곳만은 풀이 특별히 잘 자라나고 그 풀의 열매가 맺었는데, 사정 모르는 사람들은 그 열매를 따먹기도 하였다고 수위들은 웃으면서 이야기하였다.

다음해 1·4 후퇴 때까지 파괴된 서울에서는 政府나 우리 같은 소속 기관들도 마음놓고 일할 수 있었으므로, 다음은 부산으로 피난가는 일을 쓸 생각이다. 슬픈 일은 학예관 閔天植군이 오해로 경찰에 잡혔다가 우리가 부산으로 떠난 후 풀려나기는 했으나 전신쇠약으로 세상을 떠난 일이다. 그를 구하려고 좀 더 노력하였던들 그렇게는 안 되었을 것을…. 지금도 가끔 마음 속으로 생각한다.

부산으로 피난

6·25에 南侵한 괴뢰군은 3일 만에 서울을 점령하였다. 9월 28일, 그들이 일단 물러갈 때까지 우리가 지낸 일을 여기에 모두 되풀이할 생각은 없다.

박물관을 담당한 김용태라는 자는 경우에 따라서는 모든 문화재를 北으로 가져가려고 두 박물관 물건을 전부 포장해 놓았다. 만약 그들이 정말 북으로 가져가려고 하였던들 평양에 도착하기 전에 폭격당하였을 것이다. 생각만으로도 소름이 끼치는 일이었다. 그들이 못 가져간 이유는 그들에게 그러한 전쟁수행 때 트럭 같은 수송기관을 문화재 운반에 돌릴 수 없었던 까닭이다. 이제 9·28로 우리의 文化財는 포장된 채로 우리에게 돌아왔던 것이다.

11월말 38선을 돌파, 북진하던 우리 국군이 중공군의 人海공세에 부딪쳤다는 소문이 나돌았다. 그러던 중 나는 어느날 서대문에서 독립문 사이에 수십 대의 미국탱크가 후퇴하여 오는 것을 보았다. 미국병사들은 기진맥진한 상태였다.

나는 文教部 白樂濬장관에게 가서 아군이 밀리게 되면 박물관 물건을 우선적으로 남으로 피난시켜야 된다고 말하였다. 그후 나는 또 두 번이나 장관실에 가서 이번에는 박물관이 서울에 남게 되면 우리 문화재는 건질 수 없다고 말하였다.

白장관은 나에게 지침서를 주었다. "우리의 문화재를 우리 국토 안에서 안전한 곳으로 옮기는 것을 승락한다"는 것이다.

이 지침은 이례적으로 영문으로 써 있었다. 왜? 원래 관청의 공문은 아래로부터 위까지 도장을 찍어 올라가서 장관의 결재를 맡는 것인데, 이렇게 되면 비밀이 지켜질 수가 없다. 박물관이 먼저 부산으로 떠났다면 아직 아무 것도 모르는 서울시민에게 큰 충격을 줄 것이므로 그것을 피하고자 한 비상조치였다.

나는 그 길로 德壽宮美術館 李揆弼관장에게 가서 國立博物館은 부산으로 가니, 李관장이 원한다면 덕수궁미술관 진열품도 같이 가져다 줄 것이라고 하였다. 전쟁이 끝나는 줄 알았던 그는 크게 놀랐으나 자기로서는 아무 힘이 없으므로 그렇게 하여 달라고 하였다. 한편, 나로서는 크나큰 책임을 더 지는 것이었으나 기꺼이 이 책임을 떠 맡았다.

모든 진열품은 이미 포장된 것이므로 곧 부산으로 떠날 수 있었으나, 白장관에게 手交할 덕수궁미술관 소개품목록이 되지 않아서 하루 동안 연기하였다가, 1950년 12월 6일, 큰 미군화물기차를 얻어서 서울을 출발하였다.

이 화물차에는 두 박물관의 진열품 외에 간부직원과 가족 전부 16명이 같이 탔다. 이때는 서울로 오는 모든 기차는 군수품을 싣고 있었고, 부산으로 가는 기차는 빈 차였으므로 부산까지 우리 화물차는 4일이 걸렸다. 물론 도중에 식료품을 살 수도 없어 우리는 밀가루·멸치 간장·소금 같은 것을 준비하였고, 풍로와 숯을 장만하여 그것으로 수제비를 만들어 먹었다. 우리가 화물차로 부산에 간다는 것을 외부에 나타내지 않기 위하여 될 수 있는대로 차 밖으로 나가지 않았다.

부산에 도착하였으나 미리 우리 물건을 보관할 장소를 마련하고 간 것이 아니었으므로 우선 미국공보원 뜰 안에 있는 지하실에 넣고 부산 관재청 창고를 얻어 그리고 갔다. 그것이 부산에 있는 유일한 耐火창고이고 4층이었으므로 그 중 한 층은 사무실로 쓰고 또 한 층은 집을 얻을 때까지 우리 직원들의 기숙사가 되었다.

앞에서도 언급한바 있거니와, 나는 6·25 동란이 터지기 전에 록펠러재단에서 연 2천불씩 3년 동안 자유로 쓸 수 있는 돈을 얻어, 부산으로 갈 때에는 그 첫해의 2천불의 수표를 주머니에 넣고 있었다. 이 2천불은 그때로는 큰 돈으로 부산에 있는 사이에 긴요하게 쓸 수 있었다. 그때의 정부 사정으로는 제대로 예산을 얻어 쓰기 어려웠고 또 긴급을 요할 때는 모든 수속절차가 필요없는 그런 돈이 필요하였던 것이다.

우리는 서울을 떠날 때 수위들에게까지 부산으로 간다는 말을 하지 않았고 그때 마침 다음해 예산을 편성할 때인데 문교부에 그런 절차도 밟지 않았다.

다른 것은 어찌되든 우리는 몇 트럭에 해당하는 우리 문화재를 살리면 국민에 대한 면목이 선다고 생각하였다. 나의 책임은 두 박물관 진열품을 살피는 것으로 그에 어떠한 실수가 있으면 후대에 죄인이 된다는 신념이 있었다. 우리는 서류뭉치를 들고 피난하는 것과는 다르다고 생각하였다.

부산 피난살이 중 광복동에 있었던 지방관재청 창고 안에 마련되었던 국립박물관 사무실 앞에는 관재청 사무실이 있었고 우리는 창고문으로 출입하였다. 첫 층은 수위실과 그 외의 여러 가지 기구를 넣는, 그야말로 창고로 이용되었고, 둘째 층에는 후에 강당 또는 전시실로 이용된 방이 있었고, 3층은 학예실과 서무과, 4층은 관장실이 있었다. 3층 학예실에서는 직원회의를 하였다.

이때의 토의사항은, 상세히 기억나지는 않으나, 서로의 안부를 아는 일, 긴급한 예산집행 등이었을 것이나, 예산이라고는 전시의 형편으로 봉급 외에는 별로 없었던 것으로 안다.

부산에 피난갈 때에는 물론 많은 祕話가 있었다. 북한의 남침은 6·25 때에는 전혀 우리가 예측하지 못하였던 일로서 서울에 앉아 있다가 당한 변이었다. 그러나 이른바 그들의 재차 남침 때는 박물관도 남

부산에서의 직원회의. 왼쪽으로부터 秦弘燮(개성분관장), 劉始鍾(공주분관장), 崔熙淳(본관직원), 林泉(본관직원), 金商翊(본관직원), 筆者(본관관장), 朱洛璋(본관직원), 金元龍(본관 考古課長), 金鎬卓(남산분관장), 洪思俊(부여부관장), 朴日薰(경주분관 서기), 장소는 부산 管財廳 창고로 당시의 박물관 사무실임

쪽으로 피난할 수밖에 없었다. 그러나 우리는 수집품을 옮길 수 있는 차량도 가지고 있지 않아 모든 일에 어려움을 당하였다. 이때에 우리에게 큰 힘이 되어준 것이 미국 친구인 크네즈(Eugene I. Knez)씨였다. 그는 군정청 때에 교화국장을 지낸 퇴역 대위였으며, 미대사관 소속으로 마침 부산공보원 책임자로 있어 우리를 도와줄 좋은 위치에 있었다.

서울에서 기차 정거장으로 우리의 수집품을 옮길 때에 소용된 트럭(쓰리쿼타트럭)도 미국대사관에서 가져왔고, 戰時라 도중에서 운반물을 조사하려는 헌병 또는 경찰의 검사가 많았는데, 그것을 쉽게 하기 위하여 크네즈씨 자신이 운전수와 같이 앞에 앉아서 몇 번이고 덕수궁과 역 사이를 왕래하였다.

그때뿐만 아니라 그 후에도 크네즈씨는 우리를 여러 가지로 도와주었다. 여기에 그에게 드리는 감사의 말을 전하고자 한다. 크네즈씨는 후에 수도 워싱턴시의 스미소니안 인스티튜션의 자연사박물관에서 동양부인류학 담당연구원으로 있다가 현재는 하와이에서 은퇴생활을 하고 있다(뒤의 크네즈씨 회고담 참조. pp. 100-107).

西域遺物도 뒤따라 疎開

부산으로 피난 갈 때 서역유물들은 모두 서울 진열관 2층 창고에 두고 떠났다. 그 중에 중요한 것이 60여 면의 크고 작은 벽화들인데, 그것을 가져가려면 큰 위험이 뒤따랐다. 그것들은 천수백년 전에 토벽위에 그린 그림이라 충격을 받으면 파손될 위험이 많았다.

실은 비슷한 서역벽화가 세계에서 제일 많이 있는 곳은 독일 베를린민속박물관인데, 그것은 독일학자 르 콕크와 그륀베델이 그들의 여행에서 가져온 것이었다. 그들은 전시효과를 위하여 일부러 진열실에 벽을 만들고 벽화를 끼어놓았던 것이다.

그러나 전쟁이 시작된 뒤 다른 진열품들은 안전한 곳으로 옮길 수 있었으나 그것만은 움직일 수 없어 옮기지 못하였다. 이 때문에 벽화의 3할이 폭격으로 파손되었다고 들었다. 당시 베를린에 있던 미군정부에서는 서울에 있는 비슷한 벽화의 안부를 동경에 있는 맥아더 사령부를 통하여 물어왔다. 그와 동시에 서역벽화는 세계적으로 귀중한 문화재이니 잘 보관하라는 충고를 하여 왔다. 우리는 이 때문에 수정전에 있던 서역유물 전체를 진열관 2층 창고로 옮겼다.

그러나 부산으로 갈 때 이것을 가져가지 못한 나는 1·4 후퇴 이후 3개월간 부산에서 걱정이 되어 밤잠을 이루지 못하는 일이 많았다. 이는 내가 베를린의 서역벽화 책임자가 벽화파괴의 책임을 지고 스스로 생명을 끊은 일을 아는 까닭이었다.

1951년 3월 27일, 나는 崔熙淳씨를 다시 서울로 보내 만사를 제치고 그 벽화를 가져오라고 하였다. 나는 崔씨에게 록펠러재단에서 온 돈을 넉넉히 주고 비상시에 쓰라고 하였다.

그때 서울에 잔류한 시민의 수는 얼마되지 않았다. 3만이라고 하는 말도 있었는데 정확한 숫자는 알 수 없었다. 다행히 서울에 남아있던 수위의 한 사람인 文億石씨가 박물관에 찾아와서 崔씨는 그의 도움을 받아 약 4주일 걸려서 서역유물의 포장을 끝내고, 그 무거운 벽화를 2층에서 아래층으로 옮겨놓고, 4월말경에 북한군의 춘계 대공세 때에 그 물건을 싣고 부산으로 간다고 전했다. 이때에 나는 부산에서 미대사관의 협력을 얻어 후방사령관으로 서울에 있었던 먼스키대령의 힘으로 3대의 트럭을 얻어, 벽화를 서울역까지 옮기도록 할 수 있었다. 사실은 내가 그때 미대사관의 비행기를 타고 서울까지 갈 작정이었으나, 李대통령이 우리의 물건을 호놀룰루에 옮길 계획을 가지고 있으니 나는 부산에서 떠날 수 없다는 白장관의 분부가 있어 그대로 있었다.

여기에 한 가지 덧붙여야 할 것은 1·4 후퇴 후에 光化門이 소실된 일이다. 서울 시민과 함께 숱한 애환을 같이 한 광화문이 타서 없어진 정확한 날짜를 아는 사람이 없다는 것은 매우 슬픈 일이다. 전해들은 바에 의하면 그 큰 문이 타는 동안 밤에도 그쪽 하늘이 낮과 같이 밝았다고 한다. 박명의 光化門! 지금의 광화문은 朴대통령의 뜻을 받들어 나무를 쓰지 않고, 시멘트로 만들었는데 본래의 문의 하부석조 부분은 다시 옮겨서 사용하려고 하였으나, 부서져서 옮길 수가 없었다. 결국 그 부분의 석재는 모두 지금의 문 기단부 속에 쳐넣어서 보이지 않게 되었다.

南大門 수리 때의 大木인 趙元載씨가 舊光化門의 石材部門은 제자리에 옛모양으로 두어야 될 것이라고 흥분하여 말했던 것을 나는 아직도 기억한다.

지금의 광화문을 재건한 장본인은 예비역 준장이었던 故 河甲淸씨로 특별회계로 舊王宮所有土地를 처분하여 그 비용을 마련하였다. 그는 후에 불명예퇴직을 당했던 것으로 알고 있다.

1951년 4월 12(13?)일 나는 崔熙淳, 林憲眞, 李永樂 세 사람을 데리

고 서울로 왔다. 박물관 圖書를 가져가기 위해서였다. 우선 德壽宮 안에 자리를 잡고 있는 박물관으로 갔다. 중앙청 쪽을 바라보니 그 앞에 서있는 순경 2, 3명이 보일 뿐 서울은 텅 비어 있었다.

나는 우리가 살던 필운동집을 찾아갔다. 앞집에 있던 두 여자 노인이 잘 돌보고 있어 큰 손실은 없었다. 나는 그날밤 그 집에서 잤다.

서울에 와서 4일 후인가 북한군이 또 대포를 쏘면서 공격하여 왔다. 우리는 책을 새끼줄로 묶어가지고 먼스키대령의 힘을 빌어 트럭으로 서울역에 옮기고 다시 부산으로 돌아갔다. 그때의 북한군의 서울탈환은 실패로 끝났다.

소련 텔레비젼에 나온 박물관 疎開

미국 후방사령관으로 있던 먼스키대령의 도움을 많이 받은 나는 그에 대하여 몇 줄 쓰고 지나가려고 한다.

崔熙淳씨가 이 서역유물을 疎開할 때나 또 그다음 주로 책을 옮길 때나 그의 힘은 큰 도움이 되었다. 원래 박물관이 무엇인지 아는 그들은 박물관 물건을 옮긴다는 것이 얼마나 중요한지 알고 있었던 것이다. 그래서 먼스키대령은 정성껏 우리일을 돌보아 주었다.

먼스키대령에게는 수지라는 한국 애인이 있어 그들의 숙사는 수원이었는데, 서울에 드나들 때는 지프에 수지가 항상 같이 타고 있었다. 그런데 내가 4월에 마지막으로 갔을 때는 그녀와의 사이가 벌어져서 그 영향으로 우리에게 대한 친절도가 예전같지 않았다. 그가 복무했던 서울에서의 사령부는 현재 市警이 있는 곳으로 일제시대의 金千代會館이라는 식당이 있던 곳이다.

나는 그의 도움이 없었던들 우리의 서울에서의 소개가 여의치 않았던 것을 생각하여, 1958년 뉴욕에서 우리 국보전시를 할때 먼스키대령을 크네즈박사와 같이 챠담 스퀘어의 중국식당에 초대하여 회고담을 나누었다. 식사 후 우리 부부를 허드슨강에 있는 가버너 아일랜드라는 군시설만 있는 섬 안에 초대하여 주었다.

먼스키대령은 북진할때 평양까지 갔던 이야기를 들려주었다. 그곳에서 후방사령관으로 평양인사들이 베푸는 저녁식사에 초대되었을 때 영계백숙의 닭 한마리를 통채로 앞에 놓고, 먹는 방법을 몰라서 당황하였다는 이야기를 하였다. 그의 부대는 전쟁수행 중의 공로로 한국정부의 표창을 받았으나 그때 그는 이미 그 부대를 떠난 뒤였으므로 엉뚱한 후임자가 그 표창을 받았다고 씁쓸한 표정이었다.

북한측이 박물관 물건을 북으로 가져가기 위하여 이미 포장하여 놓았기 때문에 우리는 그것을 비교적 손쉽게 釜山으로 옮겨올 수 있었으며 그 일은 지금 생각해도 퍽 다행한 일이었다. 그때 우리를 많이 도와준 사람은 후에 부산 미국 公報院長으로 있었고 또 10여년간 스미소니안박물관 동양인류학관계의 큐레이터로 있던 크네즈박사(본래의 이름은 크네제비치)로 이미 자주 언급된 사람이다.

부산에 있을 때 나는 서울에 있다가 북한의 남침이 시작된 후 베를린으로 자리를 옮긴 미국의 젊은 외교관 헨더슨에게서 어느날 한 통의 편지를 받았다. 그는 東베를린의 영화관에서 소련측의 뉴스를 보았다고 했다. 그랬더니 놀랍게도 서울 국립박물관 진열실의 텅 빈 진열장이 보이더라는 것이다. 뉴스 설명은 미국 침략자들이 한국의 국보를 송두리째 약탈하여 갔다는 것이다. 나를 알고 있는 헨더슨은 한국박물관 직원들이 벌써 안전한 곳으로 옮겨갔구나 하고 미소를 금할 수가 없었다고 한다.

우리가 12월 10일 부산에 도착하였을 때 부산시내는 지극히 조용하였다. 그래서 우리 직원들은 우선 거처할 곳을 마련해야만 했다.

얼마 후에 제각기 주머니 사정에 따라서 방을 구하러 나갔고, 그렇지 못한 사람은 어느 학교교실 같은 데 10여 식구가 같이 있을 곳으로 찾아갔다.

우리 중에서 제일 못난 친구로 알려진 개성에서 온 張수위는 影島

다리 아래서 점을 치는 무당을 사귀어 신방을 차려 제일 호사(?)스런 살림을 하였다. 물론 그도 본부인이 있어 후에 찾아왔으나 아무런 문제도 없는 듯 하였다.

우리가 도착하였을 때 그렇게 조용하던 부산시는 12월 16·17일경부터 서울의 피난민이 몰려들기 시작하여 얼마 후에는 초만원을 이루게 되었다.

나 자신은 경남도청의 문정과장 K씨댁에 6조의 일본식 방을 얻어 들어서 얼마간은 편안하게 있었으나, 얼마 후에는 그들의 우리에 대한 대접이 나빠져 결국 그집에 더 이상 있을 수가 없게 되었다. 하루는 나를 찾아왔던 친구가 변소에 갔다. 마침 그집 주인이 용변보러 왔다가 나의 손님이 있는 것을 발견하고 "뉘꼬? 빨리 나오시소!"라고 꽥 소리를 질러 변소에서 쫓겨났다. 이러한 수모는 그당시 피난민들은 누구나 겪는 일이었다.

여기에서 위에 미처 쓰지 못한 한 가지 일을 적어야겠다. 그것은 경주박물관에 있던 金冠塚 출토의 金冠·金귀고리·腰帶 등의 진열품이 우리가 서울에서 알지 못하는 사이에 태평양을 건너 미국으로 간 일이었다. 6·25 때 서울을 떠난 李대통령은 한국은행의 금덩어리를 샌프란시스코에 있는 뱅크 오브 아메리카로 소개시켰는데, 그때 용케도 경주박물관에 있는 귀중품에도 생각이 미쳐 국방부 金一煥대령에게 명령하여 경주의 신라 金冠 등의 보물도 함께 미국에 소개시키라고 하였다. 경주박물관장 崔順鳳씨는 이 돌연한 국군대령의 요구에 극히 당황하였으나 그대로 물건을 내주었다.

이들 경주박물관의 보물은 오래도록 샌프란시스코의 은행에 있어 한국은행에서는 매년 적지 않은 보관료를 지불하지 않을 수 없었으나, 1958년, 우리 해외전시가 미국에서 열릴 때 그것들도 그곳에 합쳐서 8개 도시를 돌아다녔다. 이 때문에 반드시 전시될 필요가 없는 물건까지 전시되어 도록에까지 실리게 되었다.

우리가 부산에 피난온 후에 물가는 매일 오르고 월급으로는 살기 어려웠으므로 록펠러재단에서 준 연2천불을 나눠서 보태쓰고, 崔씨의 부인은 그 돈을 밑천으로 광복동 뒷골목에서 양말류의 가게를 내었고, 나의 처는 아미동에 信英醫院이라는 병원을 개업하였다.

미국 소개 계획

부산에서의 박물관을 나는 광복동시대로 부르고 싶다. 관재청이 광복동에 있었고 우리가 들어 있는 그 창고도 물론 그 건물에 붙어 있었다. 우리는 일단 서울에서 가져올 물건은 가져왔고 할 일이라고는 그 물건을 정리하는 것 뿐이었다. 우리는 6·25 동란이 일어난 후 이래저래 우리에게서 떨어져 간 직원도 있고 그 몇 사람되는 직원도 전선이 일진일퇴하는 상황에서 불안하여 제대로 제자리에 앉아 있기도 어려웠다. 나는 그다지 길지도 않은 광복동거리를 매일 3, 4차례 왔다 갔다하고 갑자기 생겨난 그 많은 다방에 앉아서 시간을 보내기도 하였다.

미국대사관의 크네즈씨는 제주도에 조사하러 갔다와서 만일의 경우 대사관을 그리로 옮길 가능성을 비치기도 하였다.

이때 우리가 있는 관재청 창고 2층 한쪽에는 전쟁이 난 후 생긴 약품회사가 사무실을 두고 있었다. 왜 그런 회사가 필요하였는지는 지금도 알 수 없으나 그곳에는 미군소령이 감독관으로 와 있었다. 우리는 겨우 연탄난로를 쓰는데 그자는 따뜻한 가솔린스토브를 쓰고 그 기름은 아래층 건물 입구에 있는 드럼통에 두고 있었다. 실수가 나면 그 창고 전체가 불더미가 될 위험한 상황에 놓여 있었다. 그러나 그 무식한 미군소령과 그 드럼통을 치워달라고 벌였던 교섭은 아무 소용도 없었다.

그런데 하루는 그자들이 쓴 오일스토브에 고장이 생겨 연기가 온 건물에 가득찼다. 나는 크게 놀랐으나 곧 그것은 단순한 스토브의 고

장인 것을 알았다. 그럼에도 불구하고 나는 소방대에 급보하여 화재가 났으니 출동하여 달라고 하였다.

조금 있다가 굉장한 싸이렌을 울리면서 소방차가 왔다. 광복동거리가 온통 뒤집어질 것 같았으나 그들은 곧 돌아갔다. 그래도 나는 文敎部에 그 회사를 퇴거시켜 달라고 공문으로, 또 구두로 요구하였다.

얼마후 總理室(총리 張澤相)에서 오라는 전갈이 왔다. 가보았더니 아랫층에 있는 그 미군소령도 와있었다. 나는 그자를 보고 다짜고짜로 건물에서 나가라고 하였다. 아랫층에 가솔린통이 있고 그 위에 한국국보가 있으니 될 말이냐고 언성을 높여 싸움을 걸었다. 총리비서의 한 사람은 외국사람에게 너무하지 않느냐고 오히려 나를 나무랐으나 결과적으로 나는 그 회사를 철거시키는 데 성공하였다.

이때를 전후하여 대통령은 우리의 진열품 전체를 미국으로 소개시킬 생각을 하여 白문교부장관을 시켜 미국측에 그 뜻을 비추었다. 미국정부에서는 한국미술품을 미국에 소개시키는 것을 찬성할 수 없다고 회답이 오고, 만약 필요하다면 멀지않은 일본으로 보내라고 권하여 왔다. 이 권유에 李대통령은 극히 냉정하였다. 그에게는 도저히 생각할 수 없는 일이기 때문이다.

미국에서 박물관 물건을 자기나라로 가져오는 데 반대한 이유는 그러한 행동은 외국—특히 공산권 국가들—에게 악선전 자료를 줄 위험이 있기 때문이다. 한국의 문화재를 송두리째 약탈하였다고 누명을 쓸 가능성이 있기 때문이다.

실은 유럽전쟁 때에 베를린미술관의 그림을 메트로폴리탄박물관장이던 프란시스 테일러씨가 미국으로 가져간 일이 있다. 그것은 보호하는 것이 목적이었는데도 불구하고 소련을 위시한 많은 나라에서 반미선전 자료로 이용하여 미국이 크게 곤욕을 치른 일이 있었다. 나도 1947년 그 그림을 독일에 돌려보내기 전에 열린 전시회에서 구경할 수 있었는데, 그것은 미국에서 좀처럼 볼 수 없는 큰 전시회로서 수많은 관람객을 불러들여 전시회가 지난 뒤에는 구두바닥에 닳아버린 전시실을 수리하지 않을 수 없을 지경에 이르렀다.

베를린 회화를 미국으로 옮긴 데 대한 제1차적인 책임이 있는 것은 프란시스 테일러씨로 그는 미국 내에서도 많은 지탄을 받았던 것이다.

그런데 미국정부의 반대로 미국에의 疎開가 불가능하게 되는 줄 알았는데, 의외로 미국의 한 사립미술관이 전쟁중에 한국미술품을 보관하겠다고 자진하여 나왔다. 그것이 하와이의 호놀룰루미술관이었다. 이것은 우리에게는 의외의 일로 생각되나 미국 같은 나라에서는 될 수 있는 일이었다. 중앙정부에서 받지 않겠다고 하여도 그러한 일을 자진하여 맡겠다고 하면 그것은 가능한 일이다.

하루는 대통령비서관으로 있는 任哲鎬씨가 오라고 하여 갔다. 첫 질문이 나더러 영어를 잘 할 수 있느냐고 하는 것이었다. 보통 정도는 할 수 있고 나는 오랫동안 유럽에 있었다고 하였더니 그는 나를 호놀룰루總領事를 시켜줄터이니 박물관과 물건을 가지고 가 있으라는 것이다.

"호놀룰루총영사관에는 별로 많은 일은 없고 우리 교포가 많으니 그들과 잘 사귀고 전쟁이 끝날 때까지만 가 있으라"고 하였다. 나는 이렇게 하여 외교계로 나가서 힘들게 배워둔 나의 외국어 실력을 구사할 수 있나 하고 생각하여 보기도 하였다.

이와 때를 같이 하여 白문교부장관은 이런 어마어마한 일에 대하여 혼자 책임을 질 수 없다고 생각하였던지 국회에 〈國寶海外搬出同意案〉을 제출하려고 하였다. 동시에 국립박물관과 덕수궁미술관 소장품을 해외로 보낼 수 있도록 새로 포장을 하라는 지시를 하여 해왔다.

우리는 이 지시에 의하여 부산에 내려온 두 박물관의 물건을 모두 새로 포장하고 다시 나무로 궤짝을 짜서 넣었다. 이때에 덕수궁미술관의 소장품은 D자로 시작하는 번호를 넣어 D101로 시작하고, 국립박물관 소장품은 N자를 넣어 N101로 시작하였다. 손으로 다루기 쉽게 하기 위하여 궤짝의 크기를 적당하게 만들고 로프를 끼워서 운반에 편리하게 하였다.

다만 서역벽화 같은 길이가 긴 것이 있으면 물론 궤짝의 크기가 달라지게 마련이었다. 이들 궤짝은 아직도 국립박물관에 보관되어 있는 것으로 안다. 이곳에 포장한 물건은 각기 목록을 만들어 등사하여 두었고 나도 1부를 가지고 있었다.

이와 같이 포장된 물건은 국회의 동의안이 통과되면 호놀룰루에 갈 것이고 이러한 계획은 외부에는 많이 알려지지 않았다. 다만 박물관 직원들 중에는 이때까지 따라다니던 물건이 서울을 떠나면, 닭쫓던 개 지붕쳐다보는 격이 될 것을 두려워하기도 하였다.

또 우리 계획을 전하여 들은 외국사람들은 호놀룰루는 가장 부적당한 박물관 피난처라는 우려를 표시하였다. 도대체 태평양 복판에 위치한 호놀룰루는 미국의 방대한 군사시설이 있어 오히려 그 때문에 지구상의 최악의 도피처라고 하고 그보다도 일본으로 안 보내려면 차라리 오스트레일리아가 제일 안전하지 않을까도 하였다.

그러나 이런저런 이야기를 다 소용없게 만든 것은 한국의 전쟁이 우리측에 점차 유리하게 전개되어 이제 남쪽 바다로 쫓겨 들어갈 필요가 없게 되었고 국회에 내놓으려던 동의안도 결국 낼 필요가 없게 되었다. 얼마나 다행한 일인지 모르겠다. 말하기는 쉽지만 박물관 전체가 태평양을 건너는 일은 큰 불상사임에 틀림없었다.

그때의 호놀룰루미술관장은 그리핑씨로 이 사람은 동양미술에 특별히 많은 관심을 가지고 있었고, 후에 미국에서의 우리 국보전시회를 성사시키는 데 최대의 역할을 한 사람이다. 그 후 수차에 걸쳐 한국에 왔다가고 무등산 근처의 陶窯址 조사에도 관심이 있던 사람으로 나는 미국에 갈 때나 올 때에 다이아몬드 헷드 아래의 사철 꽃냄새나는 그의 사택에 들려서 며칠씩 쉬었다. 건강상 이유로 미술관장 17년으로 자진 사퇴하였는데 1979년 8월 10일 65세로 서거하였다.

우리는 부산으로 가져간 모든 물건을 포장하는 사이에 눈에 띄지 않은 중요한 물건이 하나 있었으니, 《朝鮮古蹟圖譜》 9卷 3773~3776에 실려 있는 긴 명칭이 붙어 있는 高麗時代 나전칠기였다. 후에 알려진 일이나 서울에서 떠날 때 李揆弼관장이 포장하기 어렵다고 진열장에 둔 채로 왔으므로 다시 갔을 때는 박살이 나서 구하기 어렵게 되었었다.

새로 포장하여 궤짝에 넣어 관재청 창고에 둔 채로 1953년 정부가 서울로 돌아간 뒤를 따라 우리는 서울로 돌아왔다. 그러나 李대통령은 우리 박물관은 다시는 경북궁으로 들어오지 말라고 하였다. 경복궁이 朝鮮時代의 중요한 건물인데 박물관이 다시 들어오고 많은 사람이 드나들면 좋지 않다는 것이다. 물론 이해하기 어려운 일이었으나 우리는 南山 倭城臺에 있는 옛 민족박물관으로 돌아왔다. 부산에는 우리 물건과 같이 李永樂씨와 개성에서 온 張圭鳳수위를 남겨두고 왔다.

光復洞시대의 발굴·전시·베를린여행

부산 광복동 시절 어느날, 慶州博物館에서 金尺里古墳群이 파괴되었다는 보고가 왔다. 금척리고분군은 건천역 근처에 있는 것으로 사람이 죽더라도 금으로 만든 자(尺)를 그 죽은 사람의 곁에 놓으면 다시 살아난다는 전설과 관계가 있는 곳이다. 즉 그 신기한 자를 가진 사람이 죽을 때 그것을 물려주기는커녕 십여 개의 가짜 墓를 만들어 자기와 그 자가 들어간 묘가 어느 것인지 모르게 하였다. 그래서 생긴 것이 금척리고분군이다.

우리 박물관도 할 일이 생겼다. 곧 준비를 갖추어 경주로 갔다. 金元龍씨와 林泉씨가 따라 나섰고 부산에서 다방에 자주 나타나던 서울대학 李相佰교수가 같이 갔다.

李교수의 고향 친구가 경주에서 양조장을 경영하고 있어 그 사람의 화물차를 건천 현장에 갈 때마다 이용할 수가 있어 편리하였다. 이 외에 李慶成씨도 갔다. 그에게는 하루라도 부산을 떠나 땅을 판다는 것에 매력이 있었다.

금척리고분은 《三國遺事》 善德女王條에 보이는 에로틱한 이야기와 얽혀 있는 女根谷이라는 골짜기에서 멀지 않은 곳에 있어 바로 대구에서 경주로 오는 큰 길가이므로 전쟁중의 많은 교통량을 담당할 수가 없어 확장공사를 하다가 바로 고분 1基를 다쳤던 것이다. 이때는 우리가 발굴하는 사이에 가끔 남산쪽에서 총소리가 요란하게 나는 일도 있었다. 그쪽에 무장공비가 나온다는 것이었다. 사실 가끔 남산쪽에 부산히 움직이는 사람도 보였다.

유감이나마 금으로 만든 자는 나오지 않았고 토기 몇 점과 금귀고리 한 쌍이 발견되었다.

부산에 있는 사이에 이외에도 또 한 基 윗부분이 파괴된 경주고분을 발굴 정리하였다.

저녁때면 李相佰씨와 나는 연유와 커피를 가지고 경주시내 유일한 다방에 찾아갔다. 우리는 가지고 온 재료값은 생각지도 않고 차값 전부를 치렀다.

그런데 이번은 미국대사관에 와있는 젊은 외교관들이 발굴 구경하러 휴가를 맡아가지고 왔다. 안동여관에 투숙하며 무슨 '엑사이팅'한 보물이 나올 것을 기다렸다. 그러나 원래 경주발굴이란 마지막 1시간이 엑사이팅하고 첫 2주일 가량은 매일같이 흙을 파는 일이 고작이었다. 그 미국친구들은 우리에게 깡통맥주 한 상자를 가져다 주었다. 그리고 안동여관 음식으로 견딜 수 없으니 어디서 음식다운 것을 먹을 수 없는가 하고 부탁하는 것이었다. 그때는 냉장고라는 것이 없을 때라 경주에서 당장 육류를 구하기도 어려운 때였다.

나는 그날 저녁 그들을 박물관 사무실에 초대하고 융숭한 식사를 내어 그들을 놀라게 하였다.

그러나 그 식사는 박물관 발굴비에서 염출한 것도 아니고 나의 주머니에서 나온 것도 물론 아니었다. 그들이 가져온 깡통맥주의 일부를 중국집에 주고 가져 온 음식이었다. 그렇게 맥주가 구하기 힘들었고 그것이 있으면 중국집은 또 다른 손님을 받을 수 있었던 것이다.

부산으로 돌아온 날은 저녁때였는데 도중 梁山으로 가는 길목은 공비들에게서 습격당한 일이 있다고 하여, 미국친구들은 피스톨을 꺼내서 차안에서 응전할 태세를 갖추었으나 다행히 별일은 없었다. 생각하면 박물관사상 기록할 만한 일이었다.

우리는 광복동에서 현대미술전시회를 가졌다. 우리 창고의 일부를 개조하여 전시실을 마련하고 高羲東·裵濂·金煥基 등의 작품을 전시하여 제법 피난통에 미술의 공간이 생겨났다.

그때 우리들의 생활이 너무나도 궁색하여 나는 내 구변을 총동원하여 배렴의 그림 한 폭을 미국인 미크라스(적십자 관계인)씨에게 팔아주었으나, 고희동씨의 그림은 많은 애를 썼으나 팔지 못하였다.

거의 때를 같이하여 미국공보원에서도 비슷한 전시회를 가져 이야기거리가 되었다. 인상에 남는 것은 이때에 포로수용소에 갇혀 있던 월북한 화가 李快大(李如星의 實弟)라는 사람이 수용소의 미군장교와 같이 얼굴을 보인 것이다. 그는 물론 후에 다시 북으로 간 것으로 생각된다.

1952년 7월말 法務部 법무국장으로 있던 洪璡基(뒤에 중앙일보사장)씨가 찾아왔다. 나더러 독일에 가지 않겠느냐는 것이다. 미국측의 주최로 베를린에서 自由法曹人會議가 열리는데 목적은 공산권에서 자행되는 인권유린사태를 규탄하는 것으로 그 회의에는 북한에서 남쪽으로 피난온 법조인 두명을 보내겠으니 그들은 외국말을 모르니 통역으로 가라는 것이다. 비용은 전부 주최측의 부담이라고 한다.

물론 통역이라는 데 저항을 느꼈으나 부산에서 하루라도 떠나고 오랫만에 독일에 가보고 싶고 또 전쟁 후의 그곳 형편도 알고 싶고 또 어쩌면 옛친구도 만나고—나는 곧 이 부탁을 수락하였다.

그런데 회의날자는 닥쳐오는데 곧 떠날 수가 없었다. 나와 같이 갈 그 법조인 한사람은 외국에 가려해도 입고갈 양복이 없었다. 겨우 돈을 마련하여 양복을 사입을 때까지 기다려야 했다. 그런데 그때는 부산에서 출발하여 일본을 경유, 유럽으로 가는 비행기에 세 자리를 예약하기도 힘든 때였다.

여권은 법무부에서 마련하여 주었는데 양복을 입고도 비행기를 타기가 어려웠다. 그 당시에는 한국에는 독일대사관도 영사관도 없을 때였다. 제일 가까운 길은 도중 동경에서 독일비자를 받는 것인데 우리 비행기 스케줄에 의하여 밤에야 동경에 도착되기로 되어있어, 나는 하네다공항에서 독일대사관에 전화를 걸어 우리의 입국비자는 프랑크푸르트비행장에서 받기로 하여 놓았다.

또 한가지. 그때는 정부수립초기여서 그랬던지 외무부 직원은 불친절하여 우리에게 단 20일기한의 여권을 주었다. 나는 이에 항의하였더니 여권의 생명은 기한인데 미안하다고 하면서 웃고 있었다. 무슨 큰 권한을 가지고나 있는듯이.

이래저래 프랑크푸르트에 도착하기까지 나는 이 통역관 노릇이 얼마나 힘든지 알았다. 그 두 법조인은 영어로 싸인도 못하고 물론 영국말은 한 자도 못쓰고, 그때는 프로펠라機만 있었는데 도중 비행기 안에서 써내는 많은 글은 내가 혼자 맡아 하였고 변소를 제대로 사용하지 못하여 내가 따라가야 했다. 양식도 제대로 못먹는 그들과 여행하면서 나는 이 고역을 왜 맡았던가 하고 후회하기도 하였다.

두 법조인 중 한 사람은 어디서 들었는지 베를린에 도착하면 주최측에서 1만불을 준다는 소문을 들어서 그것이 나오지 않자, 이번에는 적어도 용돈이라도 더 달라고 하여 얼마의 돈을 받기도 하였다.

이렇게 쓰고 보면 크게 망신을 당하였으나 당시 동독 소련군점령지역에서 넘어온 독일피난민은 우리 38선 이북에서 넘어온 사람과 조금도 다름없이 헐벗고 있었고 그들이 우리에게 전하는 소련군의 만행은, 우리가 듣는 이북에 온 소련군의 만행과 조금도 다른 것이 없었다. 팔목에 시계를 두 세개씩 차고 밤에는 "마담을 내라"고 주민들 집에 찾아오는 등—그러한 환경에서 온 사람이 많은 데서 우리 북한에서 온 사람이 여비없이 온 것은 조금도 신기하지 않았다. 바로 그것이 미국 사람들이 전 세계에 보이고 싶은 일이었을 것이다.

파리주재 全奎弘공사가 역시 베를린에 왔다. 나는 그와 같이 불구자가 된 사람들을 위한 특수병원에 가보기도 하고, 義手足제작소에도 들렀다. 그곳은 동·서 베를린을 갈라 놓은 바로 그곳이었다. 강건너에 있는 동베를린쪽 벽에는 공산측의 큰 선전문구가 있었다〈독일은 제2의 한국이 되어서는 안된다〉. 다시 말하면 남한에서 북한을 침략한 듯이 서독에서 동독을 침략하지 말라는 뜻을 포함한 그들의 선전문구였다.

베를린회의는 끝났다. 물론 우리는 늦게 도착하였고 그런 회의에 참석할 준비가 안 되어 우리가 적극적으로 발언할 계제도 되지 않았다. 결국 우리는 남한에서 회의에 참석하였다는 데 의의가 있는 것이고 그것으로 우리의 사명은 다한 것이었다. 다만 나는 미국측 라디오(Radio in American Sector : RIAS)를 통하여 15분간 독일어로 방송을 하였다.

李大統領께 直訴—石造殿으로

李대통령이 국립박물관은 다시 경복궁으로 들어가지 말라고 하였다는 것은 앞에 언급한 바와 같다. 그래서 다른 관청은 환도 후 제자리를 찾아갔는데 우리는 그럴 수가 없었다. 할 수 없이 우리는 옛적 倭城臺에 있는 南山分館으로 갔다. 이에 대하여는 아래에 몇 줄 설명하여야겠다.

그 집은 본래 일본총독의 관저였는데 일본 사람들이 새로 관저(경무대)를 짓고 옮겨가자 이곳에 소위 始政紀念館이라는 그들 총독정치의 기념물을 전시하는 일종의 박물관을 만들었다. 역대 총독의 초상화, 일본황태자가 왔을 때 쓰던 馬車, 韓日합방조약을 할 때 쓴 가구를 놓은 調印室 등등, 우리 민족의 수치스러운 물건들이 있었고 일본 사람들도 괴물이라고 평하던 加藤灌覺이라는 자가 관장으로 있었다. 정부는 이런 것을 없애고 민족박물관을 만들어 宋錫夏씨가 그 관장이 되었다. 그는 그때로는 몇 안 되는 民俗學에 관심이 있던 사람으로 탈(가면) 같은 것을 수집하였는데, 그것을 진열하였고 일본사람 柳宗悅씨가 수집하여 두고간 민속자료 같은 것도 진열하여 民族博物館이라고 불렀다. 그는 병약한 몸으로 더욱이 고혈압으로 시달렸는데 50세 전의 나이로 타계하였다. 그 후 文化局長 趙根泳은 자기의 京畿中學 동창인 金鎬卓을 관장자리에 앉혔다. 박물관이 무엇인지, 민속학이 무엇인지도 모르는 金鎬卓은 좌익적인 색채를 띤 아래 관원들 때문에 혼줄이 났었다. 도무지 명령계통이 서지 않고 제대로 진열도 되지 않고 있었던 것으로 기억한다.

그러다가 6·25 동란을 만나 그는 잠적하였다가 9·28 후에 다시 나타났다. 이것이 그때의 실정이었다.

그래서 민족박물관을 제대로 만들려고 金鎬卓도 나름대로의 애를 썼을 것으로 믿으나 9·28 후 그때의 어려운 형편에 정부에서는 행정간소화의 하나로 그 民族博物館을 없애고 國立博物館의 일부로 한다는 결정을 하여 1·4후퇴 얼마 전에 그뜻을 우리에게 전하였다. 그러나 우리는 우리 발등의 불도 못끄는 형편에 民族博物館을 맡아서 제대로 일을 할 형편도 못되었다. 우선 우리는 그것을 南山分館이라고 부르고 金鎬卓의 선처에 맡기고 조금 뒤 우리는 부산으로 이동하였다. 물론 金鎬卓도 부산으로 따라 왔는데, 그때 우리가 가진 分館長회의의 사진을 보면 경주·공주·부여의 분관장 곁에 金南山분관장의 얼굴도 보인다.

金鎬卓은 우리와 같이 환도하였으나 한번도 다시 분관장 노릇을 할 수 없게 되자 사표를 던지고 나가버렸다. 따라서 民族博物館은 金鎬卓을 마지막 관장으로 없어졌다. 하기는 金의 후임으로 새 사람을 보내 우리도 南山分館을 계속하려고 하였으나 우리가 그곳을 떠나서 石造殿으로 가자 聯合參謀本部가 그 건물로 들어와 南山分館은 건물마저 없어지게 되었다.

이야기는 뒤로 돌아가서 나는 어느날 아침 李대통령과 景武臺 뜰에서 마주앉게 되었다. 이일은 安熹慶비서관의 알선으로 이루어졌고 내가 대통령께 國立博物館의 어려운 사정을 말씀드리게 된 것이었다. 그 직접적인 이유는 어느날 某准將이 와서 우리의 南山分館을 둘러보고 간 다음 경무대경찰서에서 그 건물이 박물관으로 적당한가 하고 여러가지 질문을 하고 갔다. 나는 물론 목조건물이니까 원래 박물관으로는 부적당하다고 하였고 그러나 당시에 그곳에 있을 수밖에 없는 사정을 이야기하였다.

그 다음 어느날 연합참모본부에서 그 건물은 자기들이 쓸터이니 어디든지 좋은 데로 가라고 한다.

“景福宮에도 못가는데 또 남산에서 다른 데로 가라니 어디로 가야 되지요?” 하고 나는 반문하였다.

“어디 학교건물로라도…”하는 것이다. 전쟁 때인데 참모본부에서 집을 쓰겠다면 나가야지 무슨 소리냐는 말투였다.

나는 모든 웅변을 동원하여 “국립박물관이 그 많은 문화재를 가지고 한지에 나갈 수가 없지 않습니까. 그러니 우리의 갈 집을 마련하여 주십시오” 하고 말씀드렸다.

대통령은 “경무대경찰서를 통하여 조사한 결과 지금 그 집은 박물관으로 적당치 않다고 들었는데— 그러면 어디로 가면 좋겠는가” 하고 물으신다.

“德壽宮 안에 있는 石造殿이 전쟁 중에 탔으니 그것을 수리하여 주시면 좋겠습니다.”

이때에 丁一權장군이 들어오더니 거수경례를 하고 앉는다.

李대통령은 남산에 일본사람들이 쓰던 집이 박물관으로 적당하지 않다고 하여 연합참모본부로 쓰라고 하였는데 지금 이 사람들(나를 가리키면서)이 당장 그 집을 내놓을 수가 없다고 하니 제네랄 李(亨根)에게 말하여 그리로 가는 것을 연기하도록 전하라고 말씀하였다. 그때 명령을 받고 丁장군이 벌떡 일어나서 거수경례를 하고 나가던 모습이 아직도 눈앞에 보이는 것 같다.

石造殿 앞에서 筆者.

다음날 일찍 李대통령은 사전예고도 없이 덕수궁으로 나와서 아직도 잿더미 속에 있는 석조전의 방방을 돌아보시고 가셨다. 그후 嚴工兵監은 4천만원인가 하는 그때로는 굉장한 巨金으로 그 집을 수리 복원하여 우리 박물관은 그리로 들어갔다.

6·25 동란시 언젠가 아직도 우리 박물관진열품을 부산에서 옮기지 않고 있을 때에 진해에 계시던 李대통령은 경무대의 비서실에 분부하여 나를 긴급히 진해로 보내라고 하였다. 나는 東大門 밖에 있는 간이비행장에서 L19형 경비행기를 타고 진해로 갔다. 진해에서는 그때 해군소장으로 있었던 장군이 사령관으로 있을 때인데 그가 보낸 지프를 타고 李대통령이 우리 박물관진열품을 보관하면 좋겠다고 생각하신 지하창고를 보았다. 그리고 李대통령이 계시는 곳에 가서 그 지하창고는 습기가 있어 진열품을 보관할 곳으로는 적당치 않다고 설명을 드린적이 있다.

金元龍 교수 미국 유학 후 귀국시 石造殿 앞에서. 앞줄 왼쪽으로부터 黃壽永, 林泉, 金元龍, 筆者, 洪思俊, 崔熙淳(淳雨), 뒷줄 왼쪽으로부터 金錫淳(서무과 직원), 李應哲(서무과장), 尹武炳, 1957년 3월.

釜山 東三洞 발굴팀과 함께. 뒷줄 왼쪽으로부터 朴日薰, 박물관 여직원, 筆者, 崔夢龍, 洪斌基, 尹武炳, 金鍾徹, 趙由典 앞줄 岡內三眞(德島大교수), 金正基, 韓炳三, 鄭澄元. 任孝宰. 1968년.

관장정년퇴임시 직원들과 함께. 좌로부터 鄭良謨, 李准求, 黃乞, 李蘭暎, 筆者, 金萬圭, 張仁基, 李建上, 崔淳雨, 여직원 3人, 尹武炳, 文鉉植, 韓炳三, 洪斌基, 金鐘徹, 1970년 2월.

그때에는 겨울철로 진해까지 비행기로 반시간이 걸렸는데 올 때에 비행기 안이 춥다고 조종사에게 말하였더니 조종사가 비행기 안이 더워서 졸음이 오기 때문에 히터를 껐다고 하였던 기억도 난다.

李承晩대통령은 오랜 망명생활로 미국에 있는 사이에 문화재가 중요하다는 것을 잘 이해하고 있었다. 그래서 그분의 배려로 國立博物館이 덕수궁의 석조전으로 들어갈 수 있게 된 것이다. 나는 이리하여 박물관장 25년중에 첫번째의 5년은 경복궁, 그리고 6·25 동란중의 3년은 부산에서 피난살이를 하였고, 마지막 17년을 덕수궁 석조전에서 지내게 되었는데 그것은 李대통령 덕분인 것이다.

그분이 4·19 후 경무대에서 梨花莊으로 옮겨 간 뒤에도 나는 그분의 부름을 받고 찾아간 일이 있다. 중국의 골동품을 와서 보라고 하였다. 그래서 나라의 것은 아니나 박물관에 주시면 좋겠다고 하였다. 그러나 그 물건은 박물관에는 오지 못하고 말았다. 그후 그 물건의 거처는 나도 모른다.

석조전으로 이사한 뒤 결국 덕수궁 안에는 두 박물관이 병존하게 되었다—國立博物館과 德壽宮美術館 이때부터 자연히 박물관과 미술관의 묘한 관계가 생겨났다.

원래 덕수궁미술관의 해방 전 이름은 李王家博物館이었다. 우리가 국권을 잃은 뒤에 일본사람들이 李王職이라는 기구를 만들어 王家를 일본황실에 예속시키고 宮內省 소속으로 하였다. 그리고 昌慶宮을 苑으로 격하, 한 나라의 군주였던 분의 無聊를 달래기 위하여 그곳에 동물원과 식물원 그리고 미술관을 만들었다고 일본사람들은 말한다.

李王家의 풍부한 재원으로 그때 도굴로 많이 발견되던 도자기를 비롯, 그림과 불상을 사 모아 만수천점을 수집하여, 그것들을 모두《李王家博物館所藏品寫眞帖》3권(1929년~1933년)에 실어 출판하였다.

시간상으로 뒤늦게 1915년에 경복궁 안에서 열린 이른바 始政紀念物產共進會 때 지어놓은 반내화 건물(구 학술원 건물)을 이용하여 시작한 總督府博物館은 주로 고적조사로 전국에서 얻어진 문화재와 그 외의 매장물로 신고되어 오는 물건을 중심으로 소장품을 확장하고 그 외에 간혹 그림과 도자기를 사 모았는데, 이것들은 오히려 李王家쪽이 질로 보나 수로 보아서 약간 더 우세한 것은 사실이었다.

그런데 두 박물관의 운영의 근본적인 차이는 李王家博物館에는 조사연구기구가 없고 총독부박물관에는 처음부터 지방의 고적조사로 시작되었으므로 조사연구기구가 있는 것이고, 이것이 해방 후에 國立博物館과 德壽宮美術館의 차이점이기도 하였고 후자의 약점이기도 하였다.

물론 내용인 소장품이 一長一短이 있기는 하나 대체로 같은 성질의 기관이 전문인력이 부족한 형편에 竝立할 필요성은 없었다. 그러나 당시 덕수궁미술관은 文化財管理局 소속으로 河甲淸국장(2급관직에 속함)은 특별회계인 점을 이용 종합박물관 건축을 추진하고 있었다. 종합박물관의 종합이란 무엇을 의미하는지 지금까지도 아리송한 일인데 관직으로 1급상당의 관장이 있는 국립박물관을 병합하려는 엉뚱한 생각을 하였는지도 모르겠다.

그러나 여러가지 곡절을 거쳐서 두 박물관이 합쳐서 하나의 국립박물관이 되기는 1968년 7월 24일이고 河국장이 불명예 퇴직한 후의 일이다.

〈특별기고 I〉

有光敎一교수의 회고

I. 최초의 만남

金載元 박사와의 최초의 만남은 1945년 8월 17일 아침, 당시 경복궁 자경전에 있는 朝鮮總督府博物館 사무실에서였다.

金載元 박사는 朝鮮建國準備委員會의 위촉을 받고 총독부박물관을 접수하기 위하여 찾아왔다. 나는 그때 마침 이 박물관의 主任으로 있었으므로 책임자로서 응접을 하였다. 나 이외에 전문직의 日人館員 5, 6명과 사무직의 朝鮮人館員 2, 3명이 동석하였다.

8월 15일, 16일의 정세로 보아 총독부박물관의 접수소동이 일어날 것은 시간문제라고 각오하고 있었다. 그러나 그곳에는 귀중한 진열품과 수장품이 있고, 관원들의 고고학적 발굴에 의한 出土品이 많은 것이 특색이다. 이러한 文化財의 행방을 생각하면 일반관청의 시설같이 간단하게 인도할 수는 없다. 매우 신중하게 접수할 상대자를 만나야 한다고 나 자신에게 각오를 시키면서 金박사와의 회담에 나섰다.

처음 대면이므로 서로 매우 긴장하고 있었다고 생각되나, 단지 혼자서 나타난 그에게는 뻐기는 것 같은 태도는 하나도 없고 대화도 신중하고 신사적이어서 얼마 후 우리는 서로 흉금을 털어놓고 이야기할 수 있었다. 그리고 이후의 대응책에 대하여 합의하고, 그에 따라서 그는 일본인 관원이 파면되는 9월 21일까지 매일 박물관에 와서 박물관의 운영과 현황, 특히 조선 전역에 걸치는 고고학적 발굴조사 및 연구활동에 대하여 열심히 청취하였다.

金박사는 이때까지의 박물관의 사업을 이해하고, 우리들의 입장에서 동조하며 매우 관용적인 태도였다. 이야기를 주고받는 동안에 그와 우리들 사이에는 저절로 같은 분야의 연구자동지라는 직업의식이 생겨나서, 국적과 민족을 초월한 연대감을 가지게 되었다. 따라서 우리도 매일 박물관에 출근하여 保安의 책임을 느끼면서 과거의 조사의 뒷처리를 할 수가 있었다. 이것은 같은 시기에 있어서 총독부의 다른 部局의 혼란스러움이나 시내의 불온한 정세에 비추어보면, 가장 평온한 職場이었다고 말할 수 있다.

Ⅱ. 國立博物館을 開館하기까지

9월 21일 朝鮮駐屯美軍政廳에 의하여 총독부의 일본인 관리의 대부분이 파면되고, 박물관에서는 나 혼자만 남아 있으라는 명령을 받았다. 박물관 시설과 소장품의 책임자였던 관계로 각오는 하고 있었으나, 流石에 얻어맞은 격으로 긴장하지 않을 수 없었다. 同日附로 金載元 박사가 박물관장 후보로 學務局 직원으로 채용되었다. 1915년 12월 1일에 개설되었던 조선총독부박물관은 이날로서 30년의 그 역사에 종지부를 찍은 것이다.

미군정청에서 군정관이 처음 박물관에 온 것은 10월 1일이었다. 그리고 나에게 金載元 관장을 보좌하라는 명령이 떨어졌다. 다음 날인 2일 군정청에서 社會教育課長의 인사말이 있었는데, 약 50명의 과원중에 일본인은 나 혼자뿐이라는 것을 알았다. 오후에 과장인 미첼 중위가 전임자였던 윈클러軍曹와 함께 박물관에 와서 개관준비를 하라고 金載元 관장과 나에게 요구하였다. 미군정장관과 영어로 대화할 수 있는 사람은 박물관에서 우리 둘 뿐이었다.

金박사는 1929년부터 독일에 유학하여 1934년 벨기에에 가서 美術考古學을 전공, 1940년에 귀국하였다. 이를테면 20대를 유럽에서 생활한 國際人이며, 獨語·佛語·英語·日語의 각국어를 자유롭게 구사하였다. 그러한 경험이 없는 나와는 달리, 그는 군정청의 미군과의 접촉에서도 조금도 겁이 없이 당당하게 소신을 말하고 양보하지 않았다.

군정관들은 빨리 박물관 개관을 준비하라고 요구하면서 박물관 주변의 정리를 서두르라고 하였다. 이에 대하여 나는 전쟁 말기에 慶州와 扶餘에 소개시킨 주요 진열품의 회수부터 먼저 해야한다고 주장하여 의견이 대립되었다. 이때 내 의견에 찬성한 金載元 관장의 설득으로 회수를 우선한다는 방침이 결정되어 年內에 개관할 수 있었다.

미군정청의 행정솜씨는 능률적이기는 하나 사람을 쓰는 데는 매우 거칠어서, 소개진열품을 가지고 돌아온 바로 다음날부터 개관준비를 하여야 되었다. 조선총독부박물관의 건물도 그대로 있었고 수장품도 그대로 있었다. 그러나 각 진열실에 있는 진열장의 공간이나 통로에는 전쟁 말기에 성급하게 쌓아놓은 발굴품의 포장지 등이 쌓여 있었다. 이런 것들을 치우고 정리해서 진열할 수 있는 상태가 되기까지 매일 약 10명의 작업원을 써서 1개월이 걸렸다. 어디에 무엇이 격납되어 있었고, 어느 진열장에 무엇을 어떻게 진열할 것인가를 아는 사람은 전쟁 전에 근무한 나 혼자뿐이니, 작업원의 출근에 맞추어 나도 아침 7시부터 해질 때까지 지휘하지 않을 수 없었다. 그러면서도 나는 내 지식을 충분히 발휘하여 마음먹은 대로 진열할 수 있어서 일하는 것이 매우 재미있고 신이 나서 만족스러운 나날을 보냈다.

내가 이러한 심경에 이르게 된 데에는 박물관에서 걸어서 2, 3분되는 곳에 주택을 얻었다는 것과 관계가 있다. 深慮遠謀한 金관장은 군정관에 요청하여 경복궁 후원 안에 국립박물관 직원들이 살 주택을 확보하고 있었다. 11월초 나는 관사 중 한채에 이사를 하였다. 9월에 가족을 일본에 보내고 혼자 살고 있던 나에게는 과만하게 큰 집이었다. 무엇보다도 박물관에서 가까운 것이 편리하였다. 시내에서는 잔류 일본인에 대한 증오가 날마다 깊어가고 또한 政情불안으로 매우 시끄러웠다. 따라서 나에게는 사방이 튼튼한 돌담으로 둘려있고 군정청의 보초가 지키고 있는 경복궁 안에 사는 것이 여간 안전하게 생각되는 것이 아니었다.

또한 다행한 일은 인접해 있는 敬安堂에는 金박사일가가 살고 있어

가끔 저녁에 초대되어 대접을 받았고 가족의 단락에 끼워주어서 고독한 쓰라림을 달랠 수 있었다. 이러한 관계가 서로의 의지의 소통에 이바지한 것은 물론이고, 후일의 굳은 友情의 培土가 되었다고 생각한다. 내가 이러한 환경에 있었으므로 이른 아침부터 해질 때까지 일을 계속할 수 있었다고 생각한다. 미군정관을 움직여 박물관 직원의 관사를 확보한 金관장의 민완한 솜씨에 당시의 여러 가지 여건으로 보아서 경탄하지 않을 수 없다.

11월 25일은 일요일이고 29일은 추수감사절인데도 쉬지 않고 준비하여 겨우 겨우 12월 3일(월요일)에 개관하기에 이르렀다. 나는 일부러 사양하고 개관식에 출석하지 않았지만, 일본의 총독부박물관을 한국의 국립박물관에 인계하였다는 큰 임무를 수행하여 마음깊이 기뻐하고 만족스럽게 생각하고 있다.

Ⅲ. 군정청 고문에 재채용

군정청 명령서에 따르면, 나의 留用期限은 '博物館의 秩序를 回復하고 正常的인 상태가 되어 진열품을 公開할 수 있을 때까지'로 되어 있었다. 그러니 12월 3일의 개관 이후는 별볼일 없는 신세이고, 또 일본인 잔류를 인정하지 않는 군정청의 엄격한 방침도 있고 해서, 12월 17일 퇴직에 필요한 서류에 서명을 하였다. 먼저 일본으로 떠나간 가족을 생각하며 하루라도 빨리 만나려고 19일 정오에 출발하는 引揚列車에 탈 수 있게 모든 수속을 마치고 있었다.

그런데 다음 날인 18일 새로 부임한 크네제비치대위가 나타나 나를 군정 고문으로 재채용한다고 의기양양하게 말하는 것이다. 깜짝 놀란 나는 알고 있는 한의 모든 영어실력을 동원하여 거절하였지만, 군정당국의 명령에 거슬리는 일은 용서할 수 없다고 하였다. 그러나 일단 해고된 일본인을 다음 날 같은 직장에서 다시 채용한다는 것은 좀 이상하고, 또 군정청 전체의 방침에도 관계가 되어, 회의에 회부, 겨우 다음과 같은 이유로 승인을 받았다고 크네제비치대위는 후일담으로 말하였다. 즉, “국립박물관이 발족하는데, 갑자기 모아놓은 관원은 경험이 없는 사람이 대부분이었다. 이 사람들에게 박물관 운영과 고고학적 발굴조사 같은 일들을 훈련하는 것은 박물관으로 보아서는 매우 필요한 일이다. 그러는 데에는 有光씨를 다시 채용하여 지도를 받도록 하는 것이 바람직하다. 십수년에 걸쳐 조선총독부박물관에 재직하였고, 유적발굴조사의 경험도 有光씨를 빼고는 아무도 적임자가 없다”는 것이 그 요지였다.

나는 대위의 설명을 듣고 이 결정의 배후에는 金관장이 군정당국에 강력히 힘을 썼을 것으로 느꼈다. 왜냐하면, 金관장은 개관준비 때부터 심심치 않게 “당신이 없으면 박물관의 어디에 무엇이 수장되어 있는지 아무도 모르며, 진열품의 전시나 해설에도 만족할 수가 없으며, 이대로는 박물관의 운영이 어렵다”라든가, 또 어떤 때는 “이제부터 박물관에서 발굴조사를 하여 학술적으로 가치있는 자료를 모아야 하는데, 한국에서 고고학적 발굴조사를 경험한 전문가는 당신뿐이다”라고도 하였으며, “귀국을 연기하고 관원의 지도에 힘써주면 좋으련만”하면서 내 협력을 바라고 있었던 때문이었다.

새로 태어나는 국립박물관의 순조로운 발전과 고적조사담당자의 급속한 육성을 바라는 金관장의 열의가 군정당국을 움직이게 하였다고 나는 지금도 그렇게 믿고 있다. 형식상으로는 미군정의 명령에 따라서 다시 남게 되었다고는 하나, 내 가슴속에는 金관장의 심정에 끌리는 바가 있었음을 고백하지 않을 수 없다.

남아있을 수밖에 없게 된 이상 나는 지금까지의 경험을 살려서 새로운 學友들에게 조금이라도 도움이 되어야지, 모든 일본인들이 오랫동안 일하던 직장을 그만두게 된 이마당에 그전대로 일을 계속할 수 있다는 것은 다행한 일이다. 그리고 내게 기대하고 있는 일에 보답하도록 노력하여야겠다고 마음속으로 다짐하였다. 그러한 특별한 기분이 된 것도 역시 金박사의 열정에 끌려서였을 것이다.

天安 斗井里 선사시대 竪穴住居地에서. 왼쪽으로부터 尹武炳, 筆者, 有光敎一, 李蘭暎, 金正基씨. 1963년.

이렇게 하여 나는 다음 해 1946년 5월에 壺杅塚고분발굴을 위하여 경주로 출발할 때까지 金박사일가의 옆집에 살면서 가족 모두와의 교제를 계속하였다. 그리하여 그 후 40여년간의 깊은 우정을 통하여 金박사는 深慮遠謀하여 공적인 일에는 매우 엄격하고 쉽게 타협하지 않는 반면, 친구나 후배에 대해서는 마음씀이 자상하고 부드러운 분이라는 것을 항상 느끼게 되었다.

〈有光敎一〉

※ 이 글은 1990년 9월 訪韓하였을 때 유족의 청을 받아 東京에서 나오는 季刊紙《三千里》에 연재하였던 〈私の朝鮮孝古學〉이라는 글 중에서 발췌한 것이다.

〈특별기고 Ⅱ〉

크네즈박사의 회고

Ⅰ.

1945년 가을 내가 한국에 도착했을 때, 미군정 당국자들은 한국인들의 일본인에 대한 적개심 때문에 만일의 경우 일어날 수 있는 사태에 대비하여 한국에 거주하던 일본인들을 배편으로 귀국시키고 있었다. 모든 일본관리들은 정부관직에서 물러났고 그 자리는 미군장교들이나 다른 한국직원들과 더불어 업무훈련을 받고 있던 한국군장교들로 교체되었다.

나는 도착 즉시 학무국(美軍政下의 文教部) 담당장교로 발령을 받았다. 日帝時代에는 이 학무국을 사회과 또는 그와 비슷한 이름으로 불렀는데, 한국의 종교단체들, 과학 및 문화협회, 그리고 청년조직 등을 감독하는 기관이었다. 나는 이 명칭을 教化局으로 바꾸었으며 부서의 업무목적도 한국의 문화 및 과학협회들을 다시 설립하고 또 한국의 미술과 역사유산을 보호하는 것으로 바꾸었다. 이렇게 달라진 교화국의 목표나 정책은 'Bible'이라고 불리는 美陸軍의 《전투지침서》 41－10에 기록되어 있다. 이 책은 1945년도 출간시에는 얇은 책자였으나 요사이는 두꺼운 책으로 보충되었는데, 한국과 같이 일시적으로 점령한 나라의 미술품·기념유적, 그리고 기록문서들을 보존하는 것의 중요성을 강조하는 내용의 책자였다. 남한의 여러 지역에 배치되어 있던 현지주둔 미군들에게는 그들이 절·박물관·고고학 및 역사적인 유적지·공원 등을 보호해야 할 책임이 있다는 것을 나의 부서를 통해 전달하였다.

교화국은 서울에 있는 국립박물관·국립도서관·궁궐·역사적 유적지·공원·동물원 등에 관한 업무를 직접 담당하였다. 나는 행정적인 업무가 허락하는 대로 현지답사 여행을 다니곤 하였는데, 물론 대부분 조사를 목적으로 하는 것이었다. 나는 곧 金載元 박물관장을 알게 되었으며, 한국의 국립박물관의 장래를 보는 그의 시각과 열성에 감동하였다. 金관장은 한정된 기금으로 직원도 거의 없는 국립박물관을 유지하고 그 질적인 향상을 위하여 몹시 고전하고 있었다. 내가 생각하기에 그 당시 새로 임명된 한국 관료중에서도 金관장은 맡은 직책을 수행하는 데 적합한 배경을 가진 몇 명 안 되는 유능한 한국사람 중의 한 사람이었다.

Ⅱ.

일제시대에는 국립박물관장과 박물관직원들은 그저 평범한 관료직 신분에 지나지 않았다. 1945년에 일본관료들이 공직에서 물러났을 때 미군정사령부는 그 빈 자리를 메꿀 수 있는 유능하고도 훈련된 한국인들이 매우 필요하였다. 이 문제를 해결할 수 있는 길은 미국인과 한국인 모두에게 정치적으로 받아들여질 수 있는 일반적인 자격을 갖춘 한국인들을 찾아서 연수원으로 활용하는 방법이었다. 어떤 경우에는 예전의 일제 관료조직이 일시적으로 그대로 유지되었는데, 이것은 박물관을 관리하는 문교부의 한국인 직속상관들이 국립박물관에 대해서 우선적으로 중요시하는 것이나 제반 문제에 대한 관점이 金관장과 항상 일치하지는 않았다는 것을 의미한다.

다행히 나는 문교부를 담당하는 나의 상관들인 록카드(Lockard)소령과 피팅거(Pittinger)대령과 아주 좋은 유대관계를 가졌고, 그로 인하여 金載元 관장의 계획들을 그의 한국인 직속상관들의 의견에 크게 좌우됨이 없이 직접 이행할 수 있게 도와줄 수 있었다. 그 당시 문교부에 속하는 대부분의 미국과 한국인 직원들은 한국의 학교 교육에 필요한 새로운 교과과정을 짜고 교과서를 재집필하는 데 주력했다. 나는 직원회의에서 군동료들에게 교화국의 활동상황들을 일깨워주었다. 그리고 직무상의 한도 내에서 내가 원하는 어떤 일이든지 우선적으로 할 수 있도록 허락받았다. 교과서나 학교교육 담당자들은 크네제비치(Gene Knezevich)대위나 그의 '문화청년들'에게 별로 유용한 제안이나 비평을 하지 못하였다.

나는 어느날 서울 중심지에 있는 파고다공원을 돌아보고 왜 이 공원에 있는 탑의 塔身 윗 부분 세 층이 탑옆의 땅 위에 내려진 채 그대로 놓여있나 하는 의문을 가지게 되었다. 金관장을 비롯한 여러 사람들을 통하여 알아낸 이유 중에는 일본사람들이 이미 여러 해 전에 이 탑을 일본으로 가져가려고 윗 부분을 해체하기 시작했으나 어떤 이유에서인지 실행하지 못했다는 이야기가 있었다. 나는 두 가지 목적으로 이 탑을 복원하기로 하였다. 그 하나는 이 탑을 본래의 구조대로 세워놓겠다는 의도였고, 두번째는 한국인들이 고맙게 여길 수 있는 계기를 만들어 좋은 우호관계를 맺어보자는 의도였다. 그래서 나는 미군정 工兵부대에게 그 일을 부탁했고 나의 부하로 있던 라이온(Lyon)중위를 책임자로 선발했다. 파고다공원의 탑이 다시 원상복구될 때 나는 그 공원에 있었다. 수많은 한국인 구경꾼들, 신문기자들, 그리고 학자들이 참관했다. 그 일이 있은 후에 金관장과 나는 다른 탑들도 옮겨서 원래의 모습대로 복구하기로 했다. 金관장은 신문기자들에게 나를 파고다人(Pagoda man)이라고 불렀고 이 이름은 며칠 동안 각 신문에 오르내렸다.

Ⅲ.

한국고고학의 전문가이며 일제 때 국립박물관 연구원이었던 일본인 학자 有光教一씨는 경주에 있는 한 신라왕릉이 우연한 사고로 노출되었다고 金載元관장에게 보고하였으며, 다시 金관장은 그 사진을 내게 보여주며 그 일을 이야기하였다. 우리 둘이는 이 신라왕릉이 국립박물관의 한국인 직원들에 의해서 정식으로 발굴되어야 한다는 의견에 동의했다. 그런데 이러한 문제에 대한 가능성을 우리 둘이서 논의하는 것과 실제로 그러한 발굴을 한다는 것은 그 당시 상황에서는 전혀 다른 성질의 일이었다.

첫번째 문제는 쉬운 일이었으나, 두번째 문제는 여러 사람의 허가를 받아야 했기 때문에 상당히 힘든 일이었다. 즉 미군사령부의 러치(C.I. Lerch)소장, 동경주재 총사령관 맥아더 장군, 특히 그 밑에 있는 미술·유적·문헌담당 사무직의 두 전문가인 하버드대학 포그박물관의 워너(Langdon Warner)씨와 시라큐스대학 인류학과에 있는 볼스(Gordon Bowls)씨들의 허가를 거쳐야 하는 일이었다. 볼스박사가 제일 먼저 동경에서 도착했고, 나의 자세한 설명에 관심을 많이 가졌으나, 그는 허락하지도 반대하지도 않았다. 그러나 내가 그를 설득할 수 있었던 한 가지 점은, 노출된 유적지를 발굴하는 것이 국립박물관의 책임하에 있으며 그 발굴을 좀더 과학적으로 하기 위하여 有光씨의 기술적인 도움을 받는다는 것이었다. 만약 무덤 도굴꾼들이나 도자기 호리꾼들에 의해 불법적으로 파괴된 유적지가 고고학적인 방법으로 조사되고 보호된다면, 이것은 국립박물관의 첫 번째 현지발굴로서 앞으로도 그 후의 발굴에 대단히 귀중한 경험이 될 것이 분명했다.

한국정부와 국민을 위하여 역사적인 유물과 미술문화재를 안전하게 지키고 회수하는 데에 가장 책임이 있는 국가기관은 결국 국립박물관이었다. 곧이어 워너씨가 도착하자 나는 다시 한번 발굴사업의 정당성에 대해 역설하였는데 이 일은 한국인직원으로 하여금 단지 도서관에서의 문헌조사만이 아닌, 실제적인 발굴작업을 훈련시키는 데 매우 유용하다는 것을 강조하였다. 그러자 워너씨는 미소지으면서 허가를 해주었는데, 내가 그에게 서면으로 된 동의서를 요구하였더니 그는 크게 웃으면서 즉시 허가서를 만들어 주었다. 나의 고고학적 발굴경험은 미국 남서부지방에만 한정되어 있었기 때문에, 모든 일본인들은 하루 빨리 일본으로 되돌려 보낸다는 당시 군정당국의 정책에도 불구하고, 有

光씨를 계속 한국에 체류시켜 발굴에 협조할 수 있도록 허가를 받은 것도 대단히 다행스러운 일이었다. 이러한 일들이 해결되자 나는 발굴단을 위한 운송과 물자의 조달, 비용을 준비하여야 했는데 이에 대한 미군정당국의 감독권이 나에게 주어졌다.

Ⅳ.

워너씨와 볼스 박사가 경주에 도착하자 나는 그들을 만나 안내하면서 모든 일들이 잘 진행되고 있다고 확신시켰다. 나는 장차 나와 교대할 기파드(Damon Giffard)대위를 경주에 데려왔는데, 그는 서울과 인천사이 중간 쯤 되는 곳에 있는 애스콤 시티(Ascom City)라는 곳에 있는 工兵部隊에서 내가 찾아낸 공병장교였다. 기파드 대위는 예술 쪽에 매우 훌륭한 경력을 가지고 있었으나, 불행하게도 나중에 행정가로서는 별로 유능하지 못하다는 것이 밝혀졌고 정서적으로 문제가 있다는 이유로 군에서 제대되었다. 경주 발굴사업은 대단히 성공적으로 진행되었다. 이전에는 한번도 현지발굴조사를 해본 적이 없는 金載元관장은 有光씨와 나의 권고를 받아들여 발굴보고서를 작성하였다. 그리고 이 《壺杅塚과 銀鈴塚》보고서는 한국인의 관리하에서 국립박물관에 의해 발행된 최초의 학문적인 출판물이었다. 有光씨는 그 후에 부산으로 가서 배편으로 귀국하였다. 발굴된 유물들은 국립박물관의 소장품이 되었다. 그러자 곧 북한의 방송에서는 이 발굴사건을 혹독하게 비판하면서, 이것은 미국과 한국의 협조자들이 한국에서 문화재를 약탈하는 파렴치한 사례라고 하였다.

1949년에 나는 미국대사관의 문화담당직원이 되어 한국에 다시 돌아왔다. 일차적인 의도는 아메리칸대학 人類學科의 박사학위 필수과목으로서 한국촌락을 연구할 수 있는 좋은 기회로 삼았기 때문이다. 대사관에 근무하면서 내 연구를 시작할 수 있을 것이고, 휴가기간에는 더 많은 현장조사를 할 수 있으리라 생각하였던 것이다. 그런데 한국에 도착하자마자 대사관측은 나를 부산미국문화공보원의 원장으로 임명하였다. 원장으로 근무한 지 몇 달 후 미국무성 검사원의 방문이 있었는데, 그때 나는 공보담당을 하던 서울사무실을 제외한 남한에 있는 모든 미국문화공보원을 관장하는 위치로 승진되어 서울로 가게 되었다. 내가 서울로 간 것은 1950년 6·25전쟁이 터지기 두 달 전의 일이었다. 한국전쟁 동안 나는 미국대사관의 자원비상요원으로 한국에 남아있었는데, 人民軍이 서울로 쳐들어왔을 때는 마지막 비행기로 빠져나와 일본 남부에서 두세주일을 지내다가, 후에 밤연락선을 타고 부산으로 돌아왔다.

1·4 후퇴가 시작되기 전 서울에 있을 때 金載元관장은 내게 서너 번 찾아와서, 문화재를 부산으로 피난시키는 데 필요한 운송방법을 제공하여 줄 것을 간청하였다. 金관장은 만약 서울이 인민군에게 다시 점령된다면 북한은 모든 미술품을 북으로 이송할 것이라고 하였다.

V.

인민군의 여름침공 때에는 박물관직원들이 미술품의 포장을 고의로 지연시키는 동안 서울은 UN군에 의하여 수복되었다. 나는 무쵸 대사가 박물관 소장품을 남쪽 부산으로 피난시키는 일은 남한정부의 책임이라고 말할 것을 알기 때문에 金관장을 도와주는 일을 망설였다. 역시 미국대사와 대사의 정치고문관들 그리고 UN군사령부는 서울시민과 외부세계를 향하여 서울은 UN군의 통치하에 있을 것이라고 말하고 있었다. 미국대사관직원으로서 국립박물관 소장품을 피난시키는 일에 관계한다는 사실이 한국과 외국언론인에게 알려진다면 서울이 다시 적의 손아귀에 함락될지도 모른다는 것을 나타내는 것처럼 보이기 때문이었다. 또한 내가 그러한 미술품의 이동에 관계하다가 무슨 사고라도 일어난다면 나는 심각한 징계조치를 받거나, 아마도 국가공무원에서 면직당할 것이다. 그러나 金관장은 나에게 계속 말하기를 한국정

크네즈씨 부부 近影. 하와이.

부로부터는 어떠한 도움도 받을 수가 없으며 만약에 내가 운송수단을 제공해주지 않는다면 모든 미술품을 잃게 될 것이라고 하였다. 북한의 담당자들은 박물관직원들이 미술품 포장작업을 지연시키는 일에 또 다시 속지는 않을 것이 틀림없었다. 결국 나는 비밀리에 이 일을 도와주기로 결심했다. 비록 나에게 그러한 권한은 없었지만 나는 차량과 기차수송 관계를 준비할 수 있었다.

金관장과 한 두 명의 박물관직원들은 미술품들과 함께 미군화차에 실려 이송되었다. 나는 그 화물차량이 도중에 방치되는 일이 없이 부산에 무사히 도착하도록 여러 군소속 확인 연락처를 통하여 군전화로 연락을 취하였다. 그리고 비행기로 부산으로 가서 수송화물차량이 부산역에 도착하는 것을 보았을 때 커다란 안도감을 느꼈다.

그 후에 나는 1·4 후퇴 당시 서울의 책임자이자 나의 친구인 먼스키(C. Munske)대령을 불러서 그와 그의 부하들이 서울에 있는 박물관 소장의 西域壁畵들을 포장하여 남쪽으로 피난시키도록 도와줄 것을 설득했다. 그리고 서역벽화는 1951년 봄에 무사히 부산으로 피난을 하였다.

그 후 金관장과 미국 하바드대학의 교수인 워너씨, 호놀룰루 박물관장인 그리핑(Robert Griffing)씨와 나는 한국미술품들을 안전하게 보존하고 전시하기 위하여 미국으로 운반하려고 했다. 이 시도는 전쟁의 상황도 호전되어 갔고 미국대사관과 국무성의 반대로 이루어지지 않았다.

<Gene Knez>

※ 이 글은 1990년 6월 訪韓하였을 때 유족의 청을 받아 서울 하이야트호텔에서 쓴 것이다.

2. 해외전시

미국전시

1947년 미국에 갔을 때 하바드대학 동양미술전공인 와너(Langdon Warner)교수가 언젠가는 미국에서 한국미술을 전시하여야 될 것이 아니냐는 말을 한 적이 있다. 그리고 당시 귀국할 때 록펠러財團에서 나를 호놀룰루에 들리도록 예정을 짠 것도 호놀룰루미술관장인 그리핑(Robert Griffing)씨가 한국미술에 많은 관심을 가지고 있으니 그러한 미술전시회의 가능성을 서로 같이 연구하여 보라는 뜻에서였다.

그러나 1950 년 6 월에 일어난 한국전쟁은 그 모든 것을 일단 단념하지 않을 수 없게 만들었다. 그리고 그 대신 한국전쟁은 세계의 이목을 한국에 집중시키는 결과를 가져왔다.

사실 우리나라는 극소수의 지식층 외에는 서양사람들 일반에게는 잘 알려지지 않은 먼 나라였다. 막연히 한국이라면 중국의 일부이거나 일본의 일부라고 밖에 생각하지 않았던 것이 사실이다. 그러한 상태에서 매일같이 한국전쟁의 뉴스는 신문·라디오·텔레비젼을 통하여 전세계에 퍼져나갔다. 후진국이었던 우리나라의 전쟁으로 깨어진 도시와 황폐한 농촌, 굶주리고 헐벗은 우리동포들이 보따리를 들고 집을 잃고 난을 피하여 다니는 모습이 생생하게 전해졌다.

그러한 모습의 사람들에게 고유의 문화가 있다고 생각하는 사람은 극소수에 불과했던 것은 물론이다.

1954년 봄 어느날, 그리핑씨는 그 친구 기파드(Damon Giffard)씨(군정때의 교화국장)와 같이 미국의 지프나 그외의 중장비를 수송하는 앞부분이 양쪽으로 열리는 대형 수송기에 편승하여 여의도비행장에 도착하였다. 노스웨스트 같은 비행기편은 없었던 때였다. 두 사람은 미군에서 특별히 만든 '장군'이라는 신분증을 갖고 있었다. 그렇지

그리핑씨(右) 및 기파드씨(左)와 필자가족. 여의도 비행장에서, 1954년.

않고는 미 군용기를 이용할 수 없었던 까닭이다. 나는 그때 가족 모두를 데리고 여의도비행장으로 갔는데 그때에 찍은 사진을 보면 지금 D대학 교수로 있는 막내가 아직 사진기 앞에 제대로 서지도 못하는 겨우 세살 먹은 어린 때였다.

비행장이라고는 하나 손님을 맞는 시설은 아무것도 없었고 비행장 전체는 미군에서 관리하고 있던 때인 것 같다. 35년 전의 일이다. 호텔이라고는 조선호텔과 반도호텔 외에 별로 있었던 것 같지 않고 서양식당도 갈 만한 곳이 없었다.

그때의 미국대사는 브릭스(Briggs)씨였다. 대사의 주선으로 그리핑과 기파드 두 '장군'은 경무대에 가서 李대통령을 만났다. 그 때의 형편으로는 어느 장관을 만났대야 별 도리가 없었으므로 그것이 직접적이고 효과가 있다고 생각하였던 모양이다.

李대통령은 오랫동안 주로 하와이에서 망명생활을 한 분이다. 그래서 하와이에서 온 두 사람을 만나는 것을 기뻐하신 모양이다. 그러나 그리핑이 호놀룰루미술관장이라는 말을 듣고는 李대통령은 처음에는 잘 이해하지 못한 모양이었다. 자기가 그곳에 있을 때는 그런 미술관이 없었던 까닭이다.

호놀룰루미술관!

그럴 수 밖에. 호놀룰루미술관은 원래는 쿡스 갤러리(Cooks Gallery)로 알려져 있었던 것이다.

하와이에는 몇몇 큰 부자들이 있었는데 쿡스가 그 하나이고 비숍(Bishop)이 또 다른 큰 가문이다. 그들은 각기 박물관을 만들었는데 비숍박물관은 태평양에 있는 많은 섬의 민속품과 그들의 문화유산을 모아놓은 곳으로 지금도 호놀룰루미술관과 같이 세계적으로 알려져 있는 곳이다.

두 사람의 요청은 간단한 것이다. 지금 모든 세계 사람의 시선이 한국에 모여있을 때 한국의 오랜 문화유산을 보여주는 전시회를 하고 싶은데 대통령의 지원을 바란다는 것이었다. 대통령은 전적으로 밀어줄 터이니 성공하도록 힘써 달라고 부탁하는 것이었다. 남은 일은 실무자들과 잘 연락해 달라는 것이었다.

그때 나는 필운동의 조그마한 집에서 살고 있었으므로 그 사람들을 초대할 형편도 못되었으나, 브릭스대사가 그의 20세 전후의 딸 루시와 같이 베푼 만찬에 동석하였다.

이리하여 한국미술전시회는 그리핑과 기파드 두 사람의 손으로 조직되기 시작하였다. 그러나 후에 기파드는 손을 뗄 수밖에 없게 되었다. 그는 직업이 古美術商이었다.

그런 장사꾼이 어떻게 국제적인 전시회의 조직위원으로 참여할 수 있느냐고 말썽이 나서 뒤로 물러섰고, 또 그리핑이 한국에 전시품선정위원으로 올 때 그를 자기의 조수로 데리고 오려던 계획도 포기하였고 결과적으로 그리핑 자신이 선정위원으로 한국에 오는 것조차 단념하였다.

국제적인 큰 전시회는 수도 워싱턴에 있는 국립미술관(National Gallery of Art)에서 시작하여야 된다. 따라서 우선 국립미술관의 찬동을 얻어야 되고 그 다음은 역시 뉴욕 메트로폴리탄박물관, 다음이 보스턴박물관의 순서가 된다. 수도 워싱턴에는 물론 국립미술관 외에도 프리어 갤러리(Freer Gallery)라는 미술관이 있고 또 전적으로 동양미술품을 전시하고 있다. 이 점으로는 오히려 국립미술관보다도 우리 미술품을 전시하는 데는 더 적당한 곳일런지도 모른다. 그러나 프리어 갤러리는 자기네들 수집품이 아닌 외부의 전시품은 전시할 수 없다는 자체 규정이 있었다.

전시일정은 미국 동부의 워싱턴, 뉴욕, 보스턴, 다음은 시애틀, 미네아폴리스, 샌프란시스코, 로스앤젤레스, 그리고 마지막으로 호놀룰루에 가도록 참가한 미국박물관 사이에 협정이 되었다.

물론 가장 중요한 것은 전시품의 선정이었다. 내가 가지고 있는 기록으로는 전시품 선정을 위하여 세 사람이 서울로 오게 되었었다. 메트로폴리탄박물관의 東洋部長 프리스트(Alan Priest), 보스턴미술관의 東洋美術專攻 페인(Robert Paine)부장, 그리고 호놀룰루의 그리핑관장 세사람이었다. 그러나 마지막으로 그리핑이 떨어져 나가고 프리스트와 페인 두 사람이 왔다. 그것이 1956 년이었다. 이들 외에 한국측에서도 선정위원회를 구성하였다. 高羲東, 全鎣弼, 裵濂, 孫在馨, 洪鍾仁 등등. 그러나 솔직히 말해서 우리측 위원들은 우리의 미술품이 얼마나 귀중한 것인지는 알아도 그것이 해외에 나가서, 그 많고 우수한 중국과 일본 미술품과 비교되어 어느 정도의 효과를 낼 것인가에 대하여는 깜깜이었다. 그때만 하여도 우리나라 미술사를 연구한 사람이 많지 않았다.

우리는 檀園이나 蕙園에 대하여 많은 애착과 사랑을 가지고 있다. 그러나 일본과 중국미술사에 정통한 페인씨가 중국과 일본의 회화와 비교하여 내린 그의 평가는 반드시 우리와 일치하지 않았다. 미국이나 영국같은 데는 宋·元·明·淸代의 우수한 회화가 소장되어 있다. 우리나라 鄭敾의 山水圖와 그들의 산수화를 비교하면 역시 손색이 있는 것은 어찌할 도리가 없다. 유감이지만 우리에게는 고려시대의 회화로 내어놓을 것이 과연 몇 폭이 있나. 이 때문에 후에 우리 전시가 파리

해외전시품 선정위원 일동. 石造殿 앞에서. 왼쪽으로부터 孫在馨, 高義東, 앨런 프리스트(메트로폴리탄박물관 동양부장), 로버트 페인(보스턴박물관 동양부장), 筆者, 洪鍾仁, 全鎣弼, 裵濂. 1956년.

에 갔을 때 우리 회화는 전시하지 않겠다고까지 하였던 것이다.

그러나 단연 압도적으로 우수하고 타의 추종을 불허하는 것은 우리의 陶磁器였다. 그리고 도자기 부분에서는 三國시대－高麗시대－朝鮮시대에 걸쳐서 그 발달되어온 흐름을 뚜렷이 볼 수가 있었으나, 회화에서는 그렇지 못하였다. 또 佛像에서도 이미 미국 각 박물관에 있는 중국과 일본의 불상보다 떨어져서는 안될 일이었다.

이러한 상황에서 미국에 보낼 전시품을 선정하는 데는 여러 가지 어려운 점이 있었던 것이다.

프리스트와 페인 두 사람은 서울에서는 반도호텔에 유숙하였다. 이때는 반도호텔의 외형이나 내용도 모두 정상으로 돌아와서 아무런 불편도 느끼지 않게 되었다. 경무대에서는 특별히 지시가 내려와 그들에게 아무 불편이 없도록 하였고 호텔비용도 15불 가량에서 5불로인지 특별 할인하라고 명령이 내려왔다.

서울에서의 전시품을 선정한 후 그 두 사람과 한국측 선정위원 전원이 부산으로 갔다. 그 때 부산으로 소개하였던 우리 물건 전부가 부산대학교에 보관되어 있었던 까닭이다. 우리의 콜렉션이 부산의 번화가의 관재청 창고에 있는 것이 결코 바람직하지 않았던 것은 당연한 일로 마침 釜山大學校 尹仁駒총장이 장차 부산대학박물관으로 쓸 건물을 짓고 우리 물건을 옮기라고 하는 호의를 받아들여 우선 그리로 옮겨갔던 것이다.

이들 물건을 끌러서 큰 홀에 진열하여 놓았을 때 우리의 물건은 정말 대단하였고 미국사람들도 놀랐다.

부산대학교에서의 선정작업은 상당히 오래 걸렸다. 우리측 선정위원은 東萊에 있는 호텔에 유숙했고 그때의 형편에 좀 불편해도 불평할 사람은 아무도 없었다. 그 대신 저녁 때면 약주를 사드려야 되었고 미국에서 온 두사람의 욕들을 하였다. 손님으로 온 사람들이 저희들의 의견만을 내세우고 우리측의 의견을 무시한다는 것이 큰 불평이었다. 그런데 문교부에서 따라온 사람은 매일 저녁에 대접하여야 되는 약주

페인씨(左)와 프리스트씨(右)와 筆者.

값을 치르는 데는 상당히 고역을 치르는 듯하였다.

프리스트와 페인 두 사람은 해운대호텔에 묵게 하고 나는 손님 접대상 그들과 같이 있었다. 호텔에는 경무대의 지시로 반도호텔에서 특별히 요리사가 파견되어 왔는데, 그때의 전기사정으로 밤에는 전기가 들어오지 않아 냉장고가 있어도 쓸 수가 없었다. 그래서 이것도 상부의 명령으로 특별배전이 되었는데 덕분에 해운대 일대가 밤에도 환히 밝게 살 수가 있었다.

위원 일동은 물론 경주에도 갔다. 이때에 미국측에서는 전시회 전체의 비중을 높이기 위하여 그때 佛國寺 極樂殿에 모시고 있는 아미타불이나 비로자나불 중의 한 분을 가져가야 되겠다는 의견이 나왔다. 물론 그 巨像은 한국불상 중의 招特級인 것은 틀림이 없으나 그것을 모셔가려면 우선 극락전의 출입문을 뜯어야 되고 또 그 무거운 불상을 태평양으로 건너보내는 일은 여간 조심스러운 일이 아니었다.

아닌게 아니라 사찰에서는 이 말을 듣고 크게 놀라 당시의 불교계 출신인 金法麟문교부장관을 통하여 나에게 그 '現役'의 불상은 박물관에 있는 불상과는 다르니 미국전시에서는 제외하여 달라고 말하였다. 우리도 그 의견이 타당한 것을 인정하였거니와 미국에 있는 각 박물관의 지도부에서도 크게 놀라 그 극락전의 巨像은 전시품목록에서 제외하도록 결정하여 이 문제는 무사히 해결되었다.

진열품선정은 결국 대부분 미국측의 의견대로 결정되었고 한국위원의 의견은 많이 반영되지 않았다. 다시 여기서 말하거니와 우리는 국제전시에 경험이 적고 일생 그림을 그린 高羲東畫伯 같은 분이나 또 全鎣弼같은 우리나라의 제일가는 수집가도 별다른 의견을 제시하지 않았다. 그만치 그때에는 우리나라는 미술에 대한 국제적인 안목이 높지 못하였던 것이다. 또 한 가지 우리나라에는 도대체 국제전시회에 내보낼 물건의 수가 많지 않았다. 근 20년 후에 미국에 또 한 번 전시품을 보냈으나 그 때에 간 품목의 7할 이상이 첫 번 갔던 유물과 같은 물건이었던 것으로도 알 수 있다.

이상에서 나는 전시품선정 때의 이야기를 하였거니와, 이 때에 선정된 이외의 물건은 전쟁 중에 경주에서 샌프란시스코은행에 보관을 위하여 보냈던 경주박물관의 金冠塚 유물을 합류시킨 것이다.

국제전시 때에 항상 문제되는 것은 보험이다. 우리의 경우 우리나라의 최고 미술품 전부를 보내다시피하면서 그것을 화폐가치로 환산할 수는 없는 일이었다. 이에 대하여는 여러 가지 의견이 많았으나 결론적으로 모든 물건에 아무 손상이 없이 집으로 돌아오리라는 것을 전제로 하지 않을 수 없었다. 이러한 전제로 전체의 진열품 가치를 3백만弗로 하고 보험료는 참여한 각 미술관에서 5천弗씩 내서 합쳐서 4만弗이 되었다. 결국 모든 것이 서울에 올 때까지 아무 손실이 없었던 것은 물론이다.

이 보험과 관계되는 일은 우리 전시품을 어떻게 수송하는가의 문제이다. 요새는 항공편으로 쉽게 수송하는 경우가 많고 그때에도 그 방법이 논의되었으나, 우리는 우리의 총재산을 더 위험성이 있는 듯이 생각되는 항공으로 보낼 생각을 하지 못하였다.

미국측에서도 이에 동의하여 미국의 해군함정을 이용하기로 하였다. 해군함정이라고 하면 전투하는 배를 생각하기 쉬우나 이 경우에는 전투용 물자 외의 물품과 비전투인원을 수송하는 용무를 띠고 있는 배를 의미한다. 그런데 여기에 또 하나 덧붙이고 싶은 것은 진열품을 포장하는 문제이다. 포장하는 것은 지금은 훨씬 발달된 포장방법이 있으나 그때로는 쉬운 일이 아니었다. 더욱이 도자기 같은 것은 깨질 우려가 많고 또 비교적 덩어리가 큰 불상 같은 것은 머리 부분이나 손이나 다리 부분을 잘 싼다는 것이 쉬운 일이 아니었다. 그래서 그 일의 전문가로 호놀룰루미술관에서 프레인(Fraine)이라는 사람을 데려왔다.

일단 포장된 물건을 나무상자에 넣고 그것을 다시 4, 5 개 합쳐서 쇠로 된 귀중품을 수송할 때 쓰는 콘테이너에 넣었다. 그러한 콘테이너가 적어도 15 개 이상 덕수궁 마당에 상당기간 놓여있던 것을 아직도 기억하고 있는 분들이 있을 것이다. 무거운 콘테이너는 다루기 쉽지 않아 일단 워싱턴국립미술관에 간 후에는 그곳에서 임자인 미 군부에 돌려보냈다.

그때 선정된 물건을 적어보면, 金冠 같은 金屬工藝 17점, 佛像 24점, 瓦塼 7점, 회화 35점, 도자기 108 점이다.

위에 나는 회화에 대하여 우리나라가 가지고 있는 회화가 중국이나 일본의 해외 박물관에 나가있는 회화보다 약하지 않나 하는 말을 하였거니와, 도자기 외에도 위에 열거한 금속공예·불상 같은 것은 세계 어디에 내어놓아도 손색이 없는 일급의 물품이다. 우리는 우리의 전시회 수준을 높이기 위하여 일본 같으면 도저히 외국나들이로 보내지 않을 물건을 내보냈던 것이다. 예를 들면 지금 국립박물관에 있는 두 개의 대형 金銅半跏思惟像을 모두 미국에 보냈는데 일본 같으면 이런 최고급의 불상을 하나도 해외전시에 보낸 일이 없다. 또 신라 金冠을 세 개씩이나 보냈는데, 이것도 세 개 모두 보낼 필요는 없었을 것이다. 외국에 보내는 데는 항상 걱정이 수반되는 것은 어쩔 도리가 없는 것이다.

그만치 우리는 전쟁으로 잿더미가 되다시피한 우리 문화를 선전할 필요가 있어 우리의 전 문화재를 외국전시회에 보내면서도 한편으로는 크게 걱정을 하였던 것이다.

위에 전시품선정에 대하여 언급하였으나, 또 한가지 중요한 것은 전시회도록을 출판하는 일이었다. 국내전시 같으면 큰 문제가 될 것이 없지만 영어로 쓸 도록을 우리가 국내에서 좋은 도판을 곁들여 만든다는 것은 거의 불가능한 일이었고 엄두를 낼 수가 없었던 것이다. 이것을 위하여 프리어 갤러리의 스턴(Harold Stern)이라는 후에 그 미술관의 관장으로 있다가 일찍 세상을 떠난 일본말에 능한 젊은 학자가 약 2주일간 서울에 체재하면서 원고를 초하여 갔는데 崔熙淳씨가 도와주었다. 도록에 중요한 것은 물론 좋은 사진인데 당시 우리 나라의 사정으로는 좋은 미술품 사진을 찍을 사진가를 구하기가 쉽지 않았다. 첫째 그러한 경험이 없으므로 좋은 사진기 한 대만 있으면 된다고 생각하는 사람들뿐이므로 도저히 맡길 수가 없었다. 그러한 미술품 촬영에는 여러 가지 보조시설이 있어야 되는데 그런 시설을 갖춘 사람도 물론 없었거니와 갑자기 시설을 갖출 수도 없었다.

생각하던 끝에 미국 군속으로 와 있는 칼 박이라는 사진가에 부탁하여 그가 찍은 사진들을 미국 국립미술관에 보냈더니, 그곳 사진 담당기사가 크게 반발하여 자기네 미술관에서 개최하는 전시회 도록의 도판에 그런 사진을 쓸 수가 없다고 하여, 우리 물건이 도착한 후에 다시 촬영한 것이 많았다. 사실 우리가 본 국립미술관 사진실의 설비와 그들의 기술은 완벽한 것이었다.

결국 도록의 文案은 스턴씨가 만들고 후에 교정과 기타 불비한 점은 보스턴미술관의 페인씨가 마무리하였다. 물론 그 도록이 완벽한 것은 아니지만 두고두고 이때까지 나온 우리 미술품 전시도록으로는 최고라고 칭찬을 받고 있다.

기파드씨.
호놀룰루 박물관에서.

여기에 한 가지 에피소드를 더 소개하기로 하겠다. 이미 몇 번이고 기파드씨의 이름이 나왔고 그가 한국미술의 미국전시회를 실현시키는 데 애를 썼다는 말을 하였었다. 軍政 때 教化局長으로 있었던 기파드 대위는 한때 미술선생으로 대학에서 가르친 일이 있는 하와이출생이다. 그는 한국에 와서 富坪에 있는 미군기지에 배치되었다가 그 경력으로 교화국장이 된 사람이다. 그의 취미는 완전히 박물관에만 있었다. 그래서 경복궁에 兵舍를 짓는 데에 반대하는 우리에게 제일 먼저 동정을 보낸 사람이었고 그 때문에 생각보다는 일찍 귀국한 사람이다.

그는 하와이에 돌아가서 골동품가게를 내었고 한국·일본·홍콩·싱가폴 등지에도 자주 장사차 내왕하였다. 그가 한국에 있을 때에는 미술계와 골동상 중에도 많은 친구들을 만들었으니 春谷 高羲東씨 같은 분과는 특별히 친하였고 골동상으로는 장봉문씨를 잘 알았다. 한번은 그가 와서 꼭 옛 친구 고희동씨를 만나겠다고 하여 李씨 집에 있는 高氏를 찾아서 黑石洞에 까지 데려다 준 일이 있다. 그때 두 사람이 얼싸안고 기뻐하던 모습 지금도 잊을 수 없는 일이다.

한국에 대한 애착이 남다른 이 기파드씨가 光州 無等山에 李朝시대

그리핑씨 一家. 왼쪽으로부터 아들 피터, 그리핑, 부인 마죠리여사, 딸 레이라니. 현재 딸을 제외하고 모두 故人인 되었음.

의 도요지가 있다는 말을 듣고 1965년 그리핑씨와 같이 서울로 오다가 김포에 도착하기 20분 전에 심장마비로 사망하였다. 나와 내처는 김포비행장에서 이 놀라운 소식을 비행장 방송으로 듣고 얼마나 당황하였는지 모른다.

우리는 仁寺洞 골동상에서 그가 생전에 그렇게도 좋아하던 李朝 白磁항아리를 사서 火葬場에서 주어모은 遺骨을 담아서 일본항공의 특별배려로 그리핑씨가 東京까지 호송하고 다시 호놀룰루까지 故人의 일본친구가 보내기로 하고, 그리핑씨는 무등산에 가기 위하여 서울로 돌아왔다.

위에 쓴 바와 같이 우리의 미국전시를 위하여 많은 노력을 하였으나 지금은 역시 고인이 된 그리핑씨의 遺影을 이곳에 같이 싣는 것이 의의있을 것 같다.

워싱턴 국립미술관

다른 나라 같으면 큰 규모의 국보전시회를 외국에 보내려면 적어도 두 세명의 큐레이터와 두 세명의 조수가 동행하지 않으면 안 되었을 것이다. 많이 드는 비용도 문제거니와, 우리로서는 우선 해외에 파견할 수 있는 전문지식과 사교성이 있고 무엇보다고 어학에 능한 사람은 金元龍박사 외에는 한 사람도 없었는데 서울 본집을 텅 비우고 떠날 수도 없었던 것이다. 그래서 물건도 잘 알고, 진열품도 잘 다루는 崔熙淳씨가 따라갔었다. 아무래도 외국에서의 임무에 필요한 어학이 부족하였으나 그런대로 큰 지장은 없었다.

이러한 전시회에 수행하는 사람이 박물관 관장이라는 것은 심히 드문 일이나 할 수 없이 내가 따라나섰고 미국측에서도 그것을 희망하였던 것이다.

미국 국립미술관에서의 첫 전시는 1957년 12월 14일부터 다음 해 정월 12일까지이니 결국 그리핑씨가 서울에 와서 李대통령을 만난 때부터 3년 이상이 경과한 후였다. 이렇게 오랜 시일을 두고 준비하지 않으면 안 되는 것이고 또 미국의 주요 박물관은 적어도 2,3년 전부터 전시계획이 확정되어 있는 것이 보통인 까닭이다. 더욱이 그때 미국에서의 전시회는 한국과 미국의 두 대통령이 후원하는 형식이 되어 도록의 첫머리에 두 대통령의 이름이 실려 있었다.

국립미술관에서는 외국 미술품 전시는 모두 1층에 있는 전시실을 이용하기로 되었는데, 이곳은 자연광이 들어오지 않는 곳으로 이 전시를 위하여 모든 진열장을 새로 디자인하여 만들었고, 그 안에 진열품을 넣어 조명의 효과를 얻기 위하여 하루에도 수 차례씩 진열을 고쳐보기도 하였다. 崔씨는 그럴 때마다 창고와 진열실 사이를 왔다갔다하여야 했다. 그때 만든 진열장은 후에 시애틀미술관에서도 사용하였는데 그 후에는 어찌 되었는지 모르겠다.

李承晩대통령 부부와 함께. 海外전시에 앞서. 1957년 5월.

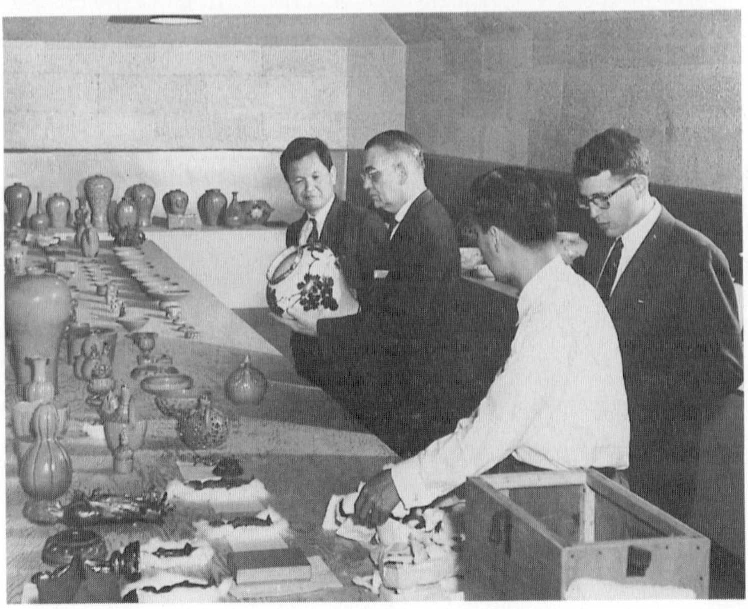

워싱턴의 전시준비. 내셔널 갤러리 창고.

워싱턴 내셔널 갤러리의 전시실.

나는 나대로 신문기자, 라디오 리포터나 사진기자에 시달리고 또 많은 교포들의 방문을 받았고 한국전쟁 때 우리나라에 왔다간 많은 미국사람들의 초대를 받았다. 어느 젊은 사람은 전쟁 때 임진강가에서 6개월을 보냈는데 꿈에도 다시 보기 싫던 나라 한국에도 그런 문화가 있었더냐고 놀라서 이야기하였다. 우리가 제일 절실히 느낀 것은, 우리나라는 그때까지 해외에 대한 우리문화의 선전이 없었기 때문에, 외국사람들에게는 모든 훌륭하고 우수한 동양예술품은 첫째가 중국 것이고 다음이 일본 것이라는 인식이 머리 깊숙이 들어있다는 사실이었다.

그러면 한국의 문화를 어떻게 생각했나—이건 아예 한국의 고유한 것이라고는 있을 수 없고, 있더라도 중국이나 일본 것을 모방한 것으로만 생각하고 있는 것이었다. 하긴 수십년 전만 하더라도 일본문화 자체도 중국의 모방이라는 인식이 깊이 박혀서 그 인식을 없애기 위하여 일본사람들도 수십년 동안의 시간과 노력을 기울였던 것이다.

전시회는 1957년 12월 14일(土)에 열렸는데 (일반 공개는 같은 날 오후) 오전 열시에 미국내의 일류 동양미술 전문가들이 모이는 것을 기회로 도자기연구회의 모임을 가져 일부러 영국에서 곰페르츠(G.St. G.M. Gompertz)씨를 초대하여 강연을 하였고, 뒤이어 핸더슨(Gregory Henderson)씨의 이야기가 있었는데 핸더슨의 별로 재미도 없는 이야기가 오래 계속되어 모였던 사람들은 토론할 시간도 없이 모두 급히 국립미술관장 워커(John Walker)의 오찬으로 갔다. 오찬은 시내에서 가장 이름있는 셀그레브클럽에서 있었는데, 이날 참석한 사람은 大法院長 와렌(Earl Warren)과 한국전쟁 때 휴전을 성사시키기 위하여 많은 애를 썼던 國務次官 로버트슨(Walter Robertson) 부처를 위시하여 우리 전시품을 운반하여 준 해군을 대표하여 개리슨(Garrison) 海軍次官補, 영국·프랑스 대사관의 간부, 스미소니언연구소 소장 등등 여기에 일일이 열거할 수도 없다. 우리쪽을 대표하여는 물론 梁裕燦 대사가 자리를 같이 하였다.

이 오찬이 끝나자 참석자 전원이 국립미술관으로 갔는데 우리 부부는 우연히도 대법원장 와렌씨의 캐딜락에 동승하여 두고 두고 이야기거리가 되었다.

첫날 전시회장에서의 이야기를 하기 전에 그날 저녁에 있었던 우리 梁大使초청의 칵테일파티 이야기를 써야겠다. 그때는 우리 대사의 관저가 따로 없어서 대사관의 윗층을 관저로 사용하였는데, 그곳에 워싱턴에 주재하고 있는 2백여 외국대사를 초청하였다고 들었다. 부인까지 합치면 근 4백명에 이르는 외교사절단이 모인 것이다. 나도 처와 같이 리셉션라인에 서서 일일이 악수를 나누었는데 이 날만은 우리도 외교관이 된 기분이었고 외교관들의 생활의 한 면을 볼 수 있어 흥미로웠다.

이렇게 14일은 바쁜 하루를 보냈고 다음 날인 일요일 거리에 나갔더니 워싱턴 시내 곳곳에서 내 사진이 보이는데 정말 놀라움을 금치 못했다. 워싱턴 포스트紙는 뉴욕 타임스紙와 같이 미국 양대신문의 하

Washington Post
and
Times Herald

SUNDAY, DECEMBER 15, 1957 WTOP Radio (1500) TV

워싱턴 포스트지 1957년 12월 15일 제1면기사.

나인데 그 일면에 내가 고려자기 瓢形水瓶을 쥐고 있는 칼러사진이 나와있었다. 물론 말할 필요도 없이 고려자기가 主格인 것이고 내가 훌륭하여서는 아니다.

또 다음날 12월 16일의 타임紙에는 신라시대의 騎馬土器·金冠·皇福寺址塔에서 나온 純金如來立像·申潤福의 풍속도·李仁問의 江山無盡圖·高麗青磁·香爐가 실렸고 한국동란 때 우리가 국보를 수호할 때의 고심담이 실려있는 등 1주일간은 그외의 많은 중요 신문에서 우리의 기사를 볼 수 있었다.

국립미술관에서는 나에게 특별히 큰 사무실을 내주었다. 그 방은 얼마전까지 부관장이 쓰던 방으로 전화도 손님도 비서실을 통하게 되어 있었고, 워싱턴에 있는 동안은 미국 내에서의 통신거래에는 우표를 붙이지 않아도 되었다.

나의 제일 큰 일은 거의 매일 있었던 진열실에서의 講話였다. 약 30~40명 정도의 손님을 데리고 이야기를 시작하였는데, 첫 번 이야기는 단 한개만 특별히 전시된 樂浪의 유물 純金 鉸具였다. 원래 이것은 中國 漢代의 유물로 우리 미술에는 포함되지 않으나 선정위원으로 왔던 페인씨의 특별 요청으로 전시되었던 것이다.

역시 제일 흥미를 끄는 것은 金冠이었다. 그것도 금관이 세 개나 진열되어 우리 진열품 중에서 다른 어느 나라에서도 볼 수 없는 일품인 것은 틀림없었다. 물론 제일 많은 수를 차지하는 磁器에는 놀란 모양이었다. 지금부터 근 천년 전에 그것으로 술을 마시고 靑磁의 硯滴으로 먹을 갈아 詩를 지었으니 우리가 생각하여도 놀랄만한 일이 아닐 수 없다. 그리고 그때의 양반 선비계급이 청자로 만든 베개(枕)에 누워서 생활을 즐겼다면 지나친 호화생활이 아닐 수 없었다.

워싱턴에서 제일 어려운 일은 약 8백명 가량이 듣는 대강당에서의 강연을 부탁받은 일이었다. 이것은 서울을 떠나기 2개월 전에 부탁을 받은 일이었다. 그때 강연료는 1백弗이라고 정하여 왔었다. 이것은 나에게 대한 특별한 호의로 그때로는 많은 돈이었다.

이 때문에 나는 강연안을 적어도 다섯 번은 고쳐 썼고 워싱턴에 도착해서도 최종안이 결정되지 않았었다. 그뿐 아니라 강연일 일주일 전에 예행연습을 하였는데 이야기를 시작하여 10분 만에 막혀 버렸다. 얼마나 내가 당황하였는지 누구나 짐작할 수 있을 일이 아닌가.

그래서 나는 실제 강연을 할 때는 이때까지의 모든 계획을 뒤집어엎고 슬라이드를 보여주면서 생각나는 대로 이야기를 진행시켰다.

강연하다가 시계를 보니 벌써 40~50분이 지나갔다. 한 시간이면 되는 일이므로 안심하고 이야기를 계속하여 청중을 내려다보니 한 사람도 강당에서 나가는 사람이 없었다. 나는 어느 정도 성공한 줄로 알고 이야기를 마치고 강당에서 기다리는 친구를 만나러 직접 강당으로 내려가는 대신 옆문을 통하여 혼자서 내 방으로 도망이나 치듯이 갔다. 도중 어떤 부인이 나를 보고는 참 재미있는 이야기였다고 말하였다.

20분 후에 처와 미국친구들이 내방으로 몰려왔다. 대성공! 대성공! 이라고 외쳤다. 그제서야 내 강연이 잘되었고 또 내가 시계를 잘못 보

워싱턴 국립미술관장 죤 워커씨와 필자. 워싱턴시 미술관 정문 앞에서. 1957년.

아 1시간이 아니라 1시간 30분이나 이야기하였다는 것을 알았다. 그러나 한 사람도 강당에서 떠난 사람이 없었으니 수개월이나 계속되었던 나의 걱정은 쓸데없는 일이었다. 나는 그 후 이 강연을 뉴욕·보스턴·시애틀에서도 되풀이하여 항상 큰 성공을 거두었다.

통상적인 관례를 깨고 강연 때 미술관장 워커씨가 직접 나를 소개하였고 강연료 1백弗도 1백50弗로 올려주었다. 하여튼 미국에서의 첫 강연은 정말로 성공하였던 것이다.

뉴욕에서의 우리 전시

워싱턴 전시가 끝난 다음 우리는 짐을 싸가지고 뉴욕으로 갔다. 우리는 박물관에서 멀지 않은 곳에 있는 이른바 호텔아파트멘트라는 곳

뉴욕 메트로폴리탄미술관 한국미술전시실.

에 숙소를 정하고 처와 같이 매일 자취하면서 박물관으로 다녔다. 메트로폴리탄박물관은 5번街에 자리잡고 있는 거대한 건물이다. 이곳은 세계 각 민족의 미술품이 모여있는 영국의 大英博物館이나 파리의 루부르박물관과 그 크기를 겨룰 만한 대규모 박물관이다. 그런데 우리 전시회가 열릴 때는 록펠러一家의 재정적 뒷받침이 컸으며 그것이 박물관 人事行政에까지 영향을 주었던 것으로 알고 있다.

우리의 전시를 맡은 사람은 서울에 전시품목선정 차 왔던 프리스트였던 것은 물론이다. 그는 박물관계에서는 괴상한 인물로 알려져 있었는데 우리도 그런 사람의 손님으로 좋은 대접을 받았다고는 할 수 없었다.

프리스트는 괴상한 인품에도 불구하고 진열품전시에는 항상 특이한 재능을 발휘하여 뉴욕 전시에서도 역시 기발한 착상을 보여주었다.

우선 두 개의 대형 金銅半跏思惟像을 돋보이게 하기 위하여 그 진열실을 暗室로 꾸미고 스포트라이트를 비쳐서 그 불상에게 시선을 집중시켰다. 하기는 이 방법이 마음에 들지 않는 사람도 있었을 것이나 역시 기발한 방법이었다. 또 배경을 빨간색으로 하고 金冠을 진열하고는 조그마한 선풍기를 감추어 바람을 일게 하여 금관의 영락이 흔들리게 한 것도 좋은 착상이었다. 이를테면 그는 훌륭한 쇼맨이었다.

다만 한 가지 문제가 생긴 것은 들어가는 입구의 전시실 외부에 中國 淸朝時代의 滿洲族 귀족들의 초상화 7, 8점을 걸어놓은 것인데, 이것은 한국이나 중국을 잘 모르는 사람에게는 혼동을 일으키게 할 염려가 있어 결국 우리는 관장인 롤리머에게 말하여 떼어버렸는데, 그것이 관장과 프리스트와의 관계를 악화시키기도 하였다고 우리는 생각하였다.

뉴욕에서의 전시는 1958년 2월 4일에 시작되었다. 우리 미술전시에 재정적으로 많은 협조를 하고 또 이것을 기회로 자기들의 사업 선전을 하려고한 韓美財團에서는 前夜祭(2월 3일)에 많은 초대장을 내보내서 그날 저녁에 모인 사람이 만명은 훨씬 넘었다. 여기에 우리나라 교포와 유학생까지 합쳐서 대혼잡을 이루어 미술품을 감상하기는 커녕 오히려 전시품에 위해가 가하여질까 걱정되었다. 우리 유학생들 중 몇 분은 민속무용과 음악까지 연출하여 정말로 '한국이브닝'이 되었다. 학생만이 아니라 우리 나라의 저명한 음악가까지도 나왔다고 하면 그날 저녁의 상황을 짐작할 수 있을 것이 아닌가.

30년 전의 일이다. 한국전쟁에 강토는 피폐되었어도 우리는 문화민족이라는 긍지를 보여줄 수 있는 사람이 많았다는 것을 의미하는 것이다.

전시 첫날 저녁 전시장에 만여명의 사람이 왔다갔다하고 박물관의 큰 식당에는 메트로폴리탄박물관장이 베푸는 만찬이 벌여졌는데, 역시 이곳에는 워싱턴에서의 국립미술관장의 오찬에 못지 않게 많은 손님이 모였다. 지금 그때의 많은 손님들의 이름을 열거할 수는 없으나, 인상에 남는 대표적인 사람으로 한국정부의 外貨를 맡고 있는 체이스맨하탄은행 총재 데이빗 록펠러를 들 수 있는데, 그는 형인 죤 D 록펠러와 같이 미술품수집가로도 유명하다.

주최측의 연설이 끝나자 우리 梁대사의 유머가 섞인 연설이 있었다. 梁대사는 일찍이 소년시절에 미국으로 이민을 간 미국국적을 가지고 있는 사람으로 어떻게 우리 대사가 되었는지는 모르나 그의 연설은 일품이었다. 우리의 요청으로 록펠러財團의 파스박사에게 박물관을 도와준 데 대하여 감사의 뜻을 표하였다.

뉴욕에서도 역시 큰 강당에서 300여명의 청중이 모인 가운데 나의 강연이 있었으며 이번에는 나도 여유를 가지고 전쟁 중에 있었던 이야기도 하고 그때에 나를 여러 가지로 도와준 크네즈박사라는 사람이 있었다고 하여 박수를 받게 하였다.

때를 같이하여 메트로폴리탄박물관에서 멀지 않은 메디슨街에 있는 월드하우스갤러리(World House Gallery)라는 화랑에서는 현대 한국화가들의 작품을 전시하여 우리나라의 현대작품도 볼 수 있는 기회가 마련되었다. 이것을 준비하기 위하여 그 화랑에서는 일부러 프셋티여사라는 전문가를 서울로 보내서 현역작가들의 회화와 조각을 덕수궁 우리 박물관에 모아놓고 선정하였던 것이다. 1958년 2월 26일부터 3월 22일까지 전시하였는데 팔린 것은 金基昶화백의 駿馬圖가 있었을 뿐이다.

아무리 우리 현대작가들의 작품이 우수하다 하더라도 세계 화단에 나가서 당장 인정을 받을 수는 없는 일이었다. 결국 한국화에 대한 친근감을 가지게 하는 오랜 준비작업이 필요하였던 것이다.

여기에 특기할 것은 梁裕燦대사와 전 미국대통령 트루만이 함께 3월 26일 저녁 월드하우스갤러리의 한국전시 파티에 잠깐 얼굴을 비친 일인데 대개의 사람들은 모르고 지나갔던 것이다.

위에서 한미재단의 이야기를 하였거니와 당시 그 재단의 총재는 한국전쟁 때 밴프리드장군의 참모총장이었던 크리스텐버리장군이었다. 한미재단을 대표하여 그는 우리 부부를 록펠러빌딩 52층의 레인보라는 호화식당에 초대하였다.

나는 장군에게 만약 전쟁 중에 우리 미술품이 손실을 입었더라면 나는 우리 동족에게 큰 죄를 지었을 터인데 이렇게 무사히 보존할 수 있었으므로 당신과 같이 오늘 저녁을 즐길 수 있으니 얼마나 행복스러운지 모르겠다고 말하였다. 물론 그러는 데는 무엇보다도 우리 민족의 운이 좋았던 것은 물론이고, 그날 밤 높은 집에서 내려다 본 뉴욕의 밤 경치는 정말 아름답기만 하였다.

우리는 워싱턴국립미술관에서는 좋은 사무실을 얻었으므로 뉴욕에서도 그런 사무실을 달라고 하였으나, 프리스트는 제일 아래층의 조그만 방을 쓰라고 하였다. 그것은 손님을 맞을 수도 또 휴식을 취할 수도 없는 누추한 방으로 우리는 모욕감마저 느껴 그 방을 쓰지 않았다. 그 대신 우리는 박물관에서 샌트럴파크를 가로질러 15분 안에 갈 수 있는 좋은 위치에 있는 호텔에 숙소로 자리잡아서 별반 불편을 느끼지 않았다. 지금은 대낮에도 그 공원에 갈 수 없을만치 치안이 나빠졌다고 하나 그때는 그렇지 않았다.

뉴욕은 역시 세계 제일가는 도시이고 모든 방면에서 세계의 중심임이 틀림없었다. 더욱이 세계의 모든 위대한 문화유물을 모아놓은 메트로폴리탄박물관은 위대한 기관임이 틀림없었다. 서양문화의 발생에서 그리스와 로마의 古典時代, 그리고 이집트의 유물은 잘 정돈되어 있었다. 동양의 유물로는 中國의 殷·周시대의 靑銅器·佛敎彫刻·繪畫·陶磁器 등을 비롯하여, 특히 놀란 것은 龍門 石窟 賓陽洞에서 떼어온 皇后供養行列圖(6세기 초)같은 것—이것은 다른 부분인 帝王供養行列圖가 캔사스市 미술관에 있는 것과 아울러 다른 민족의 문화재를 전력으로 약탈한 표본으로 우리들의 울분을 금할 수 없는 일이나—하여간 이런 것이 지금 미국에 와 있다니 놀랄 만한 일이었다.

뉴욕의 문화계에서 제일 큰 역할을 하는 사람은 무엇보다도 록펠러一家이다. 메트로폴리탄박물관에도 그들의 막대한 힘이 작용하고 있었거니와 모던아트美術館(Museum of Modern Art)은 록펠러家에서 거의 단독으로 유지하고 있는 것이다. 지금은 故人이 된 죤 D 록펠러 3세의 개인 콜렉션 중 中國의 도자기·佛像 같은 것만 하더라도 세계 최고수준에 달하고 있고, 아시아諸國의 문화 소개와 전시를 목적으로 하는 아시아 소사이어티(Asia Society)도 그 一家들이 후원하는 것이며, 1968년에는 이 아시아 소사이어티 미술관(Asia Society Gallery)에서 한국도자기전이 열렸는데 그 圖錄은 우리와 관계 깊은 그리핑씨의 손으로 쓰여진 것이었다. 이 전시는 같은 해 캐나다 토론토의 온타리오 박물관과 시카고의 미술관(The Art Institute of Chicago)에서 열렸다.

나는 언제인가 록펠러家에서 운영하는 체이스 맨하턴은행의 총재실에 간 일이 있었는데 그 은행에 소장되어 있는 미술품관리를 위하여 대학교수급의 큐레이터 두 명이 있었다. 그리고 그 총재실에서 우리나라 朝鮮時代의 木彫刻을 보고 놀란 일이 있다.

나는 그 외에도 뉴욕대학 살모니교수의 안내로 시내의 몇몇 中國콜렉션을 보고 다녔는데 하여간 뉴욕은 놀랄 만한 곳이었다.

우리는 3월 30일 전시가 끝난 다음 짐을 다시 꾸리고 다음 전시가 있는 보스턴으로 떠났다.

뉴욕전시는 여러 가지로 우리에게 유익한 시간을 주었으나, 프리스트의 괴상한 인품으로 작별인사도 나누지 않고 롤리머관장에게만 인사하고 떠났다. 프리스트는 메트로폴리탄박물관에 1928년부터 재직하였는데 박물관에서 퇴임을 강요당하여 1963년에 나왔으나, 이에 불만을 품은 그는 박물관을 상대로 소송을 제기하고 그 소송이 오래 끌어 결국 끝나기 전에 死去하였다.

미국박물관이라는 곳은 그것대로 조그마한 특수사회를 이루고 있어 많은 에피소드가 있으며, 그 중 한 가지 만을 적어본 것이다.

보스턴전시와 그후

미국에서 제일가는 동양미술관을 찾으면 누구나 워싱턴의 프리어갤러리, 뉴욕의 메트로폴리탄박물관 그리고 보스턴박물관을 든다. 그렇게 보스턴박물관의 동양미술 콜렉션은 우수하다.

이곳에는 일찍 일본의 岡倉覺三이라는 미술학자가 와 있어 그의 주장이 韓國·中國·日本의 미술품을 수집하는 데 크게 기준이 되었을 것으로 생각된다. 그는 일본에서 美術學의 선각자로 존경을 받아 東京藝術大學에는 그의 銅像이 서있고 그 곳에 '아시아는 하나'라는 그의 주장이 적혀 있다. 印度까지 합쳐서 동양은 같은 미술세계로 西洋文化圈에 대립시켰던 것이다. 그래서 이 사람의 *The Ideal of the East*라는 책이 서양사람에게 잘 알려져 있다. 이 외에 *Book of Tea*(茶의 이야기)라는 조그마한 英語書는 일본문화를 소개하는 책으로 많은 사람에게서 칭찬을 받았다.

보스턴미술관에는 또 印度人으로서 쿠마라스와미(Ananda Coomaraswamy)라는 印度學의 세계적인 명성을 가진 사람이 있었다.

岡倉이 조수로 데리고 왔던 富田幸次郎이라는 사람이 오랫동안 東洋部長으로 있었는데 우리나라에 진열품을 선정하러 왔던 페인은 그 후임이었다. 페인은 그 지방의 名門출신이며 독립전쟁 때의 勇士 로버트 트리트 페인(Robert Treat Paine)의 후예로 그 이름을 물려받아 이름 뒤에 3世(3rd)라고 붙이고 있었다. 그 일대 뉴잉글랜드라는 지방 사람들은 지극히 보수적으로 알려져 있는데 페인이라는 사람도 근엄한 그런 인물이었다.

나는 그가 한국에 왔을 때 별로 크게 대접한 일도 없는데 프리스트와는 달리 나에게 답례를 한다고 2박3일로 자택에 초대하였다. 처가 보스턴전시 전에 귀국한다는 말을 전하여 듣고 우리가 뉴욕에 있는 사이에 보스턴으로 오라고 하였다. 그런데 공교롭게도 메트로폴리탄 오페라 길드라는 돈많은 名家 婦人들의 오페라후원단체에서 우리를 특별공연에 초대한다는 날이 바로 같은 날이었다. 나는 보스턴으로 가는 날을 하루 연기하는 것이 별일이 아닌 줄로 알고 편지로 그 뜻을 전하였다. 그리고 우리는 그날 저녁 〈카르멘〉의 특별공연을 마음껏 즐겼는데, 뒤에 알고 보니 페인은 우리를 위하여 그날 저녁식사에 하바드대학의 두 巨物教授 라이샤워(Edwin O. Reishauer, 뒤에 駐日大使)와 페어뱅크(John K. Fairbank) 두 사람을 초대하였는데 그들이 식탁에 앉은 뒤에야 나의 편지가 도착하였다는 것이다.

그로부터 수십년 지난 지금도 그때 일을 돌이켜 생각하면 미안하고 큰 실수를 했다는 생각을 금할 길이 없다. 페인은 물론 그 후 他界한 지도 오랜데 그를 추모하는 뜻에서 열린 그의 소장미술품전시회가 보스턴미술관에서 열렸을 때 나도 그 모임에 참가하였다.

보스턴의 이웃에는 하바드대학이 있다. 미국에서 각 방면의 많은 인재를 배출한 이 대학은 東洋방면의 美術學 중에는 워너교수가 우뚝 솟아있고 그 아래에서 페인, 식크만(Laurence Sickman), 포프(John Pope) 같은 사람이 나왔다. 식크만을 빼고는 모두 일본에 가까운 사람인데 워너교수의 지도 하에 있던 포그박물관에서는 호이트(Charles Hoyt)가 수집한 고려자기로 한 진열실을 만들었는데 한정된 전시공간에 한국실을 만든 것은 반가운 일이며, 워너교수의 부인 Lorraine d'O Warner는 *Eastern Arts* (1930)에 "Korai(고려) Celadon in America"라는 긴 논문을 썼다. 포그박물관에 전시됐던 고려자기는 후에 소장자의 유언으로 보스턴박물관에 갔다.

전쟁 때 京都와 奈良을 폭격하지 않도록 한 것이 워너교수라고 하여 일본사람들은 그를 위하여 京都에 기념비를 세웠다. 그 자신은 그것은 일종의 '전설'로서 자기만의 공로는 아니라고 하였다. 유럽전쟁 때 파리를 파괴하지 않은 것은 한두 명의 독일장군의 결정에 의하여 된 것이 아닌 것과 같다.

이상 보스턴전시 이야기를 쓰기 전에 서론이 너무 길어졌다. 그러나 보슨턴전시도 결국 워싱턴 뉴욕과 같이 래스본(Rasbone)관장의 만찬이 있은 다음 나는 전과 같이 大講堂에서 강연하였고 전시실에서의 講話도 하였다.

보스턴에서 이채로웠던 것은 우리 전시실로 들어가는 양쪽에 '天下大將軍 地下女將軍'이라는 장승이 서 있는 것이었다. 이 장승은 보스턴 근처에 있는 세일럼(Salem)이라는 미국 건국시대의 옛 港口에 있는 작은 박물관에 소장되어 있던 것이었다.

이 항구는 미국 개척시대에 東洋과 왕래가 많던 곳으로 언제인가 李光麟교수도 이 박물관에 있는 한국관계 유물에 대한 이야기를 쓴 일이 있다.

우리들은 이 근방에 있는 여러 대학에서 찾아온 한국 유학생들의 방문을 받아 적적한 줄을 몰랐다. 널리 알려져 있듯이 이 지방에는 미국의 가장 우수한 대학들이 몰려 있고 많은 우리 유학생들이 와 있었다.

한가지 에피소드로 이 보스턴 이야기를 끝내기로 하겠다. 페인씨가 관장초대의 만찬에 초대할 손님들의 명단을 준비할 때 어떤 젊은 미국여인이 나타나서 자기 남편은 許총리의 아들인데 만찬에 초대될 수 없는가라는 것이었다. 아무리 한국의 국무총리의 아들이라도 그럴 수는 없다고 거절하였다고 페인씨에게서 들었다.

나는 후에 이에 해답할 수 있는 유일한 분이 許政씨라고 생각하여 우연한 기회에 자리를 같이 한 許政씨에게 물었더니 그분은 그런 아들도 없고 그런 미국 며느리는 더욱이 있을 수도 없다고 하였다.

보스턴전시는 페인씨 덕분에 무사히 치뤄졌고, 우리는 다시 짐을 싸서 다음 전시를 위하여 시애틀로 갔다. 전시품은 기차로 보내고 원래는 꼭 사람이 따라갈 필요는 없으나 우리나라식으로 崔熙淳씨가 같은 차로 가고 나는 혼자서 남쪽을 돌아 그랜드 캐년과 요세미테국립공원을 구경하고 목적지로 갔다.

그랜드 캐년은 미국의 자연이 보여줄 수 있는 가장 위대한 광경이었다. 지구가 형성되어서부터 수천만년 간의 변화를 볼 수 있다는 것은 다른 데서는 있을 수 없는 일이었다.

저녁 때 아메리칸 인디언의 무용을 구경하는데 어떤 미국 관객이 다가와서 물어보는 것이 아닌가. “당신은 어느 부락에서 왔오?” 동양인인 내 얼굴이 아메리칸 인디안 같아서 나를 어느 부락에서 온 것인가 물어본 것이다.

요세미테국립공원에서는 호텔을 구하지 못해 빌려주는 텐트에서 하룻밤을 잤다. 이 공원에는 樹齡 4천년 이상의 나무가 아직도 있었다. 즉 孔子・莊子・老子・석가모니・예수가 살았을 때 그 나무는 벌써 2천년의 나이를 먹었다는 이야기이다.

시애틀미술관은 풀러(Fuller)라는 큰 부자가 세운 것인데 이곳에서 우리는 워싱턴에서 쓴 진열장을 다시 보았다.

이곳 전시가 시작되는 날 저녁에 우리는 소련이 쏘아올린 우주선 수푸트닉크가 빛을 내면서 공중을 지나가는 것을 보았다.

나는 이곳 전시 후에 다음 전시가 개최될 미네아폴리스로 가보았으나, 시작하는 것은 보지 못하고 하와이에서 그리핑씨를 만난 후 서울로 돌아왔다.

하와이는 당시 우리 교포가 제일 많았던 곳으로 그리핑씨는 여러 가지 계획을 가지고 있었고 나더러는 하와이전시 때 다시 오라고 하였는데, 李대통령이 허락하지 않아서 실현되지 않았다.

우리 전시는 미네아폴리스・샌프란시스코・로스앤젤레스・호놀룰루를 金元龍씨 인도하에 돌아다니고 1959년 6월에 서울로 돌아왔다. 전쟁 때 깨어진 국토에서 받은 나쁜 이미지를 없애기 위하여 우리 미술전시는 꼭 필요하였고 큰 성과를 거둔 후 한 점의 손실도 없이 귀국하였다.

끝으로 한가지 첨가하고 싶은 것은 우리 전시가 호놀룰루에서 열렸을 때 그곳 日本總領事館은 일본 居留民에게 한국미술전시를 보지 말라는 廻狀을 돌렸다는 것이다. 물론 이것으로 일본 2世・3世들이 모두 우리 전시를 보지 않았다는 것은 아니나 이것은 몇 해 후에 내가 그리핑씨에게서 직접 들은 일이므로 이곳에 기록을 남기는 바이다.

또 미국전시 때의 이야기를 끝냄에 즈음하여 한 가지 첨가하고 싶은 것은 미국 국무성의 촉탁으로 동양에 있는 美術과 建造物(Arts and Monuments)에 대한 조사를 담당한 홀(Ardelia Hall)女史의 노력과 호의에 감사를 표하고자 한다. 여사는 전시회 전에 서울에까지 와서 李대통령도 만나고 몇 군데 古蹟地도 시찰하고, 우리 문화에 대한 진정한 애호자가 되었고 우리에게 많은 도움을 주었다.

여사는 우리 전시의 제목인 *Masterpieces of Korean Arts*라는 제목으로 신문 잡지에 실린 기사를 모아 책자를 편집하였는데, 이 글을 쓸 때에 그들 기사가 많은 도움을 주었다. 잊을 수 없는 사람 중의 한 분이었다. 그러나 그도 벌써 故人이 된 지 오랜 것으로 안다.

유럽에서의 우리 미술품

제2차세계대전 전만 하더라도 미국은 유럽의 英·佛·獨 등의 나라보다도 학술적으로나 미술 방면에서나 후진성을 띠고 있었던 것이 사실이었다.

내가 처음 유럽에 갔을 때 즉 1920년대말에는 유럽학자들은 미국의 대학 수준을 우습게 보고 있었다.

그러던 것이 전쟁 후에는 180도로 달라졌다. 이때까지 모든 방면에 뒤떨어졌던 미국이 앞장서게 되었다. 정치에 있어서는 물론이고 경제에 있어서는 더욱 그러하였고 또 학문에나 예술분야에 있어서도 모든 중심이 유럽에서 미국으로 옮겨가는 느낌을 금할 수 없었다.

전쟁 후 처음으로 미국에 갔을 때 유럽계통의 사람이 각 대학이나 연구소에 자리잡고 있는 데에는 놀라지 않을 수 없었다. 물론 과학방면에서는 아인슈타인 같은 사람이 미국으로 옮겨가서 원자탄을 만드는 데 큰 힘이 되었다는 것은 너무나 잘 알려져 있는 사실이나, 뉴욕대학 美術史教室에는 내가 독일시대부터 알고 있던 살모니교수가 동양미술사 담당으로 있었는데 그는 《아티부스 아시애(東洋美術)》라는 잡지를 스위스에서 내고 있었다. 그런데 그 미술사교실에는 독일말을 하는 교수가 다른 교수보다도 더 많을 정도였다. 물론 그분들은 영어도 유창하였으나 강한 독일어 액센트가 섞인 영어를 하는 그들을 가려내기는 과히 힘든 일이 아니었다. 이 중의 절반 가량은 살모니와 같이 유태인 계통의 사람이었다.

물론 말할 것도 없이 미국의 동양연구는 이제 겨우 시작 단계에 있었다.

그러나 프랑스·영국·독일 같은 곳은 벌써부터 세계적인 학자들이 모여 있었다. 이중에서도 더욱 앞장을 선 것은 프랑스 학자들로서 샤반느(Edouard Chavannes, 沙畹) 같은 사람은 일찍 중국에 와서 많은 遺蹟地를 조사하고 갔는데 그의 《北中國考古調査》(*Mission Archéologique dans la Chine Septemtrionale* 1909)라는 巨著에는 滿洲 輯安에 있는 高句麗 廣開土王碑를 조사한 보고가 있다.

샤반느는 특히 司馬遷의 《史記》 譯註5圈(Les Memoires Historiques de Se-Ma Tsien)으로 유명하고 門下에서 많은 학자가 나왔는데 그의 후계자같은 사람이 바로 펠리오(Paul Pelliot)이다. 이 사람은 그가 敦煌에서 가져간 古文獻에서 우리나라 新羅僧 慧超가 쓴 《往五天竺國傳》을 발견한 일로 우리에게는 잊을 수 없는 사람이다. 스웨덴의 유명한 中國語學者 칼그렌(Bernhard Karlgren)도 샤반느 제자인 것으로 알고 있다.

눈을 돌려 독일을 보면 그곳에서도 히르트(Friedlich Hirth, 1845~1927)라는 한때 콜롬비아대학에서 가르쳤던 碩學이 있었다. 중국에서 稅關일을 보다가 후에는 중국에 대한 많은 논문을 발표하였는데 중국미술에 대한 전반적인 고찰과 특히 도자기에 대한 논문이 있었다.

박물관에서 그보다 더 알려져 있는 사람은 라우퍼(Berthold Laufer, 1874~1934)로 그도 중국 도자기에 대한 저술을 남겼으나 제일 유명한 것은 《玉器考(Jade)》로서 文獻學에서는 프랑스의 펠리오보다는 뒤질런지 모르나 오래도록 시카고의 필드自然史博物館에 있었으며 다른 방면에서는 누구도 그를 따라갈 사람이 없었다. 그러나 뒤에 무슨 이유 때문인지 고층건물에서 투신 자살하였다.

大英博物館에는 유모포폴러스(Eumorfopoluos)콜렉션이 있어 그 중에는 한국의 陶磁器도 포함되어 있으며 막대한 圖錄이 나와 있다. 도자기라고 하면 中國 本國을 제외하고는 런던에 세계에서 가장 아름다운 중국 도자기 콜렉션에 있다. 이른바 데이빗(Percival David)이라는 중국에서 본래 貿易商을 하던 사람이 수집한 것으로 이곳에 있는 중국도자기는 중국 본토에 있는 도자기 수집품을 제외하고는 세계적인 名品들이며 지금은 런던대학의 소유로 되어 있다. 이 미술관의 책임자는 메들리(Margaret Medley)여사였으며 한국의 도자기에도 깊은 관심을 가지고 있는 분이다.

하기는 해외에 있는 제일 큰 중국도자기 모집품은 터키 이스탄불 톱카피宮에 있는 것으로 그 수는 萬점을 훨씬 웃도는 것이나 이것들은 모두 元代 이후의 것들이다. 그에 반하여 영국의 퍼시발콜렉션은 宋代까지 올라가는 것도 많아 그 전시실에 발을 들여놓으면 완연히 백화난만한 花園에 들어간 것 같은 느낌을 갖는다. 爵位까지 받은 그 퍼시발卿은 중국에서는 中國文化財 최대의 掠奪犯으로 낙인찍힌 만큼 학자들의 미움을 받는 사람으로 우리 전시가 보스턴에서 있을 때 부인이 휠체어에 앉아서 왔다 간 일이 있었다. 이러한 것을 고려하면 미국의 동양미술에 대한 연구는 지금부터 30여년 전인 그때로는 아직도 유럽을 따라갈 수 없었다.

나는 2차대전 전에 런던의 벌링톤 하우스(Burligton House)에서 열린 전무후무한 대규모의 中國文物展示會를 보고 완전히 압도되었다. 그 전시품은 上海에서 영국해군의 힘으로 런던까지 옮겨졌는데, 중국에 돌아올 때는 유럽전쟁이 시작되어 많은 사람들이 걱정하지 않을 수 없었으며, 결국 무사히 중국까지 돌아갔으나 일본의 침략으로 다시 北京으로 돌아가지 못하고 重慶으로, 그곳에서 다시 대만으로 가지 않으면 안되었다.

거의 때를 같이하여 그러나 약간 뒤에는 日本美術品展示會가 독일 베를린民俗博物館에서 열렸는데 그것은 독일과 일본이 동맹관계에 있던 전쟁 전의 외교관계를 반영하는 것이었다.

유럽전시 이야기를 쓰기 전의 序說이 필요 이상으로 길어진 것은 근래에 와서 모든 일에 미국이 앞장선다는 것이 그리 오랜 일이 아니라는 것을 상기시키기 위한 때문이다.

미국에서의 우리 미술전시회 소식이 유럽에 알려지자 각국의 대표적인 박물관 사이에 한국미술전시회 유치가 토의의 대상이 되었던 것은 물론이다. 그리고 이번에는 우리나라의 외무부가 능동적으로 유럽전시 계획에 큰 역할을 하게 되었다.

주지하다시피 유럽에서는 많은 나라들이 우리의 전시에 관심을 가졌으나 우리는 너무 긴 기간 동안 물건을 가지고 돌아다니는 것이 조심스러워서 지나치게 많은 나라로 다니는 것을 피하였던 것이다. 네덜란드와 벨기에 두 나라는 이웃이고 암스텔담에서 브뤼셀로 가는 데는 한 시간 거리밖에 안되므로 결국 벨기에는 가지 않고 파리로 가는 등 어려운 선택을 하지 않을 수 없었다.

우리 전시품이 金元龍씨 주도하에 미네아폴리스·샌프란시스코·로스앤젤레스·호놀룰루를 마지막으로 서울에 돌아온 것이 1959년 5월인데, 그때 벌써 우리의 유럽전시 계획은 상당히 진척되어 1960년 10월말 나는 외무부 林胤英방교국장에게서 파리 세루누스키박물관장실에서 열리는 유럽박물관장과의 협의에 참석하라는 통고를 받았다.

마침 하바드·옌칭연구소(Harvard-Yenching Iustitute)의 기금으로 운영되는 한국·중국·일본 세 나라의 東亞文化硏究委員會의 합동회의가 臺北에서 열리게 되어 나는 그해 10월말에 臺北에 갔다가 그곳에서 직접 파리로 갔다.

유럽전시 스케줄 등을 짜기 위하여 우리는 파리의 세루누스키박물관장실에서 회의를 가졌다. 이 박물관은 조그만 공원이 있는 Avenue Velasquez에 있는 市立박물관으로 비교적 규모가 작은 동양미술을 전문으로 한다. 그 관장은 위에서 언급한 바 있는 세르게 엘리시에프(Sergée Eliséeff)박사(하바드·옌칭 연구소의 前 소장)의 둘째 아들로 바딤 엘리시에프(Vadime Eliséeff)라고 하는 사람이다. 이 회의에는 네덜란드 헤이그의 헤메인드박물관장, 독일 프랑크푸르트의 공예박물관장이 참석하였고, 런던의 빅토리아 앤드 알버트박물관(이하 빅토리아박물관으로 약칭)과 비엔나의 민속박물관에서는 회의를 주재하는 세루누스키박물관과 사전협의가 있어 직접 오지는 않았다.

물론 우리의 미술품전시 같은 국제적인 전시회를 할 때 제일 좋은 시기를 택하는 것이 박물관 책임자의 욕망이다. 그런데 그때는 우리 전시품을 유럽으로 가져가는 책임을 英國海軍輸送船이 맡았으므로 우선 영국측에서 원하는 기간을 따라야 하는 사정이 있었던 것 같다. 그래서 런던에서의 전시는 1961년 3월 23일부터 5월 7일까지 하기로 하고, 그 다음에 네덜란드의 헤이그에서 5월 말일경부터 6월 말까지로 하면 더운 7월달 전에 끝나게 된다. 그리고 7월부터는 프랑스인들의 바캉스가 시작되기 때문에 파리는 11월 25일부터 다음해 정월 29일까지 하면 좋은 시기가 된다. 따라서 헤이그전시와 파리전시사이에는 4, 5개월이라는 긴 공백이 생기게 되나, 유럽이라는 데가 생소한 우리 직원들에게는 좋은 시간적인 여유가 생기게 된 셈이다. 그리고 이어서 프랑크푸르트, 비엔나 순의 5개국으로 돌아다니게 결정되었다. 원래는 이탈리아 로마의 이스메오(IsMEO)박물관도 참여할 계획이었으나 사정에 의하여 실현되지 못한 것은 유감이다.

이 회의에는 파리주재 우리 대사관의 金永周참사관이 참석하여 여러 가지로 수고하여 주었고 많은 돈은 아니나 독일과 네덜란드에서 온 손님에게는 약간의 여비를 보태 주었다.

영국에서의 첫 전시가 1961년 3월 23일로 결정되어 있었기 때문에 준비를 속히 진행하지 않으면 안되었다. 그런데 이번에는 전시품선정은 할 필요가 없이 대체로 미국에 갔던 품목을 그대로 가져가기로 약속되었고 또 포장작업은 미국으로 갈 때 포장법을 배웠으므로 문제없이 잘 진행되었다.

에어씨(빅토리아 앨버트미술관 동양미술부장)(左)와 롯지부부(동양미술 수장가)와 함께. 1961년.

영국전시

런던에서의 전시를 다룬 곳은 아트 카운실(Arts Council)이라는 영국정부의 대외문화선전기구였고 그쪽 일을 맡아본 사람은 50대의 화이트(Gabriel White)라는 분이었다. 그 사람들이 우리의 전시장을 빅토리아박물관으로 정한 것은 잘한 조치였다.

런던에는 물론 大英博物館(British Museum)이라는 국립도서관과 합쳐진 거대한 기구가 있기는 하나 이름에 비하여 실속이 없는 곳이기

곰페르쯔(左)와 메들리(퍼시발 데이빗 중국도자미술관 연구원)(右)와 함께. 빅토리아 앨버트박물관에서. 1961년.

도 하였다. 원래 수백년간 쌓인 세계 각지에서 가져간 소장품이 많은 데다가 충분한 전시공간을 낼 수 없는 곳이기 때문이다.

빅토리아박물관에는 에이어(John Ayer)라는 젊은 도자기전문가가 있어 그가 협조해 주었고, 영국측의 전시위원회 명단에는 곰페르쯔(G.

St. G. M. Gompertz)라는 긴 이름을 가진 한국도자기 수집가 곰페르쯔씨의 이름이 올라와 있었지만 진열에는 직접 참가하지 않았다.

곰페르쯔씨는 셸(Shell)석유회사의 외국주재 직원으로 일본에 파견되어 있었으며 제2차세계대전 직후 일본사람들이 생활이 곤란하여 수집품을 내놓았을 때 비교적 싼 값으로 한국도자기를 모았다. 그의 수집품은 현재 영국 케임브리지의 핏쯔윌리암스(Fitzwilliams)박물관 소속으로 되어있다. 이 사람의 부인은 儆新學校에 와있었던 미국인 군스라는 선교사의 딸로서 서울태생이었다. 그러한 관계로 곰펠쯔씨는 親韓派였으며 한국도자기에 대한 평판좋은 저서도 몇 권 쓴 바 있다. 원래 한국도자기를 연구하는 사람이 많지 않은데 저서까지 있었으므로 미국측의 초청을 받아 워싱턴전시 때 초청강사로 왔던 것은 이미 앞에 언급한 바와 같다.

영국에는 옛부터 내려오는 巨門巨族들이 많은데 그 중에는 미술품 수집가도 있어 나는 두세 군데의 그런 莊園이라고 불리울 수 있는 데로 초대받아 갔다. 물론 그것도 우리 미술에 대한 대접으로 생각되었다. 어느 중세 영주의 살림을 보는 것 같은 느낌이었는데 그들의 수집품은 동양미술인 경우 대개 중국·일본 것이 많았으나 고려자기 한두 점은 반드시 끼어있었다.

영국전시회 때는 미국에서와 같이 성대한 디너파티가 있었던 것은 아니고 빅토리아박물관장(失名)이 그의 아테네움클럽에 나를 초대해 주었다. 영국의 상류계급은 대개 어느 일정한 클럽에 소속된다고 하며 그 클럽으로 그들의 사회적 지위를 알 수 있다고 들었는데, 아테네움 클럽도 그런 상류신사들을 회원으로 한다고 들었다.

그것보다도 나의 인상에 남은 것은 어느 날 저녁 대영박물관장 프랑크卿의 관저에 초대된 일이다. 그 관저는 바로 박물관에 붙어 있는 집의 2층으로 기억하는데 그는 그러한 박물관과 도서관을 합한 큰 기구를 운영하는 데 따르는 어려움을 말해주었다.

근래의 영국 文豪로는 버나드 쇼(Bernard Shaw)가 유명한데 그의

알렉산드라공주(영국 여왕의 사촌)의 한국미술전시 관람. 왼쪽에 朴東鎭대리대사와 곰페르쯔씨가 보인다. 1961년.

모든 저작물에 대한 인세와 흥행료는 저자의 유언에 따라서 전부 대영박물관도서관의 수입이 된다고 말하였다. 당시에 미국 등지에서 장기간 흥행되던 쇼의 작품이 〈마이 훼어 레이디〉(My Fair Lady, 본 제목은 Pygmalion)였는데 상당한 수입이 들어온다고 하였다. 그는 또 자기는 시간이 없어서 자리를 오래 비울 수 없는데 어떻게 그렇게 국외에 있을 수 있느냐고 내게 묻기도 하였다.

우리 전시는 많은 손님들을 불렀고 나의 강연도 성공적이었다. 또 王室의 손님으로는 알렉산드라公主가 다녀갔는데 女王은 경마는 가도 그런 전시회에는 잘 안온다고 하였다. 공주가 올 때에는 물론 미리 연락이 있었고 宮中 사진기사가 따라다녔으며 다른 신문사 같은 데서는 사진을 찍을 수 없다고 하였다.

우리는 시간을 내어 스코틀란드 같은 지방에도 갈 수 있었고 유명한 스톤헨지(Stonehenge) 같은 先史시대 유적도 돌아보았다. 스톤헨지는 영국 윌셔의 솔즈베리 평원에 있는 一群의 立石으로 이 나라의 유명한 巨石文化의 하나이며 비슷한 유적이 에베버리(Avebury)지방

중국고고학자 鄭德坤 씨와 筆者.

선사시대 유적 스톤헨지에서. 왼쪽으로부터 金正基, 崔熙淳, 영국인(빅토리아 앨버트박물관 동양미술부 연구원), 筆者.

에도 있다고 했다. 기원전 1600년경의 축조로 추측되는 이 유적의 실체는 아직도 해명되지 않은 부분이 많다.

영국전시기간 중에 1948년 토론토의 온타리오박물관에서 만났던 중국 고고학의 저명한 학자 鄭德坤교수를 다시 만난 것도 기억에 남는다.

네덜란드 헤이그 전시와 그 이후

우리는 영국전시가 끝난 후에 다음 전시가 있을 네덜란드로 갔다. 나는 우선 혼자서 5월 15일 헤이그로 갔다. 미리 부탁하여 전시가 있을 박물관 여직원의 최신식 아파트를 내가 그곳에 있는 동안 임시로 사용하기로 하여 곧 입주하였다.

그곳 헤이그에는 사회과학연구소라는 유네스코와 관계가 있는 국제기관이 있는데 대학원생 정도의 우리나라 청년들이 와있었고 그 중 몇 사람이 찾아와주어 여러 가지 이야기를 나누다가 밤 11시쯤 되어서 돌아갔다. 그런데 돌아간 지 한 시간도 못되어 그들 중 한 사람에게서 전화가 왔다. 즉 한국에서 쿠데타가 있었다는 것이다. "누가 주동이야"라고 물었더니 그 방송에서는 주동이 누구라는 말은 하지 않더라는 것이다.

거의 한 시간도 잠을 이루지 못하다가 다음날(5월 17일) 일찍 거리로 나가서 신문을 사보니 주동인물은 장도영이라는 것이다. 장도영이라면 張都暎일 터인데 자세한 것은 나와있지 않았다.

그곳 박물관에 가보았더니 위젠벡(Wisenbek)관장은 영국에서 네덜란드로 올 전시품의 수송을 일단 정지시켜 달라고 하였다. 왜? 그 물건의 소유자가 확실치 않다는 것이다. 물론 그 문화재가 한국 것임엔 틀림없으나 최고정치책임자가 누구인지 모르는 상황에서 그렇게 서둘 필요가 없다는 것이다. 나는 마음이 불안해진 데다가 그곳에는 아직 우리 대사관도 없는 때라 상의할 상대도 없어서 비행기로 런던으로 돌아갔다.

그러나 모든 문제는 곧 풀렸고 우리는 예정대로 하루 이틀 늦게 진열품을 싣고 하릿지港을 떠나 암스텔담에 도착하였다. 그리고 우리는 두 대의 경찰차가 호위하면서 사방에서 오는 차량을 차단하고 통과시켜주는 데서 우리 문화유산이 대접을 톡톡히 받았다고 생각했다.

서울에서의 政變은 우리의 계획에 약간의 변동을 가져왔다. 즉 미국에서와 같이 네덜란드에서도 우리 전시회의 후원자격으로 한국의 대통령과 내덜란드의 베아트리스公主(현재의 女王)를 모시기로 하고 카탈로그도 그 뜻으로 인쇄하려고 하였는데 王國인, 더욱이 여왕을 모신 그 나라는 군인들의 쿠데타를 좋아하지 않는다며 그것은 할 수 없다고 하였다.

헤이그에서의 전시회 개회 때에는 파리주재한국대사관측에서 韓承寅공사와 尹永敎참사관이 와서 헤이그의 오래된 도서관에서 만찬회를 열어주었는데, 그 고풍스러운 도서관은 지금 그 이름은 잊어버렸으나 유서가 깊은 곳으로 그러한 특별한 모임에 잘 이용된다고 하였다. 우리는 요구하는 대로 禮服을 입고 참석하였다.

우리가 헤이그에 있는 동안에 金溶植씨를 단장으로 하는 사절단이 5·16혁명을 이해시키기 위하여 서울에서 왔다. 물론 네덜란드측에서는 한국사절단을 예의를 갖추어 만나주었으나 비교적 냉랭한 대접이었다고 느꼈다.

사절단이 만난 상대도 정치와는 관계없는 학자같은 사람들이었다. 네덜란드는 오랜 전통으로 동양과 긴밀한 관계를 가지고 있었고 우수한 동양학전문학자들이 있었다. 그들과 만난 우리 사절단이 무슨 이야기를 나누었는지 알 수 없으나 따라다니던 동아일보 기자가 비꼬아 말하는 것을 들은 생각이 난다.

그러나 우리는 우리대로 네덜란드에 있는 우리 교포 전체(전부 10여명)를 모아놓고 우리 사절단의 환영회를 하기로 하였다. 내가 묵은 아파트 지하식당에서 로스비프와 술을 사다놓고 우리끼리 밥을 지어

화기애애한 교포 모임을 가졌다.

헤이그는 우리 李儁烈士의 묘지가 있는 곳이었다. 지금은 열사를 서울 근교로 옮겨 모셨으나 그때는 많은 우리나라 사람들이 열사의 묘소를 찾아갔으므로 우리도 교포학생들과 같이 태극기를 들고 가서 참배하였다. 그 분이 이역만리에서 돌아가실 때를 생각하니 숙연해짐을 어찌할 도리가 없었다. 세상은 많이 변했다는 생각이 들었다.

네덜란드전시가 6월말에 끝나면 다음 전시장은 프랑스인데 파리시민들에겐 여름이 바캉스철이라 모두 시외로 나가고 시내가 텅 비게 된다. 따라서 파리전시는 1961년 12월부터 시작되며 우리는 4, 5개월 파리에서 쉬지 않을 수 없었다. 그런데 그때 포르투갈의 돈 많은 굴벤키안재단에서 이 기간을 이용하여 우리 전시를 리스본에서 해달라는 교섭이 들어왔다. 그들은 리스본에 좋은 전시장을 가지고 있다고 들었다.

그러나 나는 리스본에서 무슨 큰 국제적인 미술전시가 있었다고 들어본 일이 없는 데다 그 재단의 어느 유력한 간부가 도자기에 특별한 관심이 있다고 해서 그 청을 따라 우리 민족의 총재산을 싣고 무슨 떠돌이 곡예사처럼 본래 계획도 없는 길로 떠날 수는 없다고 생각하였다. 그래서 그 제의를 한 외무부측에 완곡하게 그러나 단호하게 반대하고 나섰다. 결국 리스본에는 가지 않고 말았는데, 지금도 나의 판단이 정당하였다고 생각한다. 그 대신 그때 리스본으로 가지 않았기 때문에 오늘까지 나는 그 지역에는 가 본 일이 없다.

본국에서는 정변이 생겼는데 내가 우리 전시품과 박물관직원들과 함께 파리에서 4, 5개월씩 기다리고 있다는 것이 내게는 무의미한 일이기도 하였다. 그래서 나는 崔熙淳씨와 金正基씨 두 직원을 전시품과 함께 파리로 보내고 홀로 귀국하였다.

나는 이것이 절호의 기회라고 생각하여 귀국 도중 그리스의 아테네와 이집트의 카이로에 들러서 그 두 나라의 옛 유적들을 돌아볼 수 있어서 감회가 깊었다. 그후 나는 몇 번 더 두 나라에 갔었으나 역시

파리 한국국보전 포스터(1961～1962).

맨 처음 받은 인상이 지금도 생생하게 남아 있다.

한 가지 문제가 생긴 것은 우리 박물관직원으로는 충분치 못한 어학실력 때문에 대외접촉이 어렵겠다고 생각한 외무부에서는 書記官 朴民秀씨(후에 로스엔젤레스總領事, 푸에르토리코大使를 지냄)를 파견하여 파리·프랑크푸르트·비엔나까지 전시회와 함께 다니게 하였다.

그런데 내가 귀국한 후 얼마 안 되어 병역을 마치지 않은 공무원은 파면시킨다는 규정이 생겼다. 따라서 오랫동안 일본에 있었던 관계로 병역미필인 金正基씨(후에 文化財硏究所長)가 귀국하지 않을 수가 없었고 그 후임으로 韓炳三씨(현재의 국립중앙박물관장)를 파리로 보냈다. 이것이 25년 전의 일이다.

비엔나전시(1962년 5월 18일~6월 30일)를 끝으로 우리의 유럽 5개국 전시는 무사히 끝나게 되었고 다시 영국해군의 도움으로 홍콩을 거쳐 귀국하였다.

해외전시의 의의

해외전시를 무사히 끝낸 것은 우리 박물관 관계자에게는 큰 기쁨이었고 큰 일을 마친 것 같은 홀가분한 기분이었다. 미국에서 모두 8개 도시를 돌았고 유럽에서는 5개국을 돌았다. 이태리의 이스메오박물관에서 전시를 못한 것은 유감이었으나, 이것으로 세계의 가장 중요한 국가에서 우리의 문화재의 진수를 보여준 것이었다.

귀국 후 나는 서울에 있는 미국사람들의 모임에서 "전쟁이 지난 후 한국의 독립이 선언되고 우리나라의 정치가나 경제인들이 당신네 나라에 가면 으레 무슨 경제적인 지원이나 기술협조를 받아오려고 하는데 반하여 나는 당신네들 나라에 가서 우리나라의 역사가 얼마나 오래되었고 또 우리나라의 문화가 당신네들보다 오랫동안 앞서갔다는 것을 보여주고 왔다."라고 말한 일이 있다.

그러나 그들 중에 중국이나 일본미술을 보아온 사람 중에는 한국의 미술이 중국의 미술과 너무나 흡사하여 분별하기 어렵다고 하고 심지어는 한국의 미술은 중국문화의 局地的인 발전 외에는 다른 것은 발견하기 어렵지 않는냐고 하는 사람까지 있었다. 이것은 얼마 전만 하더라도 거의 상식으로 되어 있었고 이런 생각을 북돋은 것이 일본사람이었다. 우연한 기회에 잠깐 만난 미국의 잘 알려진 친일색채가 농후한 밋치너(James Mitchner)라는 소설가도 나에게 한국미술에 무슨 독특한 것이 있는가고 물어본 일이 있었다. 이런 사람에게서 그따위 질문을 받으면 아연하지 않을 수 없고 또 한편 당황하지 않을 수 없었다.

우리가 西歐미술을 보면 그 어느 나라도 전체적으로는 그리스·로마시대를 거쳐온 西方古典의 전통을 받아서 생기지 않은 것이 없으나, 그럼에도 불구하고 프랑스·독일·네덜란드의 미술은 엄연히 그 나라 사람들만의 미술적 특징을 지니고 있다.

지리상으로 동양문화의 源泉역할을 한 중국에 일본 보다도 더 가깝고 또 그 영향을 제일 먼저 직접적으로 받아들인 것이 한국이며 따라서 한국은 항상 일본보다 앞서가고 있었다.

일본사람들이 한국반도를 중국문화가 일본으로 건너가는 橋梁이라고 하였던 것까지는 좋았는데, 그 교량의 역할만을 너무나 강조하고 한국 자체의 역량은 될 수 있는 대로 과소평가하려고 했던 것이다. 한국사람은 대대로 創造力이 결핍되어 있으며 또 그러한 것은 미술에도 나타난다고 하였다. 불행한 일은 일본의 선전은 유럽과 미국사람들에게 뿐만 아니라 우리나라 사람들조차 誤導하게 하여 우리들 스스로도 창조성이 적은 백성이라고까지 생각하여 왔던 것이다.

하기야 우리나라는 많은 전란을 치렀고 그때마다 우리의 문화유산은 심한 피해를 입었다. 壬辰倭亂 때에는 전국의 큰 建造物들은 거의 예외없이 파멸되었고, 그 속에 보관되었던 그림이나 조각 같은 것은 남아난 것이 많지 않았던 것이다. 예를 들어 高麗시대 建造物로는 浮

石寺의 無量壽殿 외의 몇 곳에만 남아있는데, 일본 같은 나라에는 우리의 新羅시대에 해당하는 건축이 있는 것을 보면 분통이 터질 일이다.

그러나 한국미술에 대한 이러한 그릇된 선입관을 없애는 데 큰 몫을 차지한 것이 우리의 해외전시였다고 생각하며, 그 후에는 그러한 말을 듣는 일이 거의 없어졌다. 그뿐 아니라 해방 후에 우리 미술에 대한 많은 새로운 자료가 발견되었고, 또 이것을 연구하는 우리 학자가 많아 전적으로 일본학자의 연구업적에 의지하거나 또는 그렇지 않더라도 해방 때까지 불과 몇 사람만이 우리 미술에 관심을 가지고 남긴 많지 않은 업적에 의지할 필요가 없게 되었다. 학자 뿐 아니라 많은 대학에서 젊은 학도들이 새로운 방법으로 우리의 미술을 연구하고 많은 새로운 저작이 이루어졌는데, 한편 이때까지 낙후되어 있던 우리의 인쇄기술이 장족의 진보를 보여 호화판의 우수한 미술서적들이 나와 그러한 연구에 크게 도움이 되었다. 이러한 것이 모두 시기적으로도 우리 미술품전시가 있었던 후의 변동이라고 생각한다.

나 자신도 우리 전시가 유럽에서 열렸을 때 독일 바덴바덴의 홀레(Holle Verlag)출판사의 위촉을 받아《世界의 美術 Arts of the World》이라는 삼십여권으로 나오는 叢書의 일부에 영어로 비교적 짤막한 한국미술사를 써서 버마와 티벳트미술과 합쳐서 한 책을 냈는데 영어외에 독일어·프랑스어·이태리어로 번역되어 전세계에 팔리기도 하였다. 그것이 1964년, 지금부터 25년 전의 일인데 지금도 그 책을 다시 찍어 팔고 있고 또 엉뚱한 데서 그 책에 대하여 문의하는 사람도 있다.

그때는 처음으로 우리 미술에 대한 책을 여러 나라말로 번역해서 낸다고 하여 일시불로 원고료를 받고 넘겨주었는데, 영국의 같은 총서에 책을 쓴 동료의 말을 듣고 보니 그 원고료는 헐값이었다고 한다. 독일 출판사에게 속은 격이 되었다.

그후 이러한 소식을 전해들은 스위스 베른의 Office du Livre출판사의 청에 의하여 이번은 金元龍씨와 공저로 다시 새《한국미술사》를 썼는데 이것은 판도 크고 영어·프랑스어·독일어·일어(이중 영어판은 영국판, 미국판으로 따로 나왔다)의 4개국어로 1966년에 출판되었다. 미술서적에서 항상 어려운 것이 도판제작인데 이것은 동경 미술출판사에서 사진기사를 서울에 보내서 만들었다.

이 책은 그 해에 시작된 5·16민족상까지 받았는데 부상으로 저자 두 사람에게 당시로서는 적지 않은 상금이 주어졌다. 그런데 이들 두 책은 외국말로 출판되었으므로 우리나라 독자와는 인연이 먼 출판물이라는 아쉬움을 안겨주었다.

그러나 어느새 동양미술사학자로 자라난 맏딸 理那와의 공저로 서울 탐구당과 동경의 講談社에서 전후하여 나온《韓國美術》은 초호화판으로 각기 5백부 한정판으로 정가는 각기 150弗에 해당하는 韓貨나 日貨인데 일본에서는 3개월만에 매진되었고, 탐구당의 한국판도 얼마 후 다 팔렸다.

이같이 미술서적에 중요한 도판을 위하여 강담사에서는 2년에 걸쳐 모두 5개월간 사진기사를 파견하였는데 아직까지도 이들이 만든 도판을 능가할 만한 한국미술서적은 나오지 않고 있다.

원래 뉴욕과 샌프란시스코에 지사를 두고 있는 강담사의 자회사인 고단샤 인터내셔널(Kodansha International)은 이 책을 英文版으로 낼 것을 계획하여 우리는 그 영문판에 근 2년이라는 시간을 두고 원고를 준비하였다. 외국 독자를 상대로 하느니만큼 우선 서술방법이 한국판·일본판과는 달랐고 또 완벽한 영어로 원고를 만들기 위하여 호놀룰루의 그리핑관장의 최종 교정이 필요했기 때문에 당시 워싱턴에 있었던 理那와 서울의 나, 그리고 호놀룰루의 그리핑관장 사이에 원고가 5, 6차례 왔다갔다하였다.

이 책은 강담사의 세계적인 판매망을 거쳐 3천부가 나갔는데 요즈음 한 권의 정가는 엔고(円高)의 영향으로 日貨로는 정가 만9천8백엔, 弗貨로는 약1백弗에 가까운 가격이 되었다. 이 책은 일본에서 출판되는 외국어로 된 우수도서에 주는 상인 1976년도 國際出版文化賞

의 그랑프리를 받게 되어 理那와 나는 일본에 초청되었다. 동경 主婦の友社 강당에서 많은 학자들이 참석한 가운데서 나는 약속된 기념강연을 하였다. 式이 끝난 다음에는 이곳에 참석하였던 國際出版文化交流協會의 總裁이며 아끼히도황태자의 동생인 三笠宮과 아래 다방에서 護衛 3십명 가량의 눈에 띠지않는 경계 속에서 약 30십분간 이야기를 나누었다. 三笠宮은 고대 오리엔트사 연구의 권위자라고 한다.

靑瓦臺 선물을 가지고 로스앤젤레스에

이제까지 나는 박물관장 재직 중에서 보람있는 사업인 해외전시에 대한 이야기를 하였는데, 이번에는 우리의 유물이 한 외국박물관에 소장된 이야기를 소개해볼까 한다.

1965년 5월 朴대통령은 존슨 미국대통령을 방문하고 돌아오는 길에 로스앤젤레스(L. A)에 들렀다. 그분들의 바쁜 여행스케줄에는 陸여사가 그곳 카운티박물관(Los Angeles County Museum)을 참관하는 일이 포함되어 있었다.

카운티박물관은 최신의 설계로 지은 박물관으로 동양에 가까운 미국 서부에 있고 더욱이 일본인 2世, 3世가 많이 사는 곳이므로 일본의 문화재가 많이 진열되어 있었다. 그러나 한국미술품은 한 점도 없었다. 陸여사는 이것을 대단히 섭섭하게 생각하였던 모양이다. 귀국후 박물관에 부탁하여 무엇이든지 한국물건을 사서 보냈으면 좋겠다는 의견을 비쳤다.

이리하여 박물관의 崔熙淳美術課長은 당시의 청와대 비서실장 李厚洛씨로부터 그때 돈 3천불에 해당되는 돈을 받아가지고 왔다. 왜 3천불에 해당되는 돈을 받아가지고 왔는지는 지금 자세히 기억에 남지 않으나 아마 그만하면 조선시대 자기 몇 점은 살 수 있을 것이라고 생각하였을 것이다.

李厚洛씨 자신도 자기를 수집하고 있었던 것 같은데 따라서 쓸 만한 고려자기는 당시에도 한 점에 수십만원으로도 구하기 어려운 것인 줄 알았을 것이고, 또 陸여사의 입장으로나 박물관으로서도 그런 귀중품은 외국에 보내는 것에 찬성할 수 없었던 것은 물론이다.

이래서 崔과장은 얼마 동안의 시간을 가지고 골동품가게를 뒤져 아예 고려자기 일등품은 제쳐두고 粉靑沙器로 상당히 좋은 물건을 입수하였고, 또 小品 靑華白磁 몇 점 외에 신라토기도 한 점 합쳐서 7, 8점을 사 모았다.

이것을 들고 또 받은 돈 중에서 남은 것을 가지고 청와대 비서실로 찾아갔다. 그 물건들에 대해서는 불과 3천불에 해당되는 돈으로 좋은 물건을 샀다고 치하의 말을 들었고, 다만 남은 돈을 가지고 온 데 대해서 돈이 남았다고 도로 가져오는 법이 어디 있느냐고 나무라더라는 것이다. 崔과장이 그 돈을 어떻게 처리하였는지는 지금 기억에 없다. 아마 직원들과 같이 점심을 먹었든가 또는 예산에 책정되지 않은 일에 충당하였을 것으로 짐작이 간다.

그로부터 꽤 오랜 시일이 경과한 후 하루는 내가 청와대에서 열린 만찬에 초대되었다. 사연인즉 로스앤젤레스市長 요르티(Yorty)씨가 한국에 온 것을 기회로 청와대에서 만찬을 베풀게 되었는데, 나더러 와서 그 물건에 대해서 설명하라는 것이었다. 내가 당시의 閣僚 金聖恩(國防)·洪鍾哲(文公)·李厚洛(祕書室長)·曺相鎬(통역) 등 정부요인들이 참석한 자리에 합석을 한 것은 그것이 유일한 기회였다. 여기에는 로스앤젤레스의 안광수總領事도 자리를 같이하였다. 저녁 후에는 別室에서 여흥으로 舞姬들의 무용이 있었다.

청와대측에서는 그 카운티박물관에 가는 磁器를 요르티市長이 갈 때 가지고 가줄 것을 기대하였던 모양인데 청와대를 나와 차에 오르면서 시장은 나를 보고 이 물건을 박물관장 당신이 가지고 오면 그때 다시 만나게 될 것이라고 한마디 하고 떠났다. 이리하여 나는 청와대의 용건으로 로스앤젤레스로 가게 되었던 것이다.

이렇게 된 데에는 우선 청와대측에 조그마한 오해가 있었던 것 같다. 인구 천만이 넘는 로스앤젤레스라는 도시에는 어느 한 시장이 그 도시를 대표하는 것이 아니었다. 그 곳에는 이른바 카운티(County)가 일곱 개가 있는데(서울로 치면 區라는 행정구역에 해당) 그것이 모두 독자적으로 움직인다. 로스앤젤레스 카운티박물관은 그 중의 어느 한 카운티에 소속되는 것이 아니기 때문에 요르티 시장이 박물관에 가는 물건을 대표로 받을 수 없는 입장이었던 것으로 안다.

이리하여 얼마 후 그 도자기는 청와대에서 총영사관으로 보내지고 총영사는 그것을 가지고 카운티박물관에 가서 우선 그 물건을 보이고 공식증정식에는 한국의 박물관장이 온다는 말을 전하였다.

그랬더니 의외의 일이 생겼다. 동양미술부의 책임을 맡고 있는 K라는 큐레이터가 이 물건은 質이 좋지 못하니 받을 수 없다는 것이었다. 安總領事는 크게 놀랐고 당황하지 않을 수 없었다. 적어도 한 나라의 퍼스트 레이디가 선물로 보낸 것을 질이 나쁘다고 받을 수 없다고 할 수 있는가? 더욱이 그 물건은 요르티시장이 청와대에 왔을 때 선을 보였던 것인데 어떻게 인수를 거절할 수 있는가 말이다. 그것이 값비싼 고려자기는 아니나 그런대로 좋은 물건인데……. 총영사는 이 일을 어떻게 처리하면 좋으런지 몰랐다.

비행장까지 마중을 나온 安씨는 극히 난감한 처지에 있었고 일부러 特使(?)로 온 나도 어찌할 바를 몰랐다. 하여튼 일은 당하여야 되겠다고 생각되어 박물관에 연락하고, 나와 安씨는 그 곳으로 갔다. 박물관의 최고책임자인 이사장은 우리를 기다리고 있었으나, 동양부 큐레이터 K는 공교롭게 뉴욕에 있는 Asia Society에서 열린 스웨덴소장의 중국미술전시회에 가고 없었다.

이사장이 비록 館을 대표하는 자리에 있다 해도 그곳은 미국인지라 실무책임자가 질이 나빠서 인수하기 어렵다고 하면 일단 그의 의견을 따를 수밖에 없었다.

나는 우리 문화재의 미국전시 때의 카탈로그를 펴서 그 속에 있는

粉青沙器・青華白磁 등을 우리가 보낸 도자기와 비교하여 이 물건들이 조금도 손색이 없는 것이란 말을 모든 구변을 총동원하여 설명하였다.

이사장의 말에 의하면 큐레이터 K도 우리의 카탈로그를 내 보이면서 "왜 한국에서는 이 중의 한 개라도 보내지 않느냐"고 하더라는 것이었다.

"원! 어느 박물관에서 자기네 소장품을 외국박물관에 기부하는 일이 있을까"라고 나는 그에게 말하면서 이번에 가져온 물건은 조금도 손색이 없다고 설명하였다.

결국 증정식은 그 다음날 열 시에 갖기로 하고, 각 신문사와 방송국에 연락하고 安과 나는 시간에 맞추어 박물관으로 찾아갔다. 이미 TV 팀과 신문보도진이 와있었고 요르티시장은 나오지 못하였으나 그 부인이 왔다. 그리고 책상 위에 우리의 도자기를 차려놓고 여러 박물관 직원이 모인 가운데 安씨의 간단한 소개가 있었다. 다음에는 내가 약 10분간 인사말을 하였는데 카운티박물관을 대표한 감사의 말이 있었다. 결국 큐레이터 K 없이 우리의 증정식은 끝났다.

이로써 나의 임무는 끝나고 여러 사람에게 작별인사를 하고 우리는 곧 그곳을 떠났다. 安씨의 어깨를 두드리면서 나는 무사히 우리의 임무가 끝난 것을 축하하였다. 물론 K가 우리의 물건을 진열할런지는 모르나 그것은 그의 자유이고 우리의 역할은 끝난 것이다.

安씨는 나를 위하여 총영사관 근처에 깨끗하고 좋은 그리고 값도 비싸지 않은 호텔을 정해 주어서 하룻밤 그 곳에서 자고 다음 날 뉴욕으로 떠날 준비를 하였다.

그런데 다음 날 비행장으로 떠나기 전에 카운티박물관의 K가 찾아왔다. 그는 전날 있었던 증정식에 대하여는 아무것도 모르는 눈치였으므로 나는 딴전을 부리고 로스앤젤레스의 좋은 날씨 이야기를 하고 있었다. 그 사람은 나의 말하는 투가 좀 이상한듯이 조금 있다가 당신은 한국도자기 증정 때문에 온 모양인데 그것은 어찌되었는가고 묻는 것이 아닌가.

"아 그것? 그것은 어저께 끝났는데 아침신문을 못 보았소?" 하고 대꾸하였다.

"나는 오늘 뉴욕에 가서 그 스웨덴전시회를 보고 귀국할 작정이오."

K는 벌떡 일어나더니 인사도 하는 둥 마는 둥 하고 뛰어나갔다. 사실 아침 로스앤젤레스 액그자미너(Los Angeles Examiner)紙에 우리 증정식 기사가 나고 나의 사진도 나와 있었다. 安씨는 곧 우리 증정식에서의 녹음테이프를 청와대에 보냈는데 후에 들으니 그것은 내가 귀국하기 전에 방송되었다고 하였다. 安씨의 말에 의하면 영사관을 PR하는 데는 그런 행사가 제일 효과있는 일인데 1년에 두 번쯤 그런 행사가 있는 것이 바람직하다는 것이다.

우리에게 그렇게 불친절하였던 K는 일개 미국시민으로 알고 있다. 사실 그가 그 물건을 진열하건 안하건 그것은 그의 자유이나 마음에 안 들더라도 외국의 퍼스트레이디의 선사물을 안 받는다는 것은 실례인 것이다.

나는 그 후 몇 차례 이 에피소드를 미국의 동료들에게 이야기하였더니 모두들 그의 국제교류정신에 어긋나는 처사를 알 수 없다고 하였다.

외국인의 한국미술사 연구

박물관신문의 애독자는 누구나 美術史가 얼마나 중요한지를 알 것으로 짐작한다. 그래서 해방 후 서울대학교에 미술대학이 생겨나서 필수과목의 하나로 미술사가 들어 있었다. 당연한 일이다.

그러나 문제는 그 미술사교수를 찾는 일이었다. 하기는 우리나라 사람으로 그때의 京城大學에서 田中豊藏이라는 교수 아래서 美學及美術史學科를 졸업한 유능한 분이 있었다. 그이가 高裕燮씨였다. 대학을 나온 후 開城府立博物館長으로 있었고 1주에 한 번인가 梨花專門의 美術科에 출강한 일이 있었다. 그러나 그는 해방되기 1년전에 40세로 별세하였다. 좀 더 오래 살었던들 더 많은 논문이라도 남겼을 것인데 너무나 일찍 세상을 떴다. 무엇보다도 해방된 후 서울대학에서 따로 미술사선생을 찾을 필요도 없었을 것이다. 그가 바로 미술사를 가르칠 분이었던 까닭이다.

서울대학에서는 우선 미술실기 선생에게 그 과목을 맡겼다. 실기선생들은 누구나 미술사에 대한 관심이 컸고 또 그에 대한 지식을 가지고 있다고 생각하고 있었다.

그러나 실제로 교단에 서서 미술사강의를 시작하여 보니 첫 시간부터 난관에 부딪히고 지식이 모자라 그만두지 않을 수 없었다.

궁여지책으로 미술과는 거리가 먼 시조에 이름있는 嘉藍李秉岐선생을 미술사강사로 모셔왔다. 문헌에 밝고 三國時代 역사의 흐름을 잘 아는 선생의 강의는 들을 만하였다. 우선 삼국시대문화 일반을 이야기하고 率居가 소나무를 그렸더니 새가 날아왔다는 전설들을 곁들이고 또 이미 발굴되어 알려져 있는 新羅金冠 등의 고도로 발달된 문화유산의 이야기 등등 삼국시대의 발달된 문화의 개황을 설명하고 이렇게 그때 문화가 굉장하였으니 신라의 미술은 굉장하였다는 식의 미술사였다. 한두 시간 후에 가람선생은 미술사강의는 못하겠다고 물러났다.

물론 요즘의 미술사강의와 같이 슬라이드를 사용하여 물건을 보여주는 일은 생각도 못하였고, 아마도 가람선생은 슬라이드는 보신 일도 없었을 것이다.

지금 여기에 소개한 이야기는 서울대학에서 미술사강의를 맡았다가 크게 혼줄이 났던 6·25동란 때 불행히도 자진 월북한 金瑢俊씨에게서 들은 이야기이다. 김용준(號 近園)은 우리나라 초기에 일본에서 西洋畵를 공부한 사람으로 서울대학교수로 있었는데 글재주도 있어 隨筆家로서 《近園隨筆》이라는 책도 냈었다. 그는 서울대학에서 강의한 것을 중심으로 乙酉文化社에서 《朝鮮美術大要》(1949)라는 책도 냈었는데 그때로는 읽기 재미있는 책이었으나 지금 수준에는 맞지 않는 책이다.

이보다 훨씬 앞서 물론 해방 전에 일본사람들의 손으로 된 미술사가 있는데, 그 중에 아직도 참고가 되는 것은 關野貞(1867~1935)의《朝鮮美術史》(1932)가 있다. 그는 일본 당대의 碩學 중 한 사람으로 건축이 전문인데, 1908년 일제침략이 개시된 舊韓國時代에 우리나라의 건축을 조사한 것을 시작으로 우리나라 고적조사애 깊이 관여하여 이른바《朝鮮古蹟圖譜》를 편찬하여 그 첫 권이 1915년에 나왔다. 초호화판으로 나온 이 圖譜는 전부 15권으로 1940년까지 계속되었는데, 이러한 우리나라의 古文化애 대한 지식을 바탕으로 쓴 그의《朝鮮美術史》는 50여년이 지난 지금도 참고가 된다.

그때까지 한국에 어떠한 문화유산이 있는지조차 모르다가 ≪朝鮮古蹟圖譜≫가 나오면서 건축·조각·회화·도자기 등 각 분야에서 많은 자료가 소개되어 그것을 이용할 수 있게 되었다. 이때 서양사람으로 처음 한국미술사를 쓴 사람은 咸鏡南道 德源에 와있던 엑카르트(Andreas Eckardt)라는 베넥딕트수도원의 독일神父였다. 그것은 독일어로 쓴 *Geschichte der Koreanischen Kunst*(Leipzig 1929)인데 곧 영문판 *History of Korean Art*(London 1929)가 나왔다. 일본어 외에 미술사로는 유일한 책으로 우리 미술을 소개하는 중요한 역할을 하였고 해방 직후 우리나라에 온 외국사람들이 이 책에 의지하고 있었다.

그러나 엑카르트는 미술을 전공한 사람도 아니고 지금 생각하면 우리의 미술을 정말로 이해한 사람도 아니었다. 그는 德源에 오래 있어 우리나라말에 능통하여 수도원에 있는 인쇄시설을 이용하여《한국말본》(*Koreanische Grammatik*)이라는 책도 낼 만큼 되었으나 과연 그 문법이 지금의 학문수준으로 어느 정도의 책인지를 나로서는 말할 수 없다. 이외에도《한국의 동화》(*Koreanisches Märchen*)라는 책도 냈었는데, 그가 1930년경에 한국 문화에 많은 관심을 가진 유럽사람의 하나인 것은 틀림없으며, 언제인가 KBS에 방영된 옛 필름에도 그의 모습을 볼 수 있었다. 그가 귀국한 것은 1930년인가 되는데 神父의 몸으로 결혼까지 하여 선교본부에 큰 충격을 주었다.

제2차세계대전 후에 뮌헨대학에는 中國學강좌가 생겼으며, 한국에 대한 관심도 높아져 엑카르트는 대학에서 한국말도 가르쳤는데, 언제인가 내가 同大學 東亞研究所에서 이야기할 때 엑카르트의 제자라는 학생이 한국말로 환영사를 해주었다.

엑카르트는 또 어느 國際學會에서 〈한국사람은 白人이다〉라는 학설을 발표하여 놀라게도 하였다.

해방 후 우리전시회가 호놀룰루에서 열렸을 때 엑카르트는 그곳 미술관에서 자기 책을 재판하기 위하여 우리 미술품의 사진을 구해갔는데 그것도 부족하여 우리 국립박물관에도 사진자료를 보내달라고 요청하였다. 그러나 그의 책이 다시 나오는 것은 우리로서는 바람직하지 않았다. 그는 그때 고령이고 보나마나 우리 국내외에서 이루어진 미술사의 새로운 업적을 고려하지 못할 것은 틀림없는 일이기에 재판을 내더라도 학계에 도움이 될 것이 없고, 그것으로 그 책의 가치를 다시 인정하는 결과가 되므로 우리가 적극적으로 협조하는 것은 옳지 않다고 생각되었다.

하루는 캇셀(Kassel)에 있는 어느 출판사의 부탁이라면서 서울에 와 있는 독일商社 직원이 찾아왔다. 나는 그 사람에게 지금의 한국미술사는 많이 발전하였으며 전문학자가 아닌 선교사가 그런 책을 쓸 시대는 벌써 지났다고 설명하여 이 일은 그것으로 끝났다.

엑카르트의 책은 그 후 더 이상 나오지 않게 되었으나 그것으로 훌륭히 초기의 사명을 다하였다고 생각된다.

그 책보다 영문독자들에게 더 잘 알려져 있는 책은 Evelyn Mc Cune 부인의 *The Arts of Korea*이라는 東京에 근거를 둔 Charles Tuttle출판사에서 나온 책이다. 저자는 평양태생이며 금세기 초에 우리나라에 와서 선교와 교육사업에 많이 이바지한 벡커라는 미국인의 딸로 그 남편 매큔(George McCune, 서울 태생)씨도 역시 선교사의

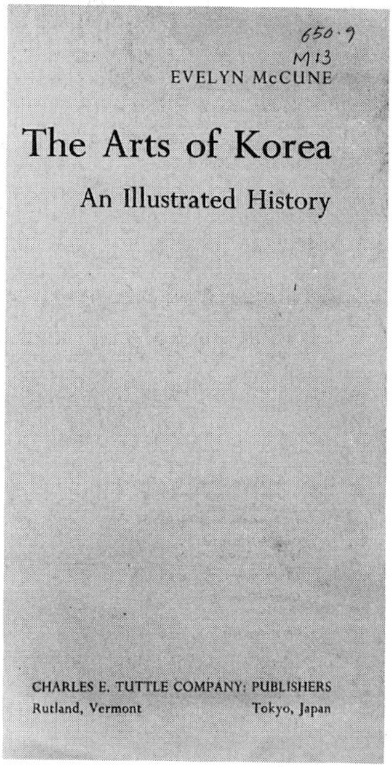

EVELYN McCUNE

The Arts of Korea

An Illustrated History

CHARLES E. TUTTLE COMPANY: PUBLISHERS
Rutland, Vermont Tokyo, Japan

매큔의《한국미술사》속표지.

가문에서 태어난 학자이다.

부인은 버클리에 있는 칼리포니아대학에서 미술사를 수학하였는데 한국미술사를 쓴다고 하여 나는 全鎣弼씨의 수집품을 사진찍도록 알선하고 또 序文까지 써주는 등 많은 도움을 주었다. 그런데 이 책은 외국에서뿐만 아니라 우리 국내에서도 오자가 많다고 지적된 것은 유감스러운 일이었다.

마지막으로 소개하고자 하는 책은 해방후 평양에 가서 오래 체재하였던 포르만(Werner Forman)과 바린카(Jaloslav Barinka)라는 체코인 두 사람이 平壤博物館에 있는 물건을 중심으로 쓴 독일어판 *Alte Koreanische Kunst*(Prag, 1962)와 영문판 *Old Korean Art*(1962)로서 이것을 보면 평양박물관의 소장품이 얼마나 양적으로나 질적으로 수준 이하의 물건인지 알 수 있다.

포르만과 바린카의《韓國의 古美術》속표지.

이들 두 저자로 우리 美術史를 쓸 만한 공부를 한 일이 없는 사람들로서 그들의 저술이 학술적으로는 큰 비중을 차지하지 않는 것은 물론이다. 두 저자 중 하나인 바링카를 필자가 만난 것은 1966년 미국 안 아버(Ann Arbor)의 東洋學者大會에서였는데 갑작스런 소련학자의 불참으로 그가 그곳에 온 유일한 체코학자였다. 물론 그는 골수 共產主義者는 아니었으며 1988년 서울올림픽 때에 다녀갔다고 들었다.

외국사람이 쓴 한국미술사에 대하여 이미 몇 마디 썼으나 나의 박물관장 재임시에 외국사람으로도 몇 사람이 한국미술사를 쓰겠다고 온 일이 있었다. 하루는 文教部 고위층의 소개로 어떤 사람이 찾아왔는데 그의 용건은 한국미술사를 쓸 터이니 도와달라는 것이었다. 그래서 그런 미술사를 쓰는 데 하필이면 문교부 고급관리를 찾아갔느냐, 그럴 필요가 없을 터인데…… 하면서 한국미술을 얼마나 공부하였느냐고 물었더니, 공부는 지금부터 시작할 것이라고 하는 것이었다. 나는 그의 말이 하도 우스꽝스러워서 그러면 당신이 그런 공부를 하고

난 다음에 다시 오면 우리가 필요한 도움을 줄 수 있을 것이라고 하였다.

또 우리가 우리 展示品을 가지고 보스턴미술관에 있을 때 某씨가 그 미술관의 페인 동양부장을 찾아와서 미술품 사진을 줄 수가 없느냐고 하더라는 것이다. 페인씨가 우리 의견을 물을 때 우리는 거절하라고 하여 그분은 사진을 얻지 못하고 갔다. 이 某씨라는 사람은 이름을 말하면 文筆界에서는 알 사람도 있는 미국에 오래 있었던 사람이다. 물론 그는 그때까지 한국미술사를 공부한 일은 전혀 없었던 것이다.

왜 이러한 넌센스가 가능하였을까? 책임은 우리 자신들의 한국미술사에 대하여 그 때까지만 해도 이렇다할 저서를 추천할 수가 없었던데 있다.

金瑢俊씨가 《韓國美術大要》를 쓸 때에 그는 자신이 美術史家가 아닌 것을 책머리에 쓰고 있다. 그래도 그때 수준으로는 여러 사람들이 재미있게 읽었다. 오늘날에는 거의 문제가 안될 그 저서가 어느 정도 인정을 받은 것은 우리 미술사학계의 수준이 너무 낮았던 까닭이다. 그후 40년이 지난 지금은 많이 달라졌으나 아직도 국제수준에 비추어 자신있게 내놓을 만한 책이 얼마나 될지 의심스럽다. 그러나 앞으로는 우리 미술사에 대한 관심과 기대가 많아져서 오래지 않아 수준급에 오를 저서가 많이 나올 것이다.

3. 美國 財團과의 관계

록펠러財團

광화문 앞을 지나면서 景福宮 안에 있는 국립중앙박물관을 쳐다보면 그 위용에 압도된다. 정말 우리 박물관이 크게 자라났구나! 40여년 전 내가 처음 박물관에 왔을 때와 비교해 보면 나의 눈을 의심할 정도이다.

국립박물관 초창기 때는 국립박물관이면서도 미국 재단의 신세를 지지 않으면 관원들이 제대로 움직이지 못하는 처지에 있었다.

그때 국립박물관에 주어진 예산은 겨우 쥐꼬리만한 직원들 봉급과 약간의 소모품비 정도로 어느 중류 이상의 가정예산보다 나을 것이 없었다. 8·15해방 후 내가 미국 加州(California)大學에서 나의 봉급이 15弗이라고 말하여 학생들을 놀라게 한 일이 있었는데 내가 그것을 기록으로 남기지 않았던들 나 자신도 믿지 못했을 것이다. 왜정의 쇠사슬에서 풀려났으니 장차는 나아질 것이라 생각하여 박물관 학예직들은 그때의 사무실인 慈慶殿에 모여앉아 책을 뒤지며 모자라는 우리나라 古蹟에 대한 지식과 동양의 고고학·미술에 대한 공부를 열심히 하였다. 그러나 원래 세상일에 무능한 우리들은 일상생활에 대한 걱정이 태산같았다.

그런데 1947년 봄 미국 록펠러財團의 人文學部長 파스(Charles B. Fahs)씨가 찾아왔다. 미국에는 그러한 재단이 많다. 카네기재단, 포드재단 등등 큰 재산가가 별세하면 그들 재산은 상속세 등으로 8, 9할까지 징수된다고 한다. 이것을 피하여 公益財團을 만들면 재산은 그대로 남고 그 재산의 주도권은 그들이 가지고 있게 된다. 그 중의 하나인 록펠러재단의 문화부장이 한국에 찾아왔다. 재단이 한국에서 할 일이 무엇인가 정세 수집차 왔던 것이다.

미국사람이 제일 잘 아는 나라가 일본이다. 더욱이 록펠러재단의 長子인 록펠러 3세는 특히 일본에 호의를 가지고 있었고 태평양전쟁 후 재단과는 별도로 이를테면 자기 주머니돈으로 동경에 國際文化會館(International House)이라는 거대한 시설을 모 巨富의 저택자리에 지어 각국간의 문화교류와 친목에 한몫을 하게 하였다. 같은 이름의 회관은 뉴욕·시카고·버클리에도 있고 유럽에는 벌써 전쟁 전 파리에 Cité Universitaire라는 이름으로 그러한 시설이 있었다.

미국사람들의 동양에 대한 지식은 일본 이외에 동양문화의 근원지인 중국에 집중되어 중국을 연구하는 많은 학자들을 배출하였다. 또 燕京大學 등 대규모 대학을 설립하였으며 별도 協和醫學院(Union Medical College)과 그 부속 의료시설로 병원을 갖추고 있었다.

그들의 한국에 대한 지식은 주로 선교사를 통하여 얻은 것이나 막상 전쟁 후에 점령군으로 와 있어보니 한국에 대하여 너무도 아는 것이 없음이 드러났다.

나는 파스씨와 마주앉아 박물관 현황에 대하여 이야기하였다. 그 현황이라는 것이 물론 형편없는 것임은 짐작할 것으로 믿는다. 예산이 적고 전문인력이 없고 박물관 건물이라는 것도 형편없고 등등 있는대로 털어놓을 수밖에 없었다.

파스씨가 한국에 처음 와서 한 일은 우선 두 가지였다. 신생국가인 한국에서 가장 중요한 일 중의 하나인 새로 태어난 젊은 언론인들에게 미국 언론인들의 일하는 모습을 보여주는 것이었다.

이를 위해 젊은 신문기자 열 명을 뽑아 반년간 미국의 언론매체를 견학시켰다. 다음은 나와 金元龍씨가 1년간 박물관사업의 시찰과 운영방법을 견학하는 일이었는데 그때는 美軍政에서 우리 정부로 정권이 이양되는 때라 나는 체재기간 중에서 3개월을 단축하여 귀국하였다.

이 외에 한 가지 록펠러재단에서 도운 일은 한글학회의 큰 사전출판이었다. 거족적인 큰 사업으로 많은 학자들이 심혈을 기울인 이 사전은 그에 소요되는 종이를 록펠러재단에서 기증받아 결국 乙酉文化社에서 출판되었다.

1950년 5월 20일경 파스씨는 두 번째로 서울에 왔다. 우선 그는 박물관 일이 잘 되어가는가 알고 싶었던 것이다. 그러나 우리 박물관 사람들은 박봉에 시달려 제대로 일을 할 수 없었던 것은 다른 분야에서 일하는 사람의 경우와 같았다. 어느 學藝 부문의 한 사람은 생활비를 보충하기 위하여 시내 대학에서 주 10시간 이상의 강의를 맡아야 했다. 박물관 일을 할 시간적 여유가 없었던 것이다.

파스씨는 이런 상황에 놀라서 앞으로 3년간 연간 2천불씩 특별지원을 하기로 약속하였다. 그 정도의 소액은 재단 이사회의 승인 없이도 그가 단독으로 쓸 수 있었던 것이다. 그리고 이 돈을 박물관에서 쓰고싶은 대로 쓰고 용도에 대한 명세서를 재단에 보내지 않아도 되었다.

그러나 이 돈을 한 번도 받아쓰지 못한 채 6월 25일 한국동란이 시작되었고 뒤늦게 12월에 우리는 진열품을 가지고 부산으로 와서 그곳 管財廳 창고에 사무실을 차렸다.

부산에 온 이후 3년간 매년 2천불씩을 받아 중요 요원에게 원래의 봉급에 보태어 쓰도록 보조금을 주었다. 그리고 그 외에 긴급을 요하되 정부로부터 절차를 밟아 경비를 지급받지 못할 경우, 즉 서울에 남아있는 유물의 일부나 참고서적을 부산으로 가져올 때와 같은 경우에도, 이 돈을 썼다. 전쟁이 한창 진행되고 있던 1951년이었다고 생각된다.

록펠러재단은 그 후 새 방침에 따라 그들의 사업은 중동지역이나 아프리카쪽으로 옮겨갔으며 록펠러 3세는 그 큰 록펠러재단과는 별도로 록펠러 3세 기금(J. D. R. 3rd Fund)을 만들었는데 나는 그것을 주관하는 맥크레이(Porter McCray)씨에게 美術史를 전공할 사람을 추천하여 하바드대학 대학원에 보냈다. 바로 그 사람이 安輝濬박사로 지금 서울大 考古美術史學科 교수이다.

파스씨 부부와 震檀學會 會員. 서울대학교 교수회관 含春苑에서. 왼쪽으로부터 趙明基, 鄭鎭鼎(을유문화사 사장), 郭東璨(학회간사), 筆者, 李相佰, 李丙燾, 全光鏞, 파스 부인, 李崇寧, 파스, 柳洪烈, (그뒤) 李杜鉉, 李熙昇, (그뒤)高柄翊, (그뒤)金東旭, 韓沽劤, (그뒤)金元龍, 李基白, 鄭炳昱, 全海宗, 李箕永. 1965년.

나도 같은 자금을 얻어 멕시코 과테말라의 先史遺蹟地를 견학하고 멀리 태평양을 건너 프랑스의 구석기유적지를 돌아보았다. 그때 보르도대학에 들러 보르데(François Bordes)교수를 만나 장래 한국에서 발견될 구석기유적을 연구하기 위하여 우리나라 대학원생 한 명을 맡아 달라고 하였다. 이처럼 5년 이상 또는 거의 10년이나 걸리는 장기 유학에는 박물관 현직에 있는 사람은 가기가 어려웠다. 그러나 나는 프랑스에 갈 사람으로는 이미 박물관에 와 있는 사람을 추천하고자 하였으나 적임자를 발견하지 못하였다. 이때 보르도대학에 간 사람이 지금 영남대학에 있는 鄭永和교수이다.

파스씨는 한국은 오랜 陶藝의 나라이나 지금은 거의 망각하다시피 된 한국도예를 부흥시킬 수 없을까라고 생각하였다. 이것은 오래 전부터 내가 생각하고 있던 터이라 이것을 위하여 파스씨는 우선 후에 경희대학 교수가 된 화가 鄭圭씨를 알프레드대학 도예과에 보내고 또 후에 홍익대학 산업대학원장을 역임한 劉康烈씨를 염색공예를 배우도록 로체스타대학에 보냈다. 후자는 염색공예뿐만 아니라 도예에도 공헌할 것이란 생각이었다. 두 사람은 유감스럽게도 벌써 故人이 된 지 오래다.

이런 일은 본래의 박물관사업과는 약간 동떨어진 일이므로 社團法人으로 造形美術研究所를 만들어 李相佰박사를 이사장으로 모시고 나는 理事, 실제 사무적인 일은 崔熙淳 美術課長이 하기로 하여 역시 理事가 된 全鎣弼씨의 城北洞 소유의 땅에 도자기가마를 만들었다.

파스씨는 우리에게 연 5천불을 3년간 지불할 것이며, 그 후에는 자립하라고 하였다. 다시 말하면 우리가 만들어내는 도자기를 팔아서 우리의 사업을 계속하라는 것이었다.

그러나 말이 쉽지 그렇게 쉽게 되지 않았다. 鄭·劉 두 분이 모두 예술가 기질이 많아서 우리가 이렇게 저렇게 권고하는 대로 일을 추진하지도 않았고, 또 생각하면 황폐화되다시피 된 한국도예를 우리와 같은 문외한이 마음만 가지고 부흥시킬 수 없었던 것은 돌이켜 생각하면 너무나 당연했다. 또 鄭·劉 두 사람의 손발이 잘 맞지도 않고 그 분들이 데려온 조수들 사이도 좋지 않아 결국 2만 5천弗의 사업은 실패작이 되었다. 이와 거의 같은 때에 尹孝重씨가 이 도예에 손을 대었으나 이것도 실패하였다. 우리의 소요자금이 3년에 겨우 만5천불인데 비하여 尹씨는 훨씬 많은 자금을 갖고 일을 시작하였으므로 그 만큼 더 큰 적자를 내었다.

우리의 도예 프로젝트는 이렇게 실패하였으나 木工藝家인 故 朴星三씨가 우리의 프로젝트 진행을 주시해 보더니 우리도 장래에는 이 일에 성공할 것이라고 술회하는 것을 들었다. 지금 각 대학에 도예과가 있는 것을 보면 나 역시 감회가 깊다.

1950년 5월 파스씨가 서울에 다시 왔을 때의 이야기는 이미 썼거니와 그때 파스씨는 미국대사관의 참사관으로 있는 키니(Robert

Kinney)씨댁에서 白樂濬, 李卯默씨 두 분과 나를 만나 韓國史를 英文으로 써줄 것을 요청해 왔다. 즉 한국을 이해하는 데는 한국역사를 읽는 것이 제일 쉽고 빠른 길이나 유감스럽게도 영문으로 된 책이 없었다. 하기야 예전에 헐버트(Homer Hulbert)가 쓴 한국사가 있기는 했으나 그것은 벌써 소용없는 고물이 된 지 오래다.

이 날 모인 白·李씨 두 분은 그때 외국사람들이 으레껏 먼저 찾았던 우리나라의 名士였으나 나는 록펠러재단의 첫 연구원으로 미국에 갔다 왔다는 것만으로 그 자리를 같이하였던 것이다. 물론 내가 박물관장이라는 것도 白·李 두 분의 명성에 비하면 아무 것도 아니었다.

우선 이 날 우리 모임에서 합의한 것은 한국사람들이 읽을 마땅한 韓國史도 없는 형편에 외국인 상대의 한국사를 생각할 수 없다는 사실이었다. 이에는 파스씨도 동의하여 결국 우선 한국말로 된 한국사를 쓰되 白·李 두 분이 延禧大 관계 사람인 까닭으로 연희대를 중심으로 집필진을 짠다는 구상에 이견이 없었다.

그러한 결론을 내리고 파스씨는 귀국하였는데 얼마 후 한국동란이 일어나 우리들은 모두 부산으로 피난, 이 한국사 프로젝트는 거론도 안된 채 우리가 다시 서울로 돌아올 때까지 잠자코 있을 수 밖에 없었다.

그 후 우리가 서울로 돌아온 다음에 모든 학회가 다시 활동을 시작하였는데 유독 震檀學會만은 해방 후 學報 한권도 못내고 있는 형편이었다. 나는 1954년 5월 3일에 열린 진단학회 총회에서 록펠러재단의 韓國史 프로젝트를 학회사업으로 맡아서 학회에 활기를 불어넣자는 의견을 제출하여 찬동을 얻었다. 곧 록펠러재단의 요구에 따라 학회를 사단법인으로 만들고 록펠러재단에 대해 진단학회에서 생각하는 한국사 프로젝트를 설명하여 동의를 얻었다.

즉 본래 白·李 양씨의 계획과는 달리 우리 진단학회 한국사는 서울대학교 교수진을 중심으로 집필진을 구성하였다. 上古史는 李丙燾,

파스씨와 함께. 왼쪽부터 筆者, 李相佰, 파스씨, 洪鍾仁.

震檀學會 창립 50週年 기념연회. 앉은분 왼쪽부터 柳承國, 李熙昇, 白樂濬, 尹譜善, 李丙燾, 鄭求忠. 뒷줄 왼쪽부터 韓榮國, 姜信沆, 李光麟, 金完鎭, 李佑成, 李基文, 趙明基, 李基白, 金元龍, 李崇寧, 柳洪烈, 筆者, 李寬求, 金斗鍾, 金龍國, 劉元東 등이 보인다. 1984년 5월 7일.

高麗篇은 金庠基(후에 李丙燾로 변경), 朝鮮王朝篇은 李相佰, 그리고 現代篇은 崔南善에게 위촉하였는데 그것은 최씨 자신이 현대사에 깊숙히 간여되어 있었기 때문이다. 그러나 그때 최씨의 건강이 여의치 못하여 李瑄根씨에게 이 부분을 맡기지 않을 수 없었다(이 한국사에 대해서는 《震檀學報》 제57호, 1983, 震檀學會 五十年回顧,〈光復에서 오늘까지〉라는 拙文을 참조하기 바람).

결과적으로 한국사는 록펠러재단에 약속한 것보다 훨씬 더 늦게 1965년 李相佰씨의 近世後期篇으로 완결되었다. 그 후 각 편이 모두 17판을 찍게 되었고 그 중에서도 中世篇과 近世前期篇 같은 것은 18판을 찍어 전무후무한 발행부수를 기록할 수 있었다. 물론 완결되기까지는 여러 가지 곡절도 있었으나 그것은 생략하기로 한다.

여하튼 록펠러재단의 도움으로 韓國史 7권을 간행함으로써 진단학회는 긴 잠을 깨고 다시 활로를 찾게 되었다. 학회에서는 당시 록펠러재단을 그만두고 東京 美大使館의 文政담당관으로 와있던 파스씨를 초청하여 그에게 명예회원증을 수여하고 감사의 뜻을 표하였다(파스씨는 1980년 2월 28일 별세하였다).

哈佛燕京學社

다음은 우리 박물관과 우리나라 학계 전체와 적지 않은 관계를 가지고 있는 哈佛燕京學社와의 관계에 관해 언급하고자 한다.

영어로는 Harvard-Yenching Institute라고 하는 이 學社는 미국 개신교의 연합재단으로 그 사업의 주체는 하바드대학의 東亞語言硏究科와 아울러 北京에 있는 燕京大學, 그 외에 중국에 있는 미션계의 대학 몇 개를 운영했다. 중국대륙이 공산화된 뒤에는 대륙에 쓰이던 자금을 동아시아, 즉 한국・중국(이 경우는 홍콩을 포함한 대만)과 일본에 轉用했는데, 이 학사의 책임자로 있던 엘리세프(Sergé Eliséeff)씨와 알

엘리세프박사. 하버드 옌칭學社 소장.

게 된 나는 수차에 걸쳐 박물관의 발굴비를 얻어쓰는 기회를 가졌다.

1953년도의 雙床塚발굴, 1954년도의 西海島嶼조사, 1959년말의 感恩寺址조사, 그리고 6, 7년간이나 계속된 韓國支石墓연구, 1959년의 義城塔里고적조사 같은 것이 그 성과로《韓國支石墓研究》는 1970년 3·1文化賞,《感恩寺址調査報告書》는 1962년의 韓國日報社 出版文化賞을 받았다.

哈佛燕京學社의 엘리세프박사는 원래 러시아 태생으로 독일 베를린 대학에서 수학하다가 외국인으로는 처음으로 東京帝國大學을 정식으로 졸업한 사람인데 그의 광범위한 외국어 지식 중에서도 일본어 솜씨는 진짜 일본사람을 능가할 정도로 유창하였으며 한문에 대한 지식도 대단하였다. 그는 우리나라가 일본에 합병되기 얼마 전에 우리나라에도 왔다 간 사람으로 한국에 대해서도 많은 이해를 가지고 있었다.

1957년 엘리세프씨가 퇴임하고 라이샤워(Edwin O. Reischauer)씨가 후임으로 왔다. 그는 후에 駐日大使를 역임한 사람으로 일본 태생이며 유창한 일본어를 구사하는 미국 유수의 知日派로, 또는 親日家로 알려져 있는 사람이다.

이 세 사람 아래 이때까지의 방법을 일신하여 韓·中·日 세 나라

엘리셰프박사와 震檀學會 회원. 서울 근교 王陵에서. 왼쪽으로부터 鄭鎭肅(을유문화사 사장), 李丙燾, 金庠基, 엘리셰프박사, 李相佰, 筆者.

台北에서의 會際會議 때의 韓·中·日 三國의 代表. 왼쪽으로부터 錢思亮, 董作賓, 筆者, 岩生成一, 李濟, 胡適, 吉川幸次郎. 뒷줄의 한국측 대표 高柄翊(둘째줄 左에서 두번째), 李萬甲(둘째줄 左에서 세번째), 李崇寧(둘째줄 右에서 두번째)가 보인다. 1960년 11월.

에 哈佛燕京學社에 협찬하는 기구가 생겼으니 이 위원회는 각국에 따라 명칭은 약간씩 달랐으나 목적과 운영방법은 같은 것이었다.

우선 세 나라에서 각기 東亞研究에 대한 연구제목을 개인이나 연구단체에서 받아 심사한 후 그것을 哈佛燕京學社에 보내서 최종 평가를 받아 결과에 따라 연구비를 지급하는 방법을 취하였다. 각국 위원회에서 받은 액수는 각기 달랐으나 한국의 경우는 연 3만불 정도를 연구계획서를 낸 학자들에게 배정해 주었다.

한국위원회의 명칭은 서울東亞文化研究委員會(Seoul Reserch Council for East Asian Studies)라 했으며, 위원은 白樂濬·李丙燾·兪鎭午·李相佰·金載元·梁柱東·李崇寧의 7명이고, 그 외에 총서기 같은 실제 일을 담당할 사람이 필요하였는데 그것은 처음부터 나 자신이었다. 위원장은 매년 교대하기로 하여 처음에 白樂濬, 다음에 李丙燾·兪鎭午·李相佰 순으로 내려오다가 李相佰 다음에 내가 위원장이 되었고, 그 후부터는 끝까지 변함없이 내가 위원장으로 있었다.

이러한 哈佛燕京學社의 한·중·일 3국에 대한 라이샤워式의 원조방식은 라이샤워 퇴임 후까지 모두 18년간이나 계속되었다. 그 동안 혜택을 받은 우리나라 학자는 1976년 燕京學社의 지원방법에 다시 변화가 생길 때까지 줄잡아도 백명은 넘을 것인데 국내에서 공급되는 연구비가 거의 없는 때라 큰 도움이 되었다. 그때의 위원회 사무실은 국립박물관과 함께 덕수궁 안에 있었고 사무장은 지금 韓國精神文化研究院 편찬부 편수실장으로 있는 郭東璨씨였다.

마지막으로 哈佛燕京學社와 관계된 일로 라이샤워씨의 발의로 1960년 11월에 臺北에서 있었던 소위 會際會議에 대하여 몇 마디 하고자 한다. 會際會議란 나라간의 회의가 아닌 위원회간의 회의라는 뜻이다. 세 나라의 위원회에 관계된 학자들을 모아 서로간의 우의와 학문적인 의견교환을 하자는 것이다. 중국측에서는 胡適·董作賓·李濟(중국위원회 위원장), 일본측에서는 吉川幸次郎·岩生成一·榎一雄(일본측 위원회 총간사) 등이 참석하였고, 라이샤워 자신도 부부동반으로 참석하

台北 會際會議에서. 왼쪽부터 錢思亮, 岩生成一, 筆者, 李濟, 胡適. 1960년.

라이샤워교수와 李濟夫婦.

였다. 이 중 胡適씨는 중국위원회 위원은 아니었으나 특별강연을 하였는데 비교적 작은 체구인 그가 이야기할 때는 마치 중국역사의 일부분이 걸어다니는 듯한 착각을 주었다. 학문에 대한 그의 해박한 지식과 유창한 영어는 참석자들에게 큰 감명을 주어 지금까지도 깊은 인상으로 남아 있다.

이 會際會議의 목적은 무슨 학문적 토의를 하자는 것이 아니고 3국의 역사·사회과학·언어학의 흐름을 보고하는 것이었다. 우리 나라에 대한 보고는 李崇寧·高柄翊·李萬甲 세 분이 하였고, 위에 언급된 학자 외에 중국에서는 錢思亮과 孔子의 직계손이라는 孔德成, 그리고 일본에서는 三品彰英 같은 분이 왔었다.

이 會際會議는 소요된 경비에 비하여 무슨 큰 효과가 없었다고 생각하였는지 다시는 계속되지 않았다.

哈佛燕京學社에 대해서는 처음부터 내가 중심이 되어 움직였으나 역시 우리나라 예술계와 학계에 많은 활력소를 불어넣은 것은 亞細亞財團이므로 다음에는 이에 대하여 쓰기로 한다.

국립박물관과 아시아재단

이제까지 박물관과 록펠러재단, 哈佛燕京學社와의 관계에 대해서는 비교적 자세히 언급하였는데 사실 이들 재단 못지 않은 관계를 맺었던 亞細亞財團(Asia Foundation)에 대하여 언급하고자 한다.

록펠러재단은 전세계를 상대로 하는 큰 기구이고 더욱이 人文學部長인 파스씨는 일본문화정세에 대단히 밝은 사람일 뿐만 아니라 신생한국에 대해서도 많은 관심을 가졌다는 것은 이미 앞에서 쓴 바와 같다. 그리고 후에 한국미술전시가 미국에서 열렸을 때에도 상당한 도움을 주었다.

그런데 지금 언급하려는 아시아재단은 1945년 제2차세계대전이 끝나면서 생겨난 재단으로 지역적으로는 아시아에 국한되고 식민지나 반식민지 상태에서 독립한 여러 나라들 즉 필리핀·인도·파키스탄·버마·인도네시아 등의 여러 나라를 문화적으로 향상시키는 데 도움을 주었다. 이들 나라는 많은 어려움을 안고 있었으나 막대한 수의 문맹자가 있다는 점에서 우리보다도 더 불리한 문화적 후진성을 안고 있다고 할 수 있다.

여기서 아시아의 많은 나라들의 문제점들을 이루 열거할 수는 없는데, 이러한 지역들의 후진성을 타파하기 위해서 생겨난 것이 바로 아시아재단인 것이다. 처음 발족될 때에는 '自由아시아 委員會'(Committee for Free Asia)라고 불렸는데 후에 아시아재단으로 이름을 고쳤으며 '自由아시아'라는 이름에서 느낄 수 있듯이 처음부터 反共産主義를 旗幟로 하여 생겨난 것임을 짐작할 수 있다.

미국에서 이러한 기구가 생겨날 때에는 그 기금이 여러 곳에서 모여지는 예가 많으나 나중에 미국 CIA의 돈이 적지 않게 투입되었다는 소문이 나돌아 그 재단의 도움을 받은 사람들을 꺼림직하게 만들기도 했다.

그러나 우리 한국의 많은 문화인—미술인·음악인·연예인—들이 해방 후의 외화사정으로 좀처럼 외국에 나가기가 힘들었던 시절에 아시아재단의 도움으로 비교적 간단히 돈을 얻어쓸 수 있었다. 그리고 물론 여러 분야의 학자들도 외국학회에 나갈 때에 가장 쉽게 여비를 원조받을 수 있었던 것이 아시아재단이었다. 그렇다고 해서 문화방면이나 학계의 사람들이 그 재단에 대해서 정치적으로 무슨 대가를 치렀다는 일은 들은 적이 없었다.

서울에 와있던 아시아재단의 역대 책임자들은 모두 박물관에 대해서 특별한 호의를 갖고 있었기 때문에 비교적 많은 돈을 박물관 관계사업에 내주었다. 필자 자신도 해외에 나가는 여비를 수차례에 걸쳐 지원받아 쓴 일이 있거니와, 우리가 1960년에 感恩寺조사보고서를 낼 때에 보고서 간행비의 반 이상을 아시아재단이 보조하여 주었으며,

중국손님과 震檀學會 幹部들. 앞에 앉은분 왼쪽부터 溥儒, 朱家驊, 董作賓, 뒷줄 李崇寧, 趙明基, 李相佰, 金庠基, 李丙燾, 車相轅, 柳洪烈, 筆者. 1955년.

여의도공항에 내린 중국손님들. 왼쪽으로부터 王東元(駐韓中華民國大使), 董作賓, 朱家驊, 溥儒. 1955년.

1967년 이후 支石墓조사보고서를 낼 때에는 그 조사가 5, 6년이란 긴 시간을 거친 만큼 보고서도 호화판으로 내야된다고 하여 아시아재단은 황색을 띤 특수용지를 일부러 홍콩에서 수입해 줌으로써 요즘보다도 더 훌륭한 보고서가 나왔다고 자부하고 있다.

서울대학에 考古學 전공과목이 생겼으며 졸업생들이 갈 곳이 마땅치 않을 때 아시아재단은 나의 청을 받아들여 그 중 5, 6명을 1년간 국립박물관의 각 분관에 파견하여 현장에서 수련을 받도록 하였다. 그리고 이 외에도 지금 고고학계에서 중요한 위치에 올라 있는 몇 사람을 東京大學·京都大學 등에 각각 1년간 유학시킬 수도 있었다.

해방 이후 십년이 지났어도 우리 학계는 침체되어 있었고 학자들은 여전히 가난한 생활에 시달렸으며 가끔씩 해외에 나가 세계학계의 큰 움직임을 엿보고 오면 그만큼 숨통이 트이는 것 같은 기분을 맛볼 수가 있었다.

그래서 한번은 아시아재단의 힘을 빌려 외국학자들을 초청하는 것이 어떠냐 하는 생각을 하게 되었다. 먼 나라는 몰라도 대만의 학자나 예술가를 초청키로 하고 李丙燾·李相佰씨 등과 협의하여 세 사람을 2주일간 초청하기로 결정하였다.

이 人選에는 다음과 같은 이유가 있었다. 즉 朱家驊씨는 대륙에 있을 때 대학총장, 교육부장의 요직에 있었고 또 우리 임시정부요인들과 밀접한 관계가 있었으며, 대만으로 건너가서는 中央研究院長직에도 있었고 大陸雜誌의 주간이기도 했다. 그가 젊었을 때 독일에서 유학했던 관계로 나는 독일의 한 중국유학생인 關德懋를 통해서 간접적으로 알게 되었다.

董作賓씨는 甲骨文연구의 세계적인 권위자이므로 우리 고고학계에서는 잊을 수 없는 사람이고, 나는 그가 시카고시에서 체류했던 1948년경 그곳에서 만난 일이 있었다.

溥儒씨는 清朝의 마지막 황제인 溥儀의 사촌이며 詩·書·畫 三絶의 하나로 '北溥南張'이라고 하여 남쪽의 張大千과 아울러 일컬어지던

筆者집의 만찬에 오신 중국손님들과 筆者의 가족. 왼쪽부터 長女 理那, 朱家驊, 筆者, 필자의 妻, 李元植교수, 董作賓, 그앞에 필자의 次女 信那, 어린아이 둘은 三女 英那, 아들 翰集. 1955년.

溥儒씨와 筆者. 지방 여행중에. 1955년.

사람이며, 李相佰씨와는 舊交가 있었다.

이들 중국名士를 초청한 경위에 대해서는 필자가 다른 지면에서 이미 쓴 적이 있으므로 (〈한 學術院會員의 手記〉,《나의 걸어온 길》, 學術院, 1983), 여기서는 길게 쓰지 않고자 하며 해방 후 외국 명사들과의 교류가 많지 않을 때였으므로 서울에서의 중국손님들에 대한 당시의 환대는 이루 형언할 수 없을 정도로 성대하였다.

그 분들은 3일 小宴, 5일 大宴이라고 할 정도로 환영을 받았는데, 그 손님들을 晝餐·夕餐·단순한 다과 등에 초대한 분들을 열거하면 문교부장관·외무부장관·주한중국대사·서울대총장·연세대총장·이화여대총장·申翼熙국회의장·盧基南대주교·학술원회장·예술원회장·홍익대총장·미술협회의 高羲東씨 등등이다. 물론 震檀學會에서도 몇 차례 비공식으로 초대하였고 朱家驊·董作賓 두 분은 필자의 藝場洞 집에도 다녀갔다.

그 밖에도 교통부장관은 경주까지 특별열차를 내주었고, 서울특별시장은 朱家驊씨에게 행운의 열쇠를 주었으며, 서울대학교에서는 董作賓씨에게 그의 세계적인 명저《殷曆譜》에 대해서 文學博士학위를, 朱家驊와 溥儒씨에게는 名譽法學博士학위를 수여하였다.

중국손님들이 다녀간 후 1960년에는 朱家驊씨가 주선하여 그 답례로 李丙燾·兪鎭午씨와 필자가 2주일간 自由中國에 가서 蔣總統을 위시하여 何應欽·王世杰·胡適·蔣腹聰 등 자유중국의 朝野 각계의 명사들의 환대를 받았다.

1963년 4월초 아시아재단이 주최한 亞細亞·美洲 會議(Asian American Assembly)라는 모임이 말레이지아 수도 쿠알라룸푸르에서 열렸는데 필자는 이 회의에 초대되어 참석했다. 그 모임의 목적은 아시아 각국이 미국과 어떠한 문화적 유대를 가져야 되는가 하는 것을 논의하는 것으로서 우리는 본국에서 무슨 지시를 받고 간 것도 아니고 각 개인이 자유로운 입장에서 아시아 각국이 서로 손을 잡고 공동의 문제를 해결하자는 의견을 교환했다.

蔣介石總統을 禮訪하고. 왼쪽으로부터 金弘壹大使, 兪鎭午, 李丙燾, 蔣介石, 兪鎭午夫人, 筆者, 梅敎育部長. 台北 1960년.

일본을 제외하고는 모두 신생국가로 비슷한 문화 교육상의 문제를 안고 있었다. 회의는 말레이지아대학에서 열렸는데 의외로 말레이지아 대학은 새로 지은 최신식 시설을 갖추고 있었다. 가기 전에는 말레이지아가 후진국의 빈한한 나라일 것으로 생각했는데 실제로는 풍부한 고무, 텅스텐 같은 광물도 많아 인구 8백만에 수출초과 5천만불이었던 그때 동양에서 일본 다음가는 국민소득 2위인 나라라고 해서 놀라지 않을 수 없었다.

위에서도 언급하였거니와 이 회의는 상호간의 의견교환이 목적이고 무슨 결의사항을 발표하는 일도 없이 무사히 끝났다. 여하튼 그 때 네팔·파키스탄·인도·아프가니스탄·인도네시아 등의 젊은 분들을 만난 것은 좋은 경험이었다.

필자는 말레이지아까지 왔으므로 자비를 털어 인도네시아까지 가서 그 유명한 보로부두르 佛蹟을 볼 계획을 세웠다. 그런데 입국비자가

亞細亞·美洲會議 참석時 말레이연방의 라만수상과 筆者. 1963년.

나오지 않아 계획을 포기했는데 마지막 날에야 비자가 나와서 비록 여비는 많이 남지 않았으나 싱가폴에서 쟈카르타로 갔다.

그 당시 인도네시아는 스카르노의 집권기였다. 경제는 엉망이어서 달러의 공정환율이 1대 50루피아였는데 암시장의 환산은 1대 1,200이었고 여행자에게 적용되는 환율은 1대 180이었다. 이것만 보아도 그 나라 경제상태가 어떠했는지 알 수 있다.

그 때는 마침 中共의 主席인 劉少奇가 공식 방문중이라 쟈카르타 시가지는 온통 환영의 깃발과 劉와 스카르노의 사진으로 가득차 있었다.

나의 여행 목적은 보로부두르 관광이었으므로 비행기로 족·쟈카르타시로 갔다. 니이투르(공인 여행안내기구)의 안내를 청했더니 國賓 때문에 보로부두루로 가는 길이 막혔다는 것이다. 그러나 출발 때 李相佰씨가 준 족 쟈카르타의 領主(술탄)에게 보내는 소개장을 가지고 갔으므로 결국 보로부두루까지 갈 수 있었다.

그리하여 보로부두르와 찬디라는 일종의 墳墓를 위한 遺構를 관람하고 다음 날 항공편으로 쟈카르타에 돌아와서 인도네시아 시찰을 끝마치고 귀국하였다. 그때가 지금으로부터 거의 30년 전이니 그때의 사정을 가지고 지금의 인도네시아 사정을 논할 수는 없다고 하겠다.

당시의 인도네시아 여행 역시 아시아재단 덕분에 할 수가 있었다. 아시아재단은 지금까지 존재하며 그 사무실도 서울에 있는 것으로 안다.

한때 우리는 외국재단의 힘을 빌지 않고서는 외국학회 같은 곳에 나갈 수도 없었던 것과는 달리, 지금은 우리 국내에 우리나라 사람들이 운영하는 재단이나 학회 등이 많기 때문에, 예전처럼 외국 재단의 힘을 빌릴 필요가 없을 정도가 되었다. 다만 필자가 이들 재단의 활동상황을 길게 소개한 것은 과거를 회고하기 위한 것이다.

4. 베를린 학회 후의 紀行과 追憶

베를린의 두 동강 난 박물관들

1988년 6월 나는 독일 考古學硏究所(Deutsches Archäologisches Institut)가 주최하는 제13회國際古典考古學大會(XIII International Kongress für Klassische Archäologie)에 초대받아 베를린에 도착하였다. 나의 전공과는 관계없는 분야이나 1957년 이래 그 연구소의 通信會員이었던 나는 몇 안되는 초청된 외국인 중의 한 사람이었다.

베를린에 도착한 나는 여러 가지 의미로 감개무량하였다. 1929년 이후 유럽에서 귀국할 때까지(1940)는 물론이고 그 후에도 5, 6차 그곳을 방문했었다. 그러나 이번은 80에 가까운 나이에 초청받은 것으로 앞으로 나를 유럽에 초청해 줄 사람은 없을 것이라고 생각하여 그곳 박물관에 찾아가 들은 이야기를 써볼까 한다.

베를린에는 전쟁 전에 Prinz Albrecht街에 Völkerkunde Museum이라는 큰 박물관이 있었다. 그 박물관 명칭의 Völkerkunde라는 이름은 사전에는 보통 民俗學·人類學·民族學 등으로 번역되어 나와있는데 결국 각 민족의 역사·고고학·미술 등 여러 분야에 대한 유물을 진열하고 있는 곳이었다. 그 중에서도 물론 동양방면인 중국·일본·인도·인도네시아 등이 중요한 부분을 차지하고 있었다. 그러나 전쟁 후 지금은 東亞細亞美術博物館(Museum für Ostasiatische Kunst)·인도美術博物館(Museum für Indische Kunst), 이슬람美術博物館(Museum für Islamische Kunst)의 세 독립된 박물관으로 분립되어 있다.

나와 친분이 있는 사람은 지금은 Taku街에 다른 두 박물관과 나란히 서있는 동아시아미술박물관에 있으리라고 생각하여 그리로 찾아갔다. 의외로 5, 6년 전 하이델베르그대학에서 만난 바이트(Willibald Veit)라는 젊은 사람이 그 박물관의 관장으로 있었다. 원래 이곳에는 라게(Dr. Ragée) 라는 女館長이 있었는데 정년퇴직하여 그 아래에 首席學藝官으로 있다가 얼마 전에 停年이 된 스테피슈미트(Dr. Steffischmidt(여))박사와 이슬람미술박물관의 산더(Dr. Lore Sander)라는 여자 수석학예관이 바이트관장실에 와서 나의 옛 이야기를 한 마디도 빠뜨리지 않고 열심히 들었다.

나의 이야기는 이분들이 박물관에 들어오기 전 다시 말해서 전쟁 전의 일로, 그분들에게는 먼 과거의 일이었다. 그때는 물론 Völkerkunde 박물관 시절의 일이다. 관장은 큄멜(Otto Kümmel) 이라는 사람으로 동양미술 특히 일본미술의 大家로 일본에 오래 머물러 있었으며 京都大學의 濱田耕作과 친분이 두터웠다. 그는 독일이 패전한 후까지 재직하고 있다가 타계했으며, 그 아래에는 라이데마이스터(Dr. Leopold Reidemeister) 란 사람이 있었다. 이사람도 10여년 전에 세상을 떠났다고 들었다.

전쟁이 시작된 지 약 반년 뒤인 1940년 5월 5일 당시 나의 6년간의 거처이던 벨기에의 안트워프市를 떠나 귀국길에 오르기 전 마지막으로 친구를 만나기 위해 독일 뒤셀도르프(라인지방의 공업도시)에 수일간 체재했었다. 5월 10일 독일은 중립국인 벨기에를 침범하기 시작해 아직 잠잠했던 西部戰線에 불을 붙였다. 나는 겨우 5월 12일에 차표를 얻어 젊은 군인이 많이 탄 차를 타고 폭탄 한 발 떨어지지 않은 베를린에 도착하여 오랜 친구인 퀸교수를 만나 그가 정하여 준 民家에다 여장을 풀었다.

곧 박물관의 라이데마이스터박사를 찾아 이런 이야기 저런 이야기를 하고 있는데, 그는 나더러 고향으로 가지 말고 자기네 박물관에 머물러 있는 것이 어떻겠느냐고 물었다. "지금 專門人力이 없는데 자기와 같이 있으면 어떨까. 전쟁은 오래 계속될 것도 아닌데……"

지금 돌이켜 생각하면 나 자신도 이해하기 어려운 일이나 결국 유럽을 마지막으로 그 무서운 倭政下의 고국으로 돌아가는 것이 마음에 내키지 않았던 차에 라이데마이스터박사의 말에 마음이 끌려 그의 소개장을 받아가지고 다음날 독일 文敎部의 어느 高官에게로 찾아갔다. 전쟁 때라 廳舍에 들어갈 때 특별출입증을 받아가지고 나올 때는 다시 고관의 싸인을 받아가지고야 청사 밖으로 나올 수 있었다.

나를 만난 그 고관은 나의 이야기를 듣기 전 이미 라이데마이스터 박사의 전화로 용건을 알고 있었는데 "지금 우리는 내일 무슨 일이 일어날는지 모르는 상황인데 어찌 외국사람들을 고용할 수가 있겠소." 라고 말했다. 그는 나더러 귀향길에 오르는 것이 좋을 것이라는 권고를 하고 나와 악수를 하면서 먼 旅路의 안전을 빈다고 하였다.

나의 이 회담을 듣고 있던 자리를 같이 한 사람들은 내가 고향으로 간 것이 참 잘한 일이었다며 뒤늦게나마 나의 이야기에 놀라고 또 한편 안심하였다는 표정이었다.

그때 바이예르셰 광장(Bayerischer Platz)에 있는 퀸교수의 저택에서 멀지 않은 곳에 있던 조그만 공원에 갔더니 누런 색칠을 한 벤치가 있었고 그 위에 '유태인을 위하여'(Für Juden)라는 글이 써 있었다. 유태인을 위한 전용의자라는 말인데 이것이 즉 후에 수백만의 유태인을 학살한 전주곡이었다. 나의 이야기를 듣던 박물관 친구들도 자기들은 모르는 옛 시대의 이야기에 모두 실색하고 있었다. 그들과 이야기를 나누는 사이에 전쟁으로 박물관 진열품에 어느 정도의 손실이 있었는지를 들을 수가 있었다.

즉, 동아시아미술박물관 소유의 진열품의 95%가 없어졌는데 이 중에서 직접 폭격으로 인한 손해는 단 5%일 뿐 90%는 도난당했거나 점령군들에게 약탈되었던 것이며 그 행방은 아직도 모른다는 것이다. 지금은 소실된 90%의 유물 중 일부가 가끔 나타나는 일이 있으나 대체로 그 행방을 모르고 나머지 5%만 무사하다는 이야기이다.

동아시아미술박물관보다도 손해율이 더 확실한 것이 인도미술박물관의 소장인 西域出土 유물 등으로 이하 그에 대하여 전후 그곳 관장을 지내고 지금은 정년퇴직한 헤르텔(Herbert Härtel)박사의 기록을 중심으로 여기서 그 사정을 소개해 볼까 한다. 傷痍者가 된 헤르텔씨는 지금도 가끔 박물관에 온다고 하였다.

여기서 잠깐 나의 지난 이야기를 써 보자면 1946년인가 독일에 駐在하고 있던 미국 高等辯務官이 東京의 맥아더 사령부를 통하여 서울에 있는 미군정청을 거쳐 나에게 문의하여 온 일이 있다. 서울에 있는 西域出土品은 전쟁 중에 손실이 없었느냐고, 같은 서역출토품이 베를린에 있었는데 많이 파괴되었으므로 남아있는 서역출토품은 그것이 어느 나라에 있든지 희귀한 문화재가 되었다고 생각되기 때문이라고 하였다.

주지하다시피 베를린박물관의 서역수집품에 대한 공로자는 그륀베델(Albert Grünwedel)과 르 콕(A. von Le Coq) 두 사람인데 우리가 이곳에 西域이라고 부르는 터키스탄(Turkistan)지방에는 서기 천년대에 주로 이란사람과 인도에서 온 사람들이 살고 있어 터키스탄이라는 말이 가리키는 土耳其人들의 땅이라는 의미는 부분적으로만 해당되는 것으로 생각되었다. 그리스의 영향을 받은 西北 인도지방의 佛教美術과 중국미술의 유사점으로 그러한 미술의 변천과 발전이 중앙아시아 지방을 거쳐서 이루어졌다고 생각한 독일학자들은 1902년부터 1914년까지 중앙아시아 考古學探險隊를 이끌고 壁畵를 위시하여 실로 막대한 학술자료를 수십개의 짐으로 만들어 반입하여 왔다. 그들 대원의 한 사람으로 갔던 박물관 특수기술자인 바르투스(Theodor Bartus)의 창안으로 점차 증가된 진열실에 부분적으로는 實物大로 原狀에 가까운 洞窟을 재현, 壁을 만들어 가져온 벽화를 영구적으로 끼워두기도 하였다. 이리하여 모든 사람은 현지에 가지 않고도 터키스탄에서 이루어진 불교미술의 발전과정을 연구할 수 있도록 하였다. 이에는 물론 그륀베델·르 콕·발드슈미트(Waldschmidt)의 손에 의해 그때로는 호화판으로 나온 출판물이 큰 도움을 준 것은 물론이다.

그러나 이러한 理想的이라고 생각한 진열방식이 전쟁이 터진 후에 걷잡을 수 없는 난경에 처하여지게 만들었으니 서역수집품의 마지막 보관책임자이던 겔프케(Prof, Dr. F. Gelpke)씨가 책임을 느껴 스스로

목숨까지 끊는 비극적인 일이 일어났다.

하기는 전쟁 초기부터 진열품이 疎開되기 시작했는데 인도美術部의 진열품은 총 5만여점으로 전쟁 중이라 疎開用의 궤짝 같은 것을 구하는 데도 많은 어려움이 따랐다. 이것은 전쟁을 겪은 우리 서울의 박물관직원들도 잘 알고 있는 사실이다.

비교적 용적이 작은 壁畵, 彫塑들은 그런대로 베를린 시내 동물원 구역내에 防空施設을 만들고 그곳으로 옮겨놓을 수가 있었다. 이 중에는 150상자의 투루판 유물도 포함되었으나 그곳에 포함되지 않았던 30개의 상자는 박물관 지하실에 있다가 폭격으로 일찍이 소실되었고 또 그외의 박물관 안의 벽에 끼워져 있던 규모가 큰 壁畵는 모래(砂)를 넣은 掩護物로 폭격의 충격을 막으려고 하였으나 1943년 2월 23일부터 1945년 1월 15일 사이에 있었던 일곱번의 폭격으로 모두 28면의 벽화가 파괴되었다.

베를린의 폭격으로 많은 물건이 없어진 것은 누구나 상상할 수 있을 것이다. 비교적 그 수가 적은 繪畵는 苦心慘憺한 끝에 얼마간은 건질 수 있었으나 7×5m에 이르는 큰 벽화 같은 것은 1945년 2월 3일의 심한 폭격으로 파괴된 채 벽에 오랫동안 붙어 있어 그 참상은 눈으로 볼 수 없을 정도였다. 베를린 전역이 폐허가 되었는데 그곳을 손댈 사람이 없었던 것이다. 위에 언급한 동물원 구내에 疎開되었던 물건은 어느 점령군에 의하여 옮겨져 버렸는데 지금까지도 그 장소를 알 수가 없다.

위에 적은 박물관의 특수기술자 바르투스(Bartus)씨는 1941년에 사망하였거니와 탐험대에 참가하였던 학자들이 그들의 일생업적이 파괴되는 것을 보지 못하고 먼저 세상을 떠난 것은 다행한 일이라고 헤르텔씨는 술회하고 있다.

전쟁 중에 무더기로 없어진 물건의 내용을 품목별로 알기는 오랜 동안의 정리를 통하지 않고는 어려운 일이었다. 그런데 베를린박물관의 서역출토품 중에는 많은 古文書가 있었다. 그 중의 중요한 것은

1920년경에 당시의 프러시아 아카데미(Preussische Akademie)에 이관하였고 아름다운 회화가 있는 약간의 문서만을 진열용으로 가지고 있었는데 이것들은 프러시아 아카데미에 갔던 것까지도 보존되어 있다고 한다. 또 *Buddhistische Spätantike*에 발표된 摩尼教의 Miniature도 다행히 보존되어 있다. 그러나 2차 탐험대가 투루판 오아시스(Turfan Oasis)에서 가져온 벽화는 없어졌고 *Chotscho*라는 책의 도판으로 수용된 摩尼教의 벽화 한 면 그리고 두 면의 基督教 벽화 그 다음 위구르(回鶻)의 供養者의 그림도 없어진 것 같다고 한다.

베를린박물관에는 베제클리크(Bäzäklik)의 벽화 이른바 〈誓願圖〉가 12면이 있었는데 이것은 한 점도 남아있지 않았다. 그 그림은 미술적 가치보다도 民俗學的 또는 圖像學的인 면에서 중요한 벽화들이었다.

이상 서역에서 가져온 유품의 손실을 그들의 기록에 의하여 대략 살펴보았다. 전쟁으로 없어진 투르판 유물을 총결산하면 전체의 40%로서 620면의 벽화 중에 약 300면이 남아 있었고 290개의 塑造彫刻 중에서 175개가 보존되었으며 木造彫刻·貨幣·土器·綿織物·印章·紙製品·小形繪畵 같은 것은 전체의 80%가 남아 있었는데 과연 일반이 인정하는 바와 같이 세계에서 가장 큰 서역출토 수집품이라고 할 만하였다.

그러나 베를린박물관의 비극은 결코 이것으로 끝난 것이 아니었다. 물론 내가 서역출토품에 대하여 자세히 쓴 것은 우리가 그것에 대하여 제일 관심이 많았고 또 헤르텔씨의 手記에 비교적 상세히 기록되어 있기 때문이다.

원래 베를린의 모든 박물관은 지금의 東베를린에 있었다. 그렇기 때문에 東베를린을 그들의 수도라고 하는 社會主義 독일공화국의 입장으로 보면 西베를린의 모든 박물관은 불법적으로 생겨난 것으로 우연히 英·美 양국의 점령구역내에 疎開되었던 미술품을 주축으로 만들어진 것이었다.

1957년 본(Bonn)에 수도를 정한 독일연방공화국은 그들의 국회에서 Stiftung Preussischer Kulturbesitz라고 이름지어 그들의 박물관을 모체인 東베를린박물관에서 분리시켰다는 것이 東베를린박물관쪽의 말이며, 이로 말미암아 하나가 되어야 할 박물관이 둘로 갈라졌는데 그 중에서 심한 예가 繪畵博物館·銅版彫刻蒐集·東아시아美術館·국립갤러리였다고 한다.

東베를린에 있는 박물관이 전쟁 후 다시 문을 열 때까지는 소련 점령군의 역할이 컸다. 소련의 학자 Sergei Tulpanow와 Alexander Dymochiz 두 교수가 주동이 되어 베를린의 귀중한 미술품을 소련으로 반출하여 레닌그라드·모스크바·키에프 세 도시에 보관하였는데 그것을 12년 후에 다시 동베를린으로 반환해 왔다. 나치정권 때인 1933년 파면되었던 국립 미술관(National Galerie)의 관장이었던 유스티(Ludwig Justi)가 1946년에 東베를린박물관의 관장으로 복직되어 1957년에 死去할 때까지 돌아온 미술품을 중심으로 복구작업에 전력을 기울였다. 이리하여 1950년대에 들어서 맨 처음에 中·近東博物館 다음에 이슬람미술관이 복구되어 우선 페르가몽박물관(Pergamon Museum) 구내에서 개관할 수 있게 되었다.

그러나 여기에 대하여는 여러 가지로 소문이 많았으니, 소련이 독일의 문화재를 반출한 저의에 대하여 독일 문화재를 보호하기 위한 조치라고 생각하지 않은 사람이 많았던 것은 이해하기 쉬운 일이었다.

여하튼 東베를린에는 古典博物館(Antike Sammlung)·이집트博物館·中近東博物館·이슬람博物館·초기기독교비잔틴博物館·原始史博物館·東아시아博物館·彫刻博物館·繪畵갤러리·국립갤러리 등의 박물관이 있다. 이것이 이 夜話의 제목인 베를린박물관이 두 동강 나면서 생긴 박물관들인 것이다.

결국 전쟁이라는 것은 인간의 理性을 잃어버리게 하는 것이다. 그런 때에 적이 가지고 있는 문화재를 애호하라는 말은 그 당장에는 잘 먹혀 들어가지 않았을 것이다. 더욱이 베를린의 경우는 전도시에 제대로 남아있는 집이 한 채도 없을 정도로 파괴되었던 것이다.

독일박물관의 문화재를 반출한 것은 소련뿐 아니고 미국도 그곳에 파견되었던 메트로폴리탄박물관장이었던 테일러(Francis Taylor)의 주동으로 塩鑛에 疎開되었던 독일의 알짜 繪畵 수백점을 미국으로 반출하였다. 물론 영원히 자기네 것으로 만들 작정은 아니었겠지만 이것은 크게 각 방면의 비판의 대상이 되었다.

결국 1948년인가 독일에 돌려보내기 전에 메트로폴리탄박물관에서 대규모 전시회를 가졌는데 이때의 관람객 수는 엄청나서 후에 전시실의 바닥을 다시 새로 까는 큰 공사를 하지 않을 수 없었다. 나 자신도 그 전시회를 보고 온 사람의 하나이다.

후에 6·25 동란 때에 李대통령이 우리 박물관 수집품을 미국에 疎開시키겠다고 하였을 때 美國務省이 단연 거절한 데는 위의 베를린박물관 문화재 반출에 대한 세계여론을 의식해서 취한 반응임에 틀림없는 일이다. 결국 우리는 그런 일 없이 우리 박물관 물건이 하루도 국토 밖으로 나가지 않게 된 것은 얼마나 다행한 일인가.

우리가 일본에게 근 40년 강점되어 있는 동안 많은 문화재가 일본에 반출된 것은 누구나 잘 아는 일이다. 또한 이에 대하여는 이 夜話에 일본에 掠去된 문화재에 대하여 이미 이야기한 일이 있다.

한 가지 덧붙여 쓰고 싶은 것은 일본이 중국을 침략했을 때도 물론 많은 문화재를 약탈했는데 전쟁 직후 蔣介石정부가 대표자를 일본에 특파하여 그 중 중요한 것들을 중국으로 되찾아 갔다. 그때 그 대표자의 일원으로 갔던 王世襄씨를 캔사스의 William Rockhill Nelson Gallery of Art에서 만난 일이 있다.

마지막으로 이 글을 쓸 때 참고한 기록으로 아래 두 문헌만을 열거하여 두기로 한다.

Herbert Härtel. *Über das Schicksal der Turfansammlungen.* Januar-Fabruar, Orientalische Literaturzeitung Akademie Verlag, Berlin 1957.

Gerhard R. Meyer und Gerhard Murza. *Berlin Museuminsel.* Veb E. A. Seemann Verlag, Leipzig, 1984.

이것으로 이 항목의 이야기를 끝마치고 계속하여 다음에 이번 여행의 이야기를 더 써볼까 한다. 베를린을 떠나서 나는 뮌헨, 로마를 거쳐서 스위스까지 갔던 까닭이다.

東・西베를린 紀行

베를린 古典考古學大會에서 나의 흥미를 끈 것은 그리스미술이 인도미술에 미친 영향, 즉 간다라미술과 그것이 東漸하여 極東에 오는 과정 정도였으므로 나는 시간나는 대로 전쟁 후에 많이 변한 베를린 시를 구경했다. 시 중심가에는 폭격으로 파괴된 채 복구되지 않은 큰 교회(Gedächtnische Kirche)가 있었다. 그런 참사가 다시 있어서는 안된다는 뜻으로 그 교회는 재건되지 않고 있다. 그곳은 시가의 각 방면으로 길이 뻗어 있고 西部百貨店(KaDeWe)과 같은 시민들이 많이 찾는 건물들이 즐비했으며 한쪽에 우리나라 金星社(Gold Star)의 간판이 크게 걸려 있어 특히 인상적이었다. 우리는 시간나는 대로 그리로 가서 각 처에서 모여든 여러 종류의 사람들을 구경하였다.

베를린을 떠나기 전에 妻가 꼭 가보아야 되겠다고 하는 이집트박물관(東베를린에도 이집트박물관이 있다)에 가서 그 유명한 네프레테테(Nefretete)女王(서기전 1370년경)像을 보았다. 그 여왕은 유별나게 목이 긴데 왼쪽 눈동자가 없는 병신같이 보였다. 이 상은 원래 무덤에서 발견된 것이 아니고 Thutmose라는 조각가의 공방에서 발견된 미완성품이라고 한다. 이 박물관에는 이외에도 이집트고고학・미술의 중요한 모든 것이 모여있는 것 같은 인상을 받았다.

이곳 州立圖書館에서 韓國圖書의 主任으로 일하는 沈溶雲씨는 우리를 '김치 레스토랑'이라고 하는 한국식당에 초대하였다. 이곳에는 간호원과 광부로 온 교포들이 많이 있었는데 일부는 대학에서 공부하여 교수나 의사도 되고 그외 다른 직업으로 옮기기도 했다. 그 사람들 중에

네프레테테여왕상(B.C. 1370년경).
이집트미술관. 베를린.

는 식당 같은 것을 경영하는 사람도 있었다. 그렇게 되기까지는 피 눈물나는 노력이 필요하였던 것이다.

汰씨가 西베를린에서 특별히 가고 싶은 곳이 어디냐고 물어 나는 1944년 4월 22일 독일의 패전이 결정적일 때 히틀러를 살해하고자 기도하였다가 실패, 결국 처형된 폰스타우펜베르그伯爵(Otto Claus Graf Schenk Von Stauffenberg)의 기념비가 있는 곳으로 안내하여 달라고 하였다. 그곳은 시 중심에서 멀지 않은 곳으로 그 외에도 反나치운동의 기념관이 본래의 國防部 건물자리에 있었다. 패전은 결정적이었으나 끝까지 베를린의 완전 폐허화라도 막아야겠다는 생각에서 수많은 사람들이 反히틀러운동에 가담하였던 것이다.

함부르크에서 우리를 만나기 위하여 온 나의 중학교 대선배이고 우리나라 化學界의 선구자의 하나인 金良瑕박사의 아들 金英哲군과 같이 Glinicke Brücke라는 東西間의 스파이를 교환하는 다리에 가보았다. 볼품없는 이 다리는 아직도 연합국의 관할하에 있는데 TV나 영화에 등장하여 유명해진 곳이다.

古典考古學會事務局에서는 학회가 끝난 후의 여행으로 2박3일의 東獨旅行을 계획하고 있었다. 드레스덴과 詩人 괴테가 살던 바이마르시가 포함되어 있었다. 그러나 우리는 2인분 1천마르크를 소정기일 전에 지불하였는 데도 불구하고 여행사의 수수료 40마르크의 송금이 늦었다고 우리 이름이 여행자명단에서 제외되었다. 이해할 수 없는 일이라고 항의하였더니 이번에는 韓國旅券으로 韓國總領事의 추천을 받아오라고 했다. 그러나 在外의 우리 공관에서는 그런 일에는 잘 관계하지 않았으므로 결국 동독여행은 단념하고 그대신 단일코스로 외국인 관광객(독일사람은 별개의 버스로)과 같이 東베를린 관광길에 올랐다. 단일코스로는 지나치게 비싼 요금(20弗 가량)을 내고 東·西경계선에서는 30분 이상 지체한 후에야 통과되었다. 2년 전에 포츠담에 갔던 경험까지 포함 두번째 동독에 간 것이다.

경계선에서부터 東베를린측 안내원이 나왔는데 그는 모든 것을 共產側의 입장에서 설명하였다. 위대한 소련군이 나치독재를 무너뜨리고 독일을 해방시켰다는 것이다. 그 사실은 틀림없으나 英·佛·美軍들의 역할은 말하지 않았다.

내가 포츠담에 갔던 때와 마찬가지로 동독 전체는 적어도 30년은 뒤떨어진 상태에 있었으나 東베를린만은 가장 잘 부흥되었고 옛 베를린의 중심가이던 알렉산더광장, 프리드리히街, 그 유명한 운터 덴 린덴(Unter den Linden)街 같은 곳은 그 때의 큰 가로수는 없어졌으나 잘 정돈되어 있었다. 西베를린과 같이 교통이 혼잡하지 않아 공해도 적은 것 같았다. 문득 平壤에는 교통신호등이 없다고 들었는데 비슷한 일면을 보는 것 같았다.

그러나 관광버스에서 내려서 자유로이 다니게 하는 일이 적고, 용변하라고 내려놓는 곳은 비좁았으며, 또 엽서 한 장 살 수도 없고, 겨우 음료수 한 잔 마실 수밖에 없었다. 그 시설은 우리나라 경부선 버스의

소련군의 記念碑, 트렙타워공원. 동베를린.

휴게실보다도 못하였다. 동독이 民主主義독일首都(Hauptstadt der DDR)라고 선전하는 東베를린만은 그래도 잘 부흥되었고 그 외의 지방은 30년은 뒤떨어져 있었다. 그러나 東歐圈에서는 동독이 제일 잘 산다는 것은 일반적인 정평이다.

다만 트렆타워 공원(Treptower Park)이라는 데에서 20분 가량 구경할 시간을 주었는데 그곳은 위대한 붉은 군대의 혁혁한 무공을 기념하는 광장으로 인상적이었다. 그리고 파시스트와 그들 軍國主義者에 의한 희생자들에 대한 기념관도 있었다. 그 앞에 보초로 서있는 특별히 선택된 건장한 소련군인들의 위용에 어딘가 주위를 압도하는 분위기를 느꼈다.

우리는 4시간 가량 걸리는 東베를린 관광의 끝 순서로 30분간만 페르가몬박물관(Pergamon Museum)을 볼 수 있었다. 페르가몬이라는 寺院은 지금은 터키영토로 된 곳에 있었고 그 일부인 제단만을 옮겨 복원하였는데 나는 전쟁 전에도 한 번 보았고 이번이 두 번째이다. 이것도 독일考古學硏究所의 큰 업적인 것으로 안다. 실로 당당한 사원으로 아테네에 있는 파르테논신전과 견줄만하다.

바빌론의 이슈타르 城門(복원, B.C. 575년). 페르가몬박물관. 동베를린.

그러나 페르가몬사원보다도 오히려 놀라운 것은 그 옆 전시실에 복원되어 있는 바빌론의 'Ishtator'라는 城門으로 그 문의 일부 獅子像은 이스탄불의 톱카피宮博物館에서도 보았으나 이곳에는 넓은 폭이 그대로 재현되어 있어 놀라게 하였다. 지면이 협소해 이 이상 쓸 수 없으나, 東베를린에서 西베를린으로 돌아올 때 경계선에 있는 동독헌병이

긴 장대 끝에 거울을 단 묘한 물체를 우리가 탄 버스 아래에 넣어보고 있었다. 알고 보니 그것은 혹시나 버스 아래에 숨어서 東베를린을 탈출하려는 반동분자가 있는가를 찾아내려는 것이라 하였다.

우리는 남은 시간을 이용하여 西베를린 주위에 있는 강과 호수관광에 나섰다. 4시간 30분 가량 걸리는 여행인데 베를린이 이렇게 강과 호수로 둘러싸여 있는 줄은 몰랐다. 시민들이 배를 타고 휴가를 즐기는 것을 보니 부럽기만 하였다. 역시 자유 베를린의 시민들에게는 여유가 있어 보였다.

유학시절의 뮌헨 추억과 닥하우수용소

베를린을 떠나서 뮌헨에 왔다. 1929년 여름 처음 뮌헨에 도착하여 1934년 봄까지 나는 이곳에서 대학생활을 시작하였다. 日帝의 羈絆(굴레)을 벗어나서 자유로운 생활을 즐길 수 있는 것 같았으나, 나는 이곳에서 많은 것을 배웠고 처음으로 배고프고 외로운 것이 무엇인지를 뼈저리게 느꼈다. 그러나 그때 일을 여기에서 되풀이할 생각은 없다. 하여튼 이곳에 온 것은 나의 일생에 결정적인 영향을 끼친 뮌헨을 다시 한번 보고 싶은 까닭이었다.

그러나 그때부터 50년 이상 지난 지금에는 내가 아는 옛 친구는 한 사람도 없고 새로 사귄 대학교수 몇 사람만이 남아 있을 뿐이었다. 감개무량하였다.

내가 처음 찾아간 곳은 대학에서 불과 10분 정도밖에 안 떨어진 곳에 있는 영국공원(Englisch Garten)이라고 불리우는 곳이었다. 이곳은 도시의 10분의 1 가량을 차지하는 큰 공원으로 대학생들로부터 제일 많은 사랑을 받는 곳이라 나도 자주 찾던 곳이었다.

나는 나무 그늘에 누워서 하늘을 쳐다보며 옛 일을 생각하고 있었다. 그런데 그곳에서 불과 50미터 떨어진 햇빛 아래에는 20~30명의

닥하우수용소 입구. 멀리 보이는 望樓는 監視臺. 뮌헨근교. 독일.

청년들이 일광욕을 즐기고 있었다. 놀란 것은 그 중의 5, 6명의 키큰 남자는 몸에 실오라기 하나도 걸치지 않고 그 남녀들 사이를 왔다갔다하는 것이 아닌가. 물론 그곳은 裸體主義者들이 모이는 캠프는 아니었다. 이 이상한 광경에 나는 크게 놀랐다.

뮌헨은 옛적부터 학문·예술의 도시였다. 바바리아王國의 수도로서 유명한 뮌헨대학과 工科大學·美術大學·音樂大學·오페라하우스 등이 있으며 역대의 왕들은 모두 음악, 미술의 후원자였다. 즉 프러시아의 수도 베를린에 대립되는 독일의 학문과 문화의 중심이다.

뮌헨에서 멀지 않은 곳에 노이슈반스타인(Neuschwanstein)이라는 곳이 있다. 그곳에 일찍이 바바리아의 루드빅이라는 왕은 로맨틱한 王宮을 지었다. 옛 동화에나 나올 것 같은 궁을 산수수려한 곳을 골라서 지었는데 그 환상의 궁이 미국 디즈니랜드에 있는 궁전의 표본이 되었다. 왕은 정신에 이상이 생겨 결국 뮌헨 근처에 있는 호수에 빠져 죽었다는데 그곳에는 로맨스를 좋아하는 미국 관광객들이 끊이지 않고 있다.

미술에 일가견을 가지고 있다고 생각한 히틀러는 뮌헨의 영국공원

닥하우수용소. 屍體를 처리하던 곳. 뮌헨근교.

곁에 독일미술의 집(Haus der Deutschen Kunst)이라는 새 미술관을 짓고 그곳에 독일미술을 대표하는 작품만을 진열하였다고 한다. 그리고 개관과 함께 소위 퇴폐경향의 미술작품(Entartete Kunst)을 본보기로 진열하여 놓았더니 놀랍게도 수만의 새로운 미술애호가들이 모여들었다고 한다. 히틀러가 노렸던 바와는 전혀 반대의 반응이었다.

지금은 다만 미술의 집(Haus der Kunst)이라고 불려지고 있으며 현대미술품을 전시하는 주립현대미술갤러리가 되었다. 우리는 이곳에서 피카소 · 브락크 · 놀데 · 칸딘스키 · 클레 · 달리 · 마리니 · 렘브르크와 같은 巨匠들의 작품을 훑어보았다.

옛적부터 이름있는 미술관인 新·舊 두 개의 피나코테크(Neue Pinakothek, Alte Pinakothek)가 독일 미술의 정수를 수장하고 있으나 이번은 그리로 갈 시간이 없어 가지 않았다.

우리 호텔은 대학 뒤쪽 아마리엔街에 있었는데 학생을 상대로 월남사람들이 경영하는 식당이 두 군데나 있었다. 하나는 南新이라는 漢字

간판을 달고 있었는데 밥을 많이 주고 中國茶를 주는 재미로 몇 번이고 갔었다.

이곳 대학은 내가 다닐 때만 해도 학생이 7천명이었는데 지금은 3만명을 훨씬 넘고 한국 유학생의 수도 상당히 많다고 한다. 대학에서 멀지않은 곳에 바바리아州立圖書館이 있었다. 그곳에는 내가 벨기에에 있을 때 나의 선생이었던 헨쩨교수의 도서가 있어 나는 그 중 郭沫若의 《卜辭通纂》이라는 책에서 한 두 면을 복사하여 달라고 하였다. 司書인 스텐판(Stephan)씨(女)는 내게 그 책이 그 곳에 있는 것을 어떻게 아느냐고 호기심에 찬 얼굴로 물어 설명하여 주었더니 크게 놀라는 눈치였다. 50여년 후에 나의 손때가 묻었던 책을 이곳에서 다시 만지게 되니 이상한 느낌이 들었다.

뮌헨에서 멀지않은 곳에는 전쟁 때 히틀러가 유태사람과 그 외의 나치 반대자라고 인정한 사람들을 가두어 두었던 닥하우(Dachau)라는 수용소가 있다.

닥하우라는 이름은 필자의 뮌헨 유학시절, 그러니까 1933년경에는 독일사람 사이에서는 이미 알려져 있던 나치 수용소이다. 1933년 4월 22일부터 1945년 4월 29일 사이에 이곳에는 약 20만명이라는 사람이 수용되었고 그중 3만2천명이 병으로 또는 굶주림으로 죽었거나 가스 또는 그 외의 방법으로 피살되었다. 그러한 수용소는 독일 안에 수천개가 있었거니와 이곳은 그 중에서도 가장 유명한 곳 중의 하나이다.

하필 그곳에 갈 필요가 어디 있느냐고 물을 수도 있고 또 이미 나는 1981년에 그곳에 가본 일이 있으나, 그것도 세계역사의 한 토막이고 처에게도 그 악명높은 수용소를 구경시킬 필요가 있다고 생각되어 다시 한 번 그리로 갔다.

그곳에는 불쌍한 사람들의 참혹한 거처, 화장터 등 보기에도 끔찍스러운 여러 가지 흉기와 시설들이 있었는데 마침 이스라엘에서 한 떼의 유태사람들이 와서 죽은 동족들을 위한 슬픈 노래를 부르고 있었다.

굶어서 여윈 유태인의 銅像. 닥하우수용소. 銘文 내용 "죽은이에게는 名譽를 돌려주고 산사람에게는 警鐘을 울린다."

옛적 화장터 자리에는 굶주려 여윈 유태인의 銅像이 있었다. 그 앞에 써 있는 銘文은 아래와 같다.

"Den Toten zur Ehr Den Lebeden zur Mahnung"(죽은 사람에게는 名譽(회복)를 살아있는 사람에게는 警告)의 뜻으로 1945년 4월 29일, 그들은 미군에 의하여 해방되었다고 한다.

지금 닥하우는 본래의 건물들은 대부분 철거되었고 일부분만 남아서 옛 모습을 상상할 수가 있다. 이곳에는 관광객 수가 많아서 여행사에서는 늘 단체관광 안내를 하고 있으나 독일사람들은 그것은 과거의 유물로서 현재의 독일사람과는 관계가 없는 것처럼 생각하고 있다. 그러나 연합국과의 조약으로 이 악명 높은 닥하우는 지금 이상으로 없앨 수 없게 되었다.

우리는 그후 뮌헨에서 병중으로 퇴원한지 얼마 안된 베르너(Jochaim Werner)교수를 방문하였다. 뮌헨대학의 고고학교수로 있었던 그는 수년 전까지 독일考古學硏究所의 뮌헨支部長職을 맡고 있었고, 한국에는 學術院 초청으로 1984년에 방문한 적도 있다. 작별할 때 나와 동갑인 그는 생전에 다시 한번 만나기를 바란다고 하였다.

로마紀行

돌이켜 생각하면 지금부터 50여년 전인 1933년 크리스마스를 앞두고 나는 로마로 가는 초대장을 받았다. 초대하는 사람이 뭇솔리니였다고 하면 깜짝 놀랄 것이다. 초대받은 사람은 동양에서 온 유학생 전부였다고 하면 또 한 번 놀랄 것이다. 4, 5천명으로 추산되는 중국·일본·필리핀·인도 등지의 유학생이 이태리 국경까지만 자비로 오면 그 다음의 모든 비용은 무료, 이등기차로 로마로, 그리고 그곳의 숙박비 등은 모두 무료. 그것은 그때로는 굉장한 선물로 어리둥절할 정도였다. 나는 겨우 獨·伊국경인 브렌넬까지 3등 차비를 마련하여 이미륵씨와 같이 로마로 떠났다. 물론 지금까지도 뭇솔리니가 왜 우리를 초대하였는지는 모른다. 그 때가 1933년이니 유럽전쟁이 터진 1939년으로부터 6년 전의 일이다.

유럽에서의 마지막 크리스마스를 맞게 된 나는 여러 친구들로부터 크리스마스 저녁초대를 받았었다. 그 때문에 1, 2일 일정을 단축하고 성탄 저녁 뮌헨으로 돌아왔다. 물론 모처럼의 로마여행을 단축하였다고 다른 독일친구들의 조롱도 받았으나 그때는 친구와의 약속을 지켜야 할 더 중요한 사정이 있었다. 한 가지 그때 느꼈던 기억 중에는 로마에는 教皇廳이 있어도 독일과 같은 성탄 분위기는 없었다는 점이다.

이번 방문 때에 로마에 도착해서는 로마 중심지되는 곳에 있는 독일고고학연구소 로마支部에 마련된 제일 좋은 客室에 들었다.

이곳의 안드레아所長이 8월 6일 로마에 돌아온다고 하고 내가 그곳에서 할 한국미술에 관한 강연은 8월 8일 저녁이라고 해서, 그때까지 다시 한번 로마의 이름난 곳을 돌아보기로 하였다. 로마를 알려면 평생이 걸린다는 말이 있는데 더욱이 우리와 같은 비전문인이 불과 2, 3일 안에 로마를 본다는 것은 말도 안되는 일이었다. 로마는 두말 할 것도 없이 서구문화의 중심지였고 이곳에서 서양의 학문이며 예술이 발생, 성장하였다. 그 로마를 2, 3일 안에 본다는 것은 불가능한 일이나 우리는 로마의 극히 일부분만을 다시 보는 것으로도 마음이 흡족하였다.

우리 숙소에 제일 가까운 보르게제(Borghese)공원에 있는 同名의 美術館에 갔었으나 수리중으로 일부만 볼 수 있었다.

그곳을 나와서 트레비(Trevi)분수가 있는 곳으로 갔다. 수많은 손님 때문에 앉을 자리도 없었다. 분수에 동전을 던지면 언젠가 다시 로마에 온다는 이야기가 있다. 그래서 우리도 동전을 던졌다. 이 분수에는 베르니니(Bernini)의 아름다운 조각이 있다. 안드레아교수가 서울에 왔을 때 서울 新世界 앞 분수는 누구의 작품이냐고 물어 트레비분수의 작가인 베르니니는 아닐 것이라고 대답한 기억이 났다.

이곳에서 멀지 않은 소위 스페인階段으로 갔다. 이곳의 양쪽에는 화분이 놓여 있었는데 여름이라 그런지 화분이 보이지 않았다. 그 때문에 노출된 大理石계단이 천수백년동안 다녀간 많은 손님 때문에 닳을 대로 닳아 있었다.

이곳에서 우리는 빅토르 엠마뉴엘기념상이 있는 곳으로 가 그곳에서 다시 반 폐허상태로 남아있는 옛 로마시대의 광장(Forum Romanum) 건물을 보면서 콜리세움(Coliseum)이 있는 곳까지 걸어갔다.

우리는 오랜간만에 다시 로마에 온 것이 기뻐서 피로도 잊고 걸었다. 로마는 그 전체가 위대한 박물관으로 나도 오래간만에 다시 직장에 돌아온 기분이었다.

콜리세움에 도착하여 서울에서 아들을 보기 위해 뮌헨에 왔다가 이곳까지 온 중년부부를 만나 악수를 교환하였다. 빨리 집으로 가야겠는데 올림픽 때문에 비행기 좌석을 잡을 수 없다고 하였다.

8월 6일 아침에는 일반관광객이 많이 가는 분수로 유명한 티볼리(Tivoli)에 갔다. 그곳은 傾斜地를 이용하여 만든 아폴리토 데스테(Appolito d'Esthe)라는 樞機卿의 별장자리였다. 시간에 쫓기는 우리는 경내의 식당에서 점심을 마치고 다시 로마로 돌아와서 택시로 教皇廳

博物館으로 갔다. 세계에서 가장 훌륭한 박물관이기는 하나 자세히 진열품을 볼 수는 없었다. 출입문 앞에 수백명이 줄을 서고 있어 겨우 입장은 할 수 있었지만 문안에서도 그 사람의 줄은 좀처럼 앞으로 움직이지 않았다.

들어선 사람은 우선 다섯 또는 여섯 줄로 나누어지고 모두들 계단을 올라갔다 내려갔다 하는 도중에 수많은 繪畵·彫刻 등의 진열품을 지나치면서 결국은 안에 깊숙이 자리잡고 있는 시스티나성당쪽으로 갔다. 그곳에는 그 유명한 미켈란젤로의 천장그림과 〈最後의 審判〉이 있다. 우리도 몇 번이나 내리고 오르는 사이에 결국은 그 유명한 그림 아래에 섰다.

우리 인류가 역사상 많은 名作 繪畵를 남겼으나 미켈란젤로의 〈최후의 심판〉처럼 위대한 그림은 많지 않을 듯 싶다. 天堂으로 올라가는 자, 저주를 받고 地獄으로 떨어지는 자가 서로 얼키고 설켜 있으나 그곳에는 일정한 질서가 있어, 화가는 치밀한 구성 아래 무한한 노력을 기울여 이 그림을 완성한 것 같다. 이 그림을 본 다음에 우리는 라파엘의 壁畵 〈아테네學堂 The School of Athens〉을 찾았다. 미켈란젤로와 동시대 사람인 라파엘은 미켈란젤로가 天井畵를 그릴 때 바로 곁에서 작업을 하고 있었다고 한다.

아리스토텔레스·플라톤 등 서구문화의 기초를 만든 그리이스의 철학자·과학자 등을 그림속에서 우러러 보고 나서야 우리는 바티칸박물관의 구경을 끝마친 것 같은 느낌을 가졌다. 바티칸박물관을 처음 본 후로부터 50년도 더 되었고 그 후에도 몇 차례 이곳을 방문했었는데도 이곳은 조금도 변한 것이 없는 것 같았다.

우리는 안드레아교수댁에 갔다. 그 댁은 바로 우리 숙사의 이웃으로 넓은 베란다에 온갖 꽃이 만발해 있어 우리는 정말 로마의 賓客으로 저녁 디너에 초대된 기분이었다. 로마에 왔다 해도 그곳에 있는 로마사람(안드레아교수는 독일사람임)을 만난 일이 거의 없고 더욱이 진실로 친구로서 이야기 할 기회도 없었던 것이다.

교수는 우리에게 로마에서 꼭 가고 싶은 곳이 있느냐고 물었다. 나는 곧 비아 아피아(Via Appia)라고 하였다. 이것은 로마시대에 제일 먼저 완성된 길로서 시저(Julius Caesar)를 비롯하여 아우구스투스·안토니우스·옥타비아누스가 이 길을 통하여 이집트에서 돌아왔고 물론 저 유명한 이집트의 클레오파트라여왕도 왔다.

모든 길은 로마로 통한다는 말과 같이 로마는 이 외에도 큰 도로망이 있었는데 그것이 로마제국의 세계 정책 수행에 큰 몫을 차지하였던 것이다.

다음날 안드레아夫妻는 아침 7시에 출발, 아직도 인적이 없는 캄파니아뜰에 있는 비아 아피아의 옛 무덤이 있는 곳, 그 중에도 둥근 筒形을 한 古墳이 있는 곳에 의자 식탁을 차려놓고 아침 식사를 하였다. 일생 최고의 朝餐이었다. 이들 옛 무덤들은 당대의 名門大家들이 일부러 先祖를 이곳에 모신 것이라고 한다.

東西洋을 둘러보아도 그 많은 역사상에 巨步를 남겨놓은 문화 중에 로마의 문화처럼 우리에게 깊은 인상을 주는 것은 없을 것이다. 그것은 그 문화의 영향을 넘겨받은 민족들이 바로 지금 세계를 지배하고 있는 까닭일 것이다.

그런데 로마의 변두리에 남아있는 옛 길 비아 아피아(Appian Way)는 한적한 곳인데도 불구하고 먼 로마시대를 연상시키는 로마시대의 千軍萬馬가 요란한 소리를 내며 끊임없이 이 길을 지났을 것이요, 그 말발굽으로 인하여 반들반들 닳아있는 돌은 로마시대의 것으로 아직도 옛 모습 그대로이다. 시저를 비롯한 그 많은 로마의 英雄들이 다니던 길목이라는 점에서 우리의 주의를 끄는 것이다.

나는 그러한 의미에서 안드레아교수에게 비아 아피아에 데려다 달라고 하였다. 이곳에는 전에 로마에 있을 때도 택시를 타고 왔다 갔으나 이번에 내가 처와 같이 로마사람의 초대로 이곳에서 아침식사를 즐긴 것은 일생 잊지 못할 일이었다.

이 길은 로마의 敵들도 다녔을 것이다. 나는 중학시절 아프리카 북

비아 아피아 폐허에서의 아침식사. 안드레아夫妻와 筆者의 妻. 로마. 1988년 여름.

캄파니아 뜰로 이어지는 비아 아피아의 옛길에서 筆者의 妻. 1988년 여름.

해안에 자리잡고 있던 카르타고의 將軍인 한니발(Hannibal)이 大軍을 이끌고 지금의 스페인 영토에 상륙, 그곳에서 아페니엔산과 알프스의 峻嶺을 넘어 武器는 물론 코끼리까지 몰아 가지고 千辛萬苦 끝에 이태리에 도착, 로마를 불과 몇 마일 앞에 두고 목적을 달성하지 못한 채 본국으로 돌아가 사망했다는 슬픈 이야기를 듣고 흥분하였던 생각이 난다. 그도 아마 비아 아피아의 일부를 다녔을 것이다. 길가에 서 있는 老木도 마치 그 아득한 옛날부터 서 있었던 것 같은 착각을 하게 했다.

안드레아교수의 안내로 로마 건국시대에 로마에 대항하여 싸웠던 파레스티나와 그 박물관을 견학하였다.

로마 거리를 거니는 사람은 많은 광장(Piazza)이 있는 것에 놀랄 것이다. 그 피아짜에는 반드시 분수나 조각 같은 미술품이 있다. 그 중에서 세계적으로 알려져 있는 것이 피아짜 노보나(Piazza Novona)라는 광장이며 長方形으로 되어 있는데 본래 도미니앙帝의 馬場이었다고 한다. 언제인가 미국 오하이오대학의 허반(Herban)교수는 로마의 그 많은 명소 중에도 노보나광장에 가서 茶를 마시고 쉬라고 권한 일이 있었다. 정말 그곳은 조용하고 평화스러운 광장으로 旅苦를 풀 수 있는 곳이며 유명한 조각을 곁들인 분수가 있었다. 세 개의 분수 중의 두 개가 베르니니의 작품이라 하며, 그 가운데 것은 네 江의 분수라고 하여 世界 四大江을 상징하는 神像이 있었다. 다뉴브강· 지스강·나일강, 그리고 南美의 라 프라타강이다. 水盤의 가운데는 오베리스크(Obelisk)가 서 있다. 로마를 찾는 우리나라 美術史學徒들도 조금만 세심하게 계획을 세우면 쉽게 갈 수 있는 곳이다.

나는 안드레아교수에게서 원래 이집트의 神殿에 있던 오베리스크가 지금은 일부분이 英·美·佛·터키 등으로 옮겨져 갔으나 그 중의 3분의 2 가량은 모두 이태리의 로마·프로렌스 등에 흩어져 있다는 말을 듣고 놀랐다. 물론 아직도 남아 있는 이집트 오베리스크 중에서도 카르낙크에 있는 것들은 나도 보았으나 이 사실에는 놀라지 않을 수

노보나광장의 四江의 噴水. 베르니니 작품.

가 없었다.

다음 날(8일)은 독일考古學硏究所에서 강연을 하였다. 내가 이번 베를린학회가 끝난 다음 로마에 와서 며칠 있었던 것은 안드레아교수가 나에게 무엇이던지 한국미술에 대한 이야기를 해달라고 했기 때문이었다.

이 연구소에서 하는 강연에는 두 나라 말로 한정되어 있다. 이태리어나 독일어인데, 한국사람으로 로마에서 독일어로 강연한다는 것이 독일사람에게는 이채로웠던 모양이다. 원래 로마에서는 6월말에 모든 사교모임이 끝나므로 나의 강연도 6월 중에 하기로 되었으나 서신연락이 잘못되어 8월로 연기되었던 것이다. 안드레아교수는 크게 걱정하여 사람이 적을 경우 세미나실을 쓰기로 작정하였는데 의외로 150여명에 이르는 청중이 모여들어 대성황이었다.

평소에 독일말을 쓸 기회가 적었으므로 갑자기 독일말로 강연하는

筆者의 강연장면. 독일 퀼른박물관 관장 괴퍼씨와 함께.

데는 적지 않게 불안감을 안겨주었다. 더욱이 8월의 기후는 덥고 강당은 냉방장치가 되어 있지 않았다.

결국 1시간 20분이라는 긴 시간을 나는 우리 陶磁美術에 대한 강연을 했다. 안드레아교수가 서울에 와서 사가지고간 高麗磁器의 模造品이 두 점 있었는데 나의 슬라이드 중에 그 물건의 진품이 있어 그것을 보여주고 만약 안드레아 교수의 그 모조품도 땅에 묻었다가 한 천년쯤 지난 후 발굴하면 진품에 가까운 물건이 될 것이고, 안드레아교수는 발굴의 전문가라는 말에 청중은 크게 웃었다.

독일考古學은 로마에서 시작되었다. 독일고고학의 始祖는 빙켈만(Johann Joachim Winckelmann, 1717～1768)으로, 그가 이태리에 왔을 때 베스비오火山의 대폭발로 땅에 묻혔던 헤라클레네움의 발굴이 시작되어 문헌으로 밖에 못 하였던 미술사연구를 실제의 물건으로 하게 되었다. 이 미술사연구에 고고학적 방법이 이용되어 독일의 고고학은 즉 古典考古學(Classical Archaeology)이 되었던 것은 그 후 부터이다. 독일사람들은 항상 로마를 중심으로 그들의 고고학연구를 하였으므로 지금의 독일고고학연구소도 로마에서 발족하였다가 지금은 베를린으로 본부를 옮겼던 것이다.

로마의 고고학연구소는 지금은 독일거류민의 사교중심지로 나의 강연에는 독일대사도 왔고 이태리사람 외에 독일사람들과 친분이 많은 미국 프랑스 등의 거류민도 왔었다.

우리는 이태리의 마지막 날을 맞아 폼페이로 가기로 하였다. 원래 각 여행사에서 마련한 아침 8시부터 저녁 10시까지 폼페이 관광프로가 있어 도중 점심과 저녁식사까지 내어주고 안내자가 붙어 편리했으나 비용이 많이 들어 우리는 안드레아교수의 지시에 따라 기차편으로 폼페이에 갔다 올 수 있었다. 아침 7시 20분 로마에서 나폴리行 기차를 타고 그 곳에서 다시 소렌토車로 가다가 네 번째 역에서 내리니 그 곳이 폼페이역이었다.

내가 십여년 전에 왔을 때 안내자의 뒤를 따라다녀서 비교적 쉽게 폼페이를 볼 수 있었으나, 이번에는 혼자 이곳 저곳을 찾아다니면서 중요하지 않은 곳까지 보아서 그런지 그 넓은 유적지를 두 세시간 안에 샅샅이 다 보기는 거의 불가능하였다.

우리는 오후에 로마로 돌아와서 다음 날 출발준비를 하여야 했다. 로마를 불과 며칠 사이에 모두 보려던 것은 무리한 일이다. 그러나 이번 로마여행에서 가장 인상에 남는 것은 역시 비아 아피아와 그 곳에 펼쳐진 캄파니아의 뜰이었다.

5. 1948년의 美國紀行

아메리카 通信 : 제 1 신

H兄,

美國에 도착한 지도 벌써 3개월이 됩니다. 인제 美國에 도착한 때 이야기부터 쓰기는 대단히 어렵게 되었습니다. 왜 그런고 하니 달로는 꼭 3개월밖에 안 되는데 그 3개월이 사실상 한 1년 된 것 같기도 합니다. 그사이 美洲를 횡단하여 동쪽에 갔다가 다시 이 中部에 오기까지 만난 사람도 많고 본 것도 많고 또 좀 배운 것도 있다면 있겠지요. 그러니 서울의 博物館 구역 안에서 뺑뺑돌면서 신문조차 안 보고 있던 나에게는 이 3개월이 굉장히 길게 생각됩니다. 따라서 그 사이의 일은 지금 상세히 기록할 수 없으리만큼 벌써 기억에서 사라진 것이 있습니다.

샌프란시스코에 배가 닿기가 바로 4월 27일입니다. 내가 長期의 航海生活을 하기는 이번이 두번째입니다. 1937년 정월에 프랑스 마르세이유港을 떠나 2월 1일에 日本의 神戶에 도착한 것이 첫번이었는데 그때는 아직 나이도 젊고 항해생활이 대단히 유쾌하였습니다. 그런데 이번은 꼭 그 반대로 4월 27일 金門橋를 거쳐서 샌프란시스코에 도착하였을 때는 오랜 감옥생활을 하다가 석방된 것 같았습니다. 그때 歐羅巴에서 올 때는 日本 배 3등을 탔고 이번은 최신식 배의 일등선객으로 호사하였는 데도 불구하고 배가 샌프란시스코에 도착한 지 얼마 안 되어 某청년이 찾아 왔습니다. 정확한 발음으로 "나는 H라고 하는데 金載元선생이 누구십니까?" 하고 물어 봅니다. 현재 國務省에 副領事로 채용되어 있는 청년으로 加州大學에서 朝鮮연구를 하고 있는 사람입니다. 渡美 직전에 이곳 加州大學에서 朝鮮史를 강의하고 있는 故尹山溫氏의 둘째아들인 맥큔(George McCune)교수와 서신거래가 있었고 또 샌프란시스코 도착 직전에 電報하였더니 그 맥큔교수 夫人의 부탁으로 나를 데리러 왔다 합니다.

나는 오랜 航海에 피곤한 채 같이 온 여러 고향 친구와 작별, H씨의 자동차로 加州大學이 있는 버클리로 갔습니다. 원래 우리가 도착하는 곳은 샌프란시스코는 틀림이 없으나 샌프란시스코라는 곳은 오클랜드와 버클리에 있습니다. H兄, 나는 아시다시피 10여년 歐洲生活을 한 사람이고 歐洲의 큰 도시는 아마 거의 다 방문하다시피 하였는데도 불구하고 이 샌프란시스코의 현란한 광경은 나의 想像 이상이었습니다. 자동차로 약 40분만에 버클리大學 구내의 인터내셔날 하우스에 도착, 이곳 45호실에 들었지요. 좀 누워서 자기나 하였으면 좋을 터인데 그럴 수도 없고 H씨를 따라서 대학에 갔습니다. 바로 오후 한 시부터 두 시까지 맥큔夫人이 남편의 강의를 代講한다고 하기에 그 講堂에서 夫人을 찾았읍니다. 마침 그날은 某猶太人系 학생의 朝鮮問題에 관한 연구보고가 있어 그 보고가 끝난 후 質問 應酬가 많습디다. "하! 이렇게 진실하게 朝鮮問題를 연구하나"하고 나는 우선 意外의 광경에 놀랐습니다. 토론이 끝난 후 맥큔夫人의 講評이 있었고 千萬意外로 나를 소개하였습니다.

"……는 서울國立博物館長……인데" 講堂의 聽講生은 박수로 환영하였습니다.

그만하였으면 좋을 터인데,

"來後日 이 시간에는 金載元씨의 講義가 있겠습니다."

H兄이 아시듯이 내 英語 실력은 그저 배짱의 영어인데 강의라는 것은 천만부당한 말씀입니다마는 이 당장에 거절할 수 없는 일이요, 당하는 수밖에 없었습니다. 학생들의 얼굴을 보니 2世의 朝鮮사람 수 명, 역시 2世의 中國人, 日本人 또 그 외에 얼마 아니하여 서울에 부임할 國務省 現職官吏 수 명.

강당에서 나와 맥큔夫人과 작별, 市街구경을 하였습니다. 무슨 자동차가 이리도 많은고! 또 무슨 학생이 이리 많아! 나야 시골뜨기니 할 수 없지만 참 남여학생이 우글우글하는데 어느 학생이나 다 옷도 잘 입고 있기에 우선 그 외양에 감탄하였습니다. 내 모습이 하두 시골뜨기 같았던지 H씨가 나를 청하지도 않았는데 양복점에 데려다 줍니다.

이날 우연히 歸途에 있는 尹日善씨를 만났습니다. 尹씨에게서 그 사이 8개월간의 경험담을 듣고 나니 美洲에서 일년을 채울 일이 아득합니다. 될 수 있으면 당장에라도 귀국하였으면 좋겠어요.

이상이 나의 첫날 샌프란시스코에 상륙한 후의 기억입니다.

다음날부터 맥큔夫人이 만든 프로에 따라서 행동하게 되었습니다. 正午경 金元龍씨를 만나 加州대학 교수식당에 가서 레씽교수의 초대를 받았습니다. 이날 東洋學관계 교수는 전부 만났습니다. 그중에도 멘헨교수·붇드베르그교수 등은 다 우수한 사람들입니다. 마침 멘헨교수와 같이 앉았으므로 여러 가지 재미있는 이야기를 들었습니다. 레씽교수는 본래 伯林大學의 助教授로 多年 中國에 滯在, 스벤 헤딘과 같이 中央亞細亞探險隊에 참가, 그후 1937년경에 渡美한 사람입니다. 渡美 직전 나는 교수를 안트워프港에 정박 중인 船上에 방문한 기억이 있습니다. 첫 인상은 꽤 美國化하였구나 하는 것이었습니다.

이날 尹日善씨와 같이 샌프란시스코에 가서 김치와 밥을 얻어 먹었습니다. 또 이날 우연히 白樂濬씨를 만났지요. 샌프란시스코 滯留 우리 동포를 방문하고 이날도 열 두시 후에나 잠이 들었을까.

다음날은 아침 다섯시에 일어나서 오늘 피할 수 없이 된 講義草稿를 여덟시까지 만들었습니다. 아홉시쯤 하여 맥큔夫人의 안내로 이 버클리에서 좀 떨어져 있는 밀스女子大學에 가서 學長을 방문할 참이었는데, 학장의 不在로 헛걸음하고, 오후의 강의는 朝鮮考古學 이야기—여하튼 내게는 기억할 만한 일이었음에 틀림없는—50분 이었습니다.

다음날은 맥큔교수를 방문하였습니다. 교수는 전쟁 중의 과로로 지금 심장병으로 누워 계시는데 병상에서 몇 시간 이야기할 수 있었습니다. 진실로 우리나라의 동무가 미국에 몇 명 있는지 모르나 교수와 같은 이는 그 중의 한 사람입니다. 나는 원래 기독교 예배당에는 발도

들여놓아 본 일이 없는 사람입니다. 따라서 선교사들 과는 교제하여 본 일도 없고, 교제할 일도 없었습니다. 그러나 이분들 중에 조선을 사랑하고 항상 조선 일로 근심하는 분이 한두 분 아닌 것을 보면, 우리는 감격하지 않을 수 없다고 생각합니다. 尹山慍씨는 아는 사람은 알 터이지만, 가장 적극적으로 排日思想을 가지고 있었고, 그 아드님 되시는 분은 직접 선교사업에는 관계없는 분이나, 항상 조선을 위하여 애쓰는 것은 아는 분이 적을 것이 올시다. 사실 이민족을 사랑한다는 것은 어려운 일입니다. 그것은 누구나 할 수 있는 일은 아니지요.

病中인 데도 불구하고, 교수는 朝鮮史學의 여러분의 활동상에 대하여 많은 관심을 가지고 있었고, 加州大學은 太平洋연안에 있느니만큼 朝鮮研究의 一大中心을 만들겠다는 포부를 가지고 있다는 말을 듣고, 나도 역시 그에 대하여 微力이나마 원조하겠노라고 약속하였습니다.

교수의 夫人은 록펠러財團의 위촉으로 朝鮮學界와 美國學界의 연락을 알선하려고 하여, 상당한 資金도 가지고 있는데도 불구하고, 朝鮮學界의 여러분들이 도무지 응하지 않는다고 한탄합니다. 사실 조선의 누가 무엇에 흥미를 가지고 있고, 누구를 어떻게 원조하여야 되겠는지 美國에서 알 도리가 없습니다. 학계의 여러분이 그저 간단한 자기소개라도 이쪽 학계에 있는 사람에게 하면 점차 그곳에서 서로 공통된 관심을 가진 것을 알게 되고, 그래서 학자교환 같은 것도 될 수 있습니다. 學術雜誌 같은 것도 조선에서 사 보기 어려운 것인 즉 그런 것도 夫人이 알선해 주겠다고 합니다. 아무 政治的 意圖, 아무 報償도 요구하지 않는 것이니, 서울 학계에 여러분이 많이 이용하기를 이 기회에 권하고 싶습니다.

나는 加州大學의 朝鮮研究問題 그 외의 유학생문제를 토의하기 위하여, 내가 10여일 加州에 체재하는 사이 전후 두 차례에 걸쳐 나흘 저녁을 이 교수댁에서 묵었습니다.

이곳에 와서 加州의 山水가 좋은 것을 처음 알았습니다. 샌프란시스코 近都 알함브라의 계곡 사이에 있는 조그마한 교수의 별장에서 본 저녁 때의 점점 어두워져 가는 遠近의 경치는 지극히 아름다웠습니다.

나는 문득 이런 생각을 하였습니다. 만약 구라파사람들이 이 美洲를 발견하지 않았더라면 오늘 우리가 아는 西洋문화는 다른 면모를 가졌으리라고. 컬럼버스가 발견한 이 美大陸은 南北 합하여 원 舊大陸의 배 이상이나 되는 곳인데, 이곳에는 그네들이 가지고 살던 모든 생활 조건이 그네들을 기다리고 있었습니다. 기후부터 대체로 구라파인에게 꼭 적당합니다. 그리고 서양문화가 요구하는 모든 물질이 이곳에서 산출됩니다. 이것이 얼마나 서양문화에 큰 발전할 여지를 주었는가를 생각하면 대단히 재미있다고 생각합니다. 가령 우리가 印度洋 한 복판에 또는 우리 東海의 한 복판에 우리나라와 꼭같은 생활조건을 구비한 우리나라만한 땅덩어리를 얻어 보았다고 합시다. 그리고 그곳에서 우리가 가서 자유로이 개척할 수 있다면 아마 우리 민족의 前途는 달라질 것이올시다. 이렇게 생각하면 美洲라는 이 아름다운 山川을 보는 感想이 많이 달라집니다.

오늘의 美洲의 역할을 봅시다. 그야 資本主義의 牙城이니 무어니 하고 평하는 사람도 있겠지요. 나는 博物館人으로 그것을 잘 알 수 없지만 하여튼 현재의 美洲의 역할은 어떠한 의미로나 거대합니다. 이것은 불과 사오백년 전에는 전혀 無人地境이었다는 것을 생각하면 새삼스럽게 놀라지 않을 수 없습니다.

내가 무슨 문화사를 강술하는 것 같아서 우습습니다만 加州의 시가지에서 좀 떨어진 산골짜기의 온갖 잡음을 떠난 조그마한 별장에서 불과 2주일 전에 떠나온 우리나라의 혼란을 생각하고 집에 두고 온 처자 생각을 하면 알 수 없는 鄕愁를 느끼는 것도 사실입니다.

加州에서는 여러 계층의 사람을 만났습니다. 博物館人으로는 드영博物館長 하일박사를 만났습니다. 명함을 드려미니 호기심을 가지고 만나줍디다. 차차 이야기하는 중에 하일박사는 독일계인으로 대학교육도 독일에서 받고 왔다고 합니다. 이것을 알게 된 후부터 우리의 대화는 독일어로 계속되었습니다. 내가 南獨逸에 있었다는 말, 그리고 바바리아에서 바바리아方言을 하였다는 말을 하니 씨의 부하의 木工 판젤씨를 소개하여 줍디다. 판젤씨는 바바리아출신으로 바바리아方言으로 약 30분간 대화하였습니다.

하일박사를 따라서 그날은 샌프란시스코 클맆하우스라는 태평양연안의 레스토랑에서 점심 대접을 받았습니다. 나의 이때까지의 경험으로는 이것이 제일 훌륭한 요리점이었습니다. 절벽 위에 높이 지은 집인데 3面에 全太平洋이 한 눈에 보입니다. 바로 눈 아래 바다 가운데는 돌섬이 있는데 그 섬에서는 수 백의 물개가 올랐다 내렸다 자유로이 놀고 있었습니다. 물론 보호되어 있지요. 이 요리점에서 본 절경은 말할 수 없습니다. 이날은 저녁 다섯시 반 샌프란시스코 크로니클신문사의 W夫人과의 만찬 약속이 있었는데 하일박사가 자기 집에 들렀다가 가라고 하는 바람에 夫人과의 약속 시간보다 한 시간이나 늦게 가서 미안하게 되었습니다.

加州大學 圖書館 司書도 만나고 멘헨교수의 私邸에 방문, 전쟁 중 東洋學 관계자들의 연구상황도 들었습니다. 대체로 東洋學 관계자들은 전쟁 중에 군인들에게 短期로 中國이면 中國, 日本이면 日本에 관계한 언어와 기타 지식을 주기 위하여 徵用되어 거의 그곳에 전 力量을 집중하였으므로 純學問的 사업은 적다고 합니다. 눈에 띄는 것은 獨逸系 학자들의 진출입니다. 加州大學의 레씽・멘헨교수, 시카고大學의 바흐호파, 뉴욕대학의 살모니교수 등은 다 獨逸系이고 斯學을 리드하고 있습니다.

샌프란시스코 부근의 우리나라 사람들의 초대를 받아 조선밥을 많이 먹었습니다. 歐洲에서는 이렇게 많은 사람들을 만날 기회가 없더니 이곳 와서 고향사람을 많이 만날 수 있는 것은 위안이 됩니다. 모두들 고향소식을 알고 싶어 합디다. 南北會談이란 무엇이냐고 알고 싶어 합니다.

뉴욕에 있는 살모니교수가 될 수 있으면 5월 하순까지는 동해안으로 오라는 말을 듣고 또 당시 鐵道罷業이 있으리라는 말에 갑자기 旅

裝을 걷어가지고 이곳 인터내셔널 하우스를 떠났습니다. 인터내셔널 하우스라는 것은 록펠러의 돈으로 된 국내 국외의 유학생들의 宿舍, 俱樂部食堂을 겸한 시설입니다. 규모가 상당하여 큰 홀에는 항상 전세계의 학생들이 모여 있는데 이 광경은 더욱이 재미있습니다. 猶太人도 있고 아랍人도 있고 머리에 터반을 두른 印度人도 있고 中國人, 비율빈인은 물론 각국 사람들이 있습니다. 옛적 唐나라 長安에도 세계의 유학생이 모였었다는 말을 들었는데 대개 이런 광경이었겠지요.

시카고를 거쳐 뉴욕에 도착, 곧 W君집에 여장을 풀었습니다. 뉴욕대학의 살모니교수를 만나고 록펠러재단 幹部會見, 곧 다시 나는 보스턴으로 출발하게 되었습니다.

빅 베이라는 정거장에 내리니 워너박사가 친히 정거장까지 나왔습니다. 또 軍政廳 學務局에 있던 길버트슨君도 기다리고 있습니다. 그리고 곧 캠브릿지의 하바드대학에 있는 포그博物館에서 잠시 쉬고 이 大學 教授俱樂部의 1室에 賓客으로 들었습니다. 이 教授俱樂部(Faculty Club)에는 대개 외국학자들이 들어 있는데 나 있을 때에는 수 명의 프랑스教授들이 와 있었습니다. 나는 처음 10일간은 무료, 다음 1개월도 5弗만 내면 됩니다. 나야 별로 가치없는 인간이면서도 우리나라에서는 국립박물관이란 존재조차 모르는 人士가 허다하나 이런 외국학자에게는 嚴然한 존재입니다. 따라서 그 덕분에 대접을 받는 격이지요. 이날 약 2시간 워너博士와 나의 美洲에서의 계획과 우리 박물관 당면의 諸問題를 토의하였습니다.

씨는 원래 필라델피아박물관장으로 있다가 자기의 취미로 이 적은 大學博物館의 한 部長으로 포그박물관을 世界的으로 만든 사람입니다. 일본과 중국에 다년 체재하였고 우리나라에는 수차 왕래, 1946년 慶州發掘時에도 왔다 갔습니다. 門下에 秀才가 많아 美洲의 博物館 및 大學關係의 東洋美術에 관한 연구를 하는 사람들은 워너박사를 대선배로 알고 그의 말이면 누구든지 귀를 기울여 듣습니다. 나도 나의 美洲견학의 첫걸음에 이리로 온 것은 그 지도를 받고자 한 것입니다. 원만한 인격자로 매일 후배 동료를 위하여 편지하는 것만 하여도 10여 장씩 된다고 합니다. 물론 연구에 여가가 없는 분이나 그 대신 후배들 연구에는 적극적 원조를 하니 그것이 자기가 직접하는 것보다 더 효과가 있을 것입니다.

내가 이곳에 도착한 다음날은 이 포그박물관 會議室에서 東洋陶磁研究會가 열렸습니다. 오늘의 주요 연구 테마는 高麗磁器입니다.

이날 모인 사람은 멀리는 샌프란시스코에서 온 中國人 李씨, 카나다 토론토에서 수 명, 워싱톤 프리어미술관 副館長, 뉴욕 메트로폴리탄 박물관의 호비씨, 보스턴 박물관의 수 명 등 30여명이 모였습니다. 미국에서의 陶磁器의 권위자들 뿐입니다. 우선 세 사람의 강연이 있었습니다. 길버트슨씨도 朝鮮에서 연구한 결과를 발표하였습니다. 朝鮮研究라는 것은 歐美 어디서나 아직 본격적으로 시작되지 않았습니다. 이 때까지의 우리나라에서 출토되는 樂浪遺物 때문에 그저 附帶的으로 연구하는 경향이 있었습니다. 樂浪의 漆器는 東洋古代美術研究者들에게는 세계의 逸品입니다. 이것은 總督府博物館에서 발간한 서적이 세계적으로 유명하게 되어 어느 博物館人 치고 우리 國立博物館소장의 彩篋의 안부를 묻지 않는 사람이 없습니다.

그 다음에 잘 알려진 것은 역시 高麗磁器입니다. 그 중 훌륭한 高麗磁器를 소장한 곳은 즉 오늘 東洋陶磁器研究學會가 열린 포그박물관입니다. 이곳에서는 진열실 하나를 高麗磁器室에 충당하고 있습니다. 그러나 이것은 역시 이곳 뿐이고 고려자기가 보스턴博物館 또 시카고 博物館에 수 점이 나와 있으나 역시 크게 볼 것은 없습니다.

學會애기가 脫線되었군요. 다시 학회애기를 합시다. 오늘의 중요한 논제는 新羅土器와 高麗磁器와의 관계, 高麗磁器와 宋青瓷의 관계, 또 白色 高麗磁器에 대한 제문제 등이었습니다. 그 중 재미있는 것은 고려청자와 송청자와의 문제에 들어가 그 재료로 쓴 흙 문제가 나왔는데 현미경으로 본 두 청자의 단면은 아무 차이가 없는 것입니다.

이 학회가 끝난 후 보스턴박물관 東洋部 副長이 되는 페인씨의 晩

餐會에 갔습니다. 페인씨는 日本에 5, 6년 滯在, 전문은 繪畫로, 2, 3의 好著가 있습니다. 北京故宮博物院을 제외하고는 宋·元·明·淸의 名畫는 역시 일본에 많이 집중되어 있습니다. 따라서 이런 연구하는 사람들이 日本에 모이게 되는 것이지요. 페인씨의 藏書에 깜짝 놀랐습니다. 원 미술에 관한 것은 없는 것이 없군요. 우리《朝鮮古蹟圖譜》15권도 있고…… 前 朝鮮總督府博物館 出刊書籍은 다 있습니다. 高句麗니 樂浪이니 金冠塚이니. 원래 夫婦가 다 名門出身으로서 資力이 좋아 이렇게 미국에서 볼 수 없는 책부자가 되었다고 합니다. 이곳에서 학회에 모인 30여명을 하나하나씩 다 친하였습니다. 骨董商도 많습니다. 역시 어느 나라에서나 골동상은 아는 체를 하는 법이외다.

"博物館人이란 聖된 存在, 물어도 대답 안하거든… 하! 대답하면 끝이 나타나니까. 하하 신부처럼 딴 제복을 입혀 놓아야지".

이것은 뉴욕 骨董商 체이트씨의 言辭입니다. 컬컬한 쾌남아입니다. 앞에 서 있는 호비씨(뉴욕 메트로폴리탄박물관)를 가리키면서 저게 무얼 안다고 이곳까지 와서 흐흐흐 하고 웃습니다. 대단히 유쾌한 날로서 이날 미국 박물관인의 반수 이상을 만났습니다. 정말 한 가지 잊은 일이 있군요. 오늘 학회 개회사는 역시 워너씨가 하였는데,

"이 회의에 오늘 특별히 멀리 조선에서 온 國立博物館長 金載元씨가 출석하게 된 것은…"

H兄! 내가 훌륭한 것은 정말 아니외다. 우리나라 국립박물관은 외국박물관에는 정말 뚜렷한 존재입니다. 이것은 우리나라 知識人들은 알아야 될 일이라고 믿습니다.

조선에서 접촉이 많던 길버트슨君을 만난 것은 반가웠습니다. 하루 저녁 맥주를 마시면서 이야기하였습니다. 오늘 저녁 맥주값은 내가 치렀습니다. 조선에 있을 때는 내가 주인이면서도 항상 길버트슨君은 제 맥주를 제가 들고 왔습니다. 한 번은 두 타스 스물네병을 가지고 와서 네 병만 먹고 갔다가 사오일 후에 다시 와서 맥주 남은 것이 있으면 한 병 달라고 합디다. 그러나 그새에 나는 맥주가 많이 생겼다고 박물

관 직원에게 한 병반씩 나누어 먹이고 나서 한 병도 남은 것이 없어 웃은 일이 있습니다. 이러던 차에 이번은 내가 미국에서 탄 돈으로 길버트슨君에게 맥주 한턱을 하니 그는 우습다고 웃습디다.

"당분간 록펠러씨가 석유로 번 돈 이자로 먹고 사니까 하……."

다음날에는 보스턴 박물관의 일본인 富田씨를 찾았습니다. 이 박물관은 일본인과는 특별한 관계가 있습니다. 初代 東洋部長은 岡倉覺三이라는 美術研究 전문가가 있었고 그때 岡倉씨를 따라온 富田씨가 지금은 第3代 部長인지 되었습니다. 역시 전문은 繪畫. 이 박물관은 물론 어느 부문에도 우수하나 특히 東洋繪畫는 볼만합니다. 宋代 名畫들이 많이 모여 있습니다.

다아트씨와 같이 東洋部 倉庫에 가서 物品貯臟法, 普及部에 가서 大衆教育機關으로의 博物館의 活動狀態를 조사, 또 카드法 같은 것을 조사하고 바쁜 하루를 보냈습니다.

제일 참고되는 것은 역시 이 박물관의 大衆教育에 대한 활동상황입니다. 이것은 우리가 많이 연구하여야 될 일이 올시다.

보스턴에는 사 오일밖에 있지 못하였습니다. 엄밀히 말하면 나 있는 데는 보스턴의 近接市인 캠브릿지, 즉 하바드대학의 所在地입니다. 이곳은 대단히 고요한 곳으로 다시 돌아올 것을 약속하고 뉴욕으로 떠났습니다. 뉴욕에는 5월 18일 瑞典極東博物館長 中國學의 大權威 칼그렌씨가 도착하므로, 나도 환영회에 출석하여야 되겠기에 나의 캠브릿지 방문은 일찍 끝낸 것이지요.

미리 전화로 연락하고 에일大學 오스굳교수를 방문하려고 도중 뉴헤븐에 下車. 오늘 저녁은 이 교수집에서 자기로 하였습니다. 씨는 작년 江華島에 3개월 체재하면서 우리나라 民俗을 연구한 사람으로, 씨의 蒐集品은 아직도 우리 국립박물관에 보관되고 있습니다. 4~5시간 夫人과 3人이 환담, 겨우 취침하기는 오전 한 시.

다음날은 수면부족으로 피곤하기 짝이 없었습니다. 오스굳교수는 이곳 대학박물관의 人類學部長을 겸하고 있는데, 오늘은 박물관학을 강의하는 날로서, 나도 강의에 참석하라고 합니다.

박물관학 중에도 오늘 강의제목은 博物館長論입니다. 즉 나를 위한 특별 강의입니다. 얼마나 재미있습니까?

"博物館長에는 두 가지 타입이 있다. 학자로서의 박물관장, 事務家로서의 박물관장…… 두 가지를 겸한 사람도 있으나, 대개는 어느 쪽이나 기울어지는 편이 많다……. 박물관장으로 제일 어려운 것은 그 아래에 여러 가지 類의 사람을 쓰는 일이다. 그 아래에는 학자도 있고 사무가도 있고 기술자도 있고…… 박물관장은 對社會的으로는 문화를 대표하는 기관의 長인 동시에 또 敎育機關의 교육자로서……" 이루 다 이곳에 되풀이할 수 없습니다.

이 오스굳교수의 학생의 1人으로 군정청에 있던 크네제비치씨(당시 대위)가 있습니다. 씨의 안내로 박물관을 견학하였습니다. 이곳도 역시 다시 방문할 작정으로 하루만 쉬고 뉴욕으로 돌아왔습니다. 뉴욕에 와서도 역시 바쁜 날을 보냈습니다. 5월 20일 콜럼비아대학에서 칼그렌교수의 中國靑銅器에 대한 강연이 있었습니다. 이날 이곳에서 포그박물관에서 열린 학회에서 만난 친구를 모두 만난 것은 재미있었습니다. 그 特記할 인물은 헝가리博物館長 호와드씨. 씨는 이번 전쟁전에 일본에 왔다가 전쟁으로 5,6년이나 日本에 체재한 사람. 나에 대해서는 梅原교수에게서 들었다고 반가워합니다. 中國 骨董蒐集家 마이어씨도 이곳에서 처음 만났는데 씨의 댁에는 후에도 방문하였습니다. 토론토박물관 톰슨孃 역시 東洋陶磁研究會에서 만났던 사람인데 이곳에서 또 만났고, 그 후 2, 3일 동안 내가 가는 데서마다 만났습니다. 메트로폴리탄박물관·蘆氏商會에서도 만났고, 만날 때마다 서로 웃었습니다.

칼그렌교수의 강연의 前半은 이미 교수가 7, 8년 내에 발표한 것이고, 後半은 新研究의 결과입니다. 강연이 끝난 후 약 5분간 이야기하였습니다. 이 칼그렌교수는 다음날 蘆氏商會 환영회에서 다시 만나서 이 때는 스톡홀름박물관 研究發表誌 16권 이하의 寄贈을 依囑하였습니다. 우리 박물관에는 1권부터 15권까지 오고 그후 것은 戰爭 사이에 받지 못하였습니다. 이 教授의 말이 자기는 지금 美國博物館을 순회하는 중인데, 6월 20일에 다시 뉴욕에 돌아와서 약 10일간 이곳에 있을 터이니, 그곳에서 그 때 다시 만나서 좀 장시간 이야기하는 것이 어떠냐고 합니다. 그래 사실은 나 역시 美國博物館을 순회하는 중이라 하니, "아아, 그러냐" 고 합니다.

그러나 이 칼그렌교수는 6월 12일 시카고에서 다시 만나 전후 세번 만났습니다. 제일 뉴욕에서 자주 만나기는 뉴욕大學의 살모니교수. 이 교수의 연구실에서 나는 내가 벨기에에 있을 때 헨쩨교수와 共著로 낸 나 자신의 이름이 붙은 책을 처음 보았습니다. 물론 문제할 것 없는 것이지마는 第2次世界大戰 전의 자기 한 일을 지금 처음 보는 感想은 이상합니다. 또 氏가 主幹으로 있는《아티브스 아시애》誌에 내가 쓴 慶州發掘概報가 난 것을 보여줍니다. 漆面이 原色版으로 卷首圖版으로 난 것은 자기만족을 주었습니다. 살모니교수는 이 나의 이름이 붙은 論文이 근래의 가장 우수한 논문이라고 激讚합니다. 단순한 보고인데 논문이 우수하다는 것은 新資料를 제공하였다는 말이지요. 내가 檀君에 관한 연구자료를 보여주면서 이것을 다시 정리하여 쓸 터이니《아티부스 아시애》誌에 싣겠느냐고 물으니 大贊成. 그렇다면 먼젓번 원고료를 지불한다고 一金 ○○○弗을 적은 小切手를 줍니다. 이것은 아마 나에게만 보여주는 호의에 틀림없습니다. 美國의 이런 學術雜誌에서는 원고료를 지불하는 법이 없으니까.

뉴욕에 며칠 있는 사이에 메트로폴리탄박물관 내부구조나 알아둔다고 가 보았습니다. 때는 마침 베를린美術館 소장의 繪畫展覽會가 있어서 대성황을 이루고 밀려 드는 관중 때문에 겨우 觀賞하였습니다. 베를린에 있던 미술관, 박물관의 수가 약 20여개 있었는데 그것들은 거의 전부 파괴되었답니다. 이곳에서 가끔 전람을 시키는 이들 회화는 어느 炭坑 속에 보관되었던 것인데 미군이 발견, 그후 보관하기 위하여 美洲에 가져왔다가 일부는 이미 還送되었고 일부만 이 미국 중요

도시에서 巡廻展覽하게 된 것입니다. 입장료를 50센트씩 받는데 이것은 罹災獨逸兒童을 구제하기 위하여 쓴다고 합니다.

이들 회화는 實物로 사진으로 낯익은 것이 많은 모두 세계적 傑作뿐입니다. 보티첼리·크라낙·카라바지오·벨리니·홀바인·루벤스 등 이름을 열거하여도 그 얼마나 豪華版인지 알겠지요. 나는 5, 6년동안 플라망(지금의 벨지움 네덜란드)지방에서 생활한 일이 있으므로 렘브란트·루벤스·브뤼겔·멤므링 등 네덜란드 플라망계통의 畫家와는 親面이 있는데 이곳에 와서 7, 8년만에 이들 巨匠의 작품을 대하는 것은 감개무량한 바 있습니다. 이곳에서 잠깐 獨逸美術品 이야기를 할까요. 獨逸民俗博物館의 르 콕 또는 그륀베델 探險隊들이 新疆省에서 수집하여 간 미술품 중 벽화는 바로 그것을 진열실 안에 벽을 만들고 끼어 두었기 때문에 반출할 수 없이 7, 8할 이상 破滅한 것은 이미 내가 우리나라에서 듣고 온 바입니다. 搬出疎開할 수 없는 물건은 그렇게 거의 전부 파손되었다고 합니다. 이에 비하여 회화 같은 것은 소개가 용이하니까 다행한 일이지요.

독일 미술의 중심은 베를린 외에 뮌헨과 드레스덴을 들 수 있습니다. 드레스덴의 미술관 역시 세계적으로 유명한 것인데 이곳의 회화는 전부 지금 모스크바에 가 있습니다. 소련에서는 드레스덴繪畫陳列館을 일부러 新築, 陳列하고 있다고 하는데 나에게 이 소식을 전한 某美術館長은 이들 美術品이 독일에 돌아올 기회는 영영 없다고 암시하나 나는 무엇이라고 말할 수 없습니다. 뮌헨에는 유명한 新舊 피나코테크의 美術館이 그 중 著名하였는데, 燒夷彈으로 全燒, 그러나 美術品은 전부 무사하다고 합니다. 이것은 그곳의 그래픽部長으로 있는 S교수에게서 직접 온 소식입니다.

西部獨逸의 雄都는 쾰른인데 이곳에는 내가 더욱이 친분이 많은 라이데마이스터박사가 그곳 박물관 미술관 전부의 총장으로 있습니다. 박사의 간단한 親書에 의하면, 역시 박물관은 다소는 파괴되고, 남은 것을 보관해가는데 전력을 다한다고 합니다. 그곳의 亞細亞美術館의 진열품은 일부 함부르그工藝博物館에 出陳中이고 同美術館館長으로 있는 스파이저씨는 아직도 英國 포로로 있는데, 7월 중에는 돌아올 것이라고 합니다. 간단한 소식이나 역시 그 얼마나 참혹한 지를 미루어 알 수 있습니다.

尹丙洙양을 동반, 自然科學博物館에 가 보았습니다. 다 어마어마한 규모라 한 바퀴 돌고, 天文館이라고 번역할 수 있는 Planetarium에 들어가 두 시간 구경하고 왔습니다. 이것은 天體의 움직임을 一目瞭然하게 볼 수 있게 만들어 놓은 것인데, 나는 이미 독일 뮌헨에서 본 일이 있으나, 尹양을 구경시켰지요. 이 기계는 독일 짜이스회사 제품입니다.

박물관장의 여행이라고 박물관 중심으로 이야기하여 재미없다고 할까 하여 좀 다른 이야기를 하여 볼까요. 하루는 예일대학 크네제비치君이 왔습니다. 君을 데리고 그날은 정말 구경을 다녔습니다. 세계 최고의 건물인 엠파이어 스테이트 빌딩으로 올라갔습니다. 50센트를 입장료라 할런지, 돈은 냅니다. 들어가보니 미국 내에도 시골뜨기가 많은 모양입니다. 이 摩天樓 구경온 사람이 나 뿐이 아니외다. 수십명 있습니다. 이런 마천루의 웃층으로 올라갈 때는 급행을 탑니다.

올라와서 내려다 보는 광경은 마치 外金剛 天仙臺 위에서 外金剛 수백 봉우리를 보는 광경같소이다. 우리나라의 靈峰 金剛山을 뉴욕에 비한다고 그 비유의 속됨을 웃을런지 모르나, 얼핏 그렇게 생각이 듭니다. 내가 올라온 곳도 높지마는 그 아래에 이렇게 높이 솟은 峰이 많았거든요. 우리의 록펠러영감의 레디오 시티는 상당합니다. 높지는 못하나 그 중 貫祿이 있습니다.

그리고 우리는 그린윗지 빌리지라는 뉴욕에서 가장 舊態가 남아 있는 데로 저녁을 먹으러 갔습니다. 빌리지는 Greenwich Village의 略인데 한때 이곳에는 화가 기타 예술가가 많이 살아, 그들의 생활양식에서 오는 특색이 나타난 곳인데, 요새는 사이비 예술가가 많이 산다고 합니다. 그곳의 건물의 일부분은 한 백년 되었을까, 좀 오랜 맛이 있습니다. 뉴욕市街 전체의 建物批評을 불과 2, 3行으로 할 수는 없는 일이나, 최신식 네모 반듯한 비지네쓰용 건축물 같은 것은 다 그 목적에 알맞게 지은 것이니 별로 비판할 것도 못되지마는, 이삼십년 전후에 된 건축물은 미술상으로 보아 없애버려야 될 것이 많습니다.

이야기가 또 다른 데로 쏠렸습니다만, 그날 크네제비치君과 저녁을 먹고 레디오 시티 안에 있는 극장에 구경갔습니다. 활동사진과 바리에테를 합한 것입니다. 기술상으로 보아서 물론 완전에 가까운 설비를 가지고 있는 것은 물론이나, 내부장치를 美觀上으로 보아서는 역시 美國大衆的 취미에 맞게 한 것이라, 과대평가는 할 수 없습니다. 여하튼 오늘 나는 처음으로 발레걸이 수십명 넓은 무대 위에서 춤추는 구경을 하였소이다. 박물관장 半裸體舞臺 구경이야기는 이만합니다.

모던 아트미술관을 보았습니다. 나는 원래 기원 전후 것이 아니면 홍미를 느끼지 않는 성미라, 철사를 이리 꼬부리고 저리 꼬부린 것을 달아매고 예술이라고 하는 데는 아무 홍미도 없습니다. 사실 솔직히 말하여 그것이 무엇인지 모르니까. 그 중 어떤 그림 같은 것은 또 억지로라도 알아볼 수 있는 것이 있으나, 우리 같은 考古學徒에게는 넌센스인 것 같습니다.

뉴욕은 팔백만 인구가 있다고 합니다. 4, 5일 이곳에 있는 사이에 우연히 누구를 만난다는 것은 거의 있을 수 없는 일이지요. 더욱이 미국 안에 아는 사람이라고는 얼마 없는데 그 중에서 친구를 만난다는 것은 거의 기적이라고 할 수 있습니다. 뉴욕대학 教育學의 아른트교수를 전차 안에서 우연히 만났습니다. 뚱뚱한 친구가 갑자기 와서 전차 안에서 어깨를 치는 데는 놀라지 않을 수 없었습니다. 氏와는 점심을 같이 하면서 여러 가지 이야기를 들었습니다. 아른트교수는 나를 만난 다음날 역시 전차 안에서 우연히 헤모빗치君을 만났다고 합니다. 그래서 헤모빗치君이 나 있는 宿所를 알고 전화를 걸어 왔습니다. 이 헤모빗치君은 軍政廳 音樂課에 있던 친구인데 우리나라 音樂人들을 돕고자 헌신적 노력을 하고 있는 데에는 감사하지 않을 수 없습니다. 이번 林元植·尹琦善 兩氏의 渡美도 헤모빗치君의 노력이 많은 모양입니다.

이외 스미스君 누이宅에서 英國人 國際聯合代表의 한사람도 만났고 —— 여하간 지금 뉴욕은 世界의 中心이고, 이곳에 있으면 재미있는 일이 많겠으나, 나는 수 개월 후에 다시 이리로 올 작정으로 5월 27일 뉴욕을 떠나서 캔사스로 출발하였습니다. (《學風》 1卷 2號, 1948년 11월)

아메리카 通信 : 제2신

H兄,

캔사수市에 온지도 벌써 만 2개월이 되었습니다. 그저 적적한 생활을 계속하고 있습니다. 이제 약 2, 3주일 뒤면 이곳을 떠나겠습니다. 이곳을 떠나면 張仁淑양의 말과 같이 우편배달부 모양으로 박물관만 찾아다닐 작정이외다. 캔자스라는 도시는 미국에서는 中部, 보통 일반 외국인들은 잘 들르지 않는 곳입니다. 인구는 사십만, 일부 事業中心地를 제외하고는 全都市가 別莊地帶처럼 되어 있는 곳으로, 대단히 아름답습니다. 다만 여름은 좀 덥습니다. 화씨로 120도까지 올라간다고 하니까.

이곳 넬슨미술관은 지금부터 15년 전에 開館된 것으로 미국에서도 최신설비를 가지고 있습니다. 여름엔 이 큰 건물 전체를 냉방장치로 공기의 온도를 저하시키고 있으니 이 안에서 일하는 우리들은 과히 괴로운 일은 없습니다. 다행히 이곳에 와서는 널찍한 숙소를 구하여 있으므로 나의 캔사스의 일상생활에는 큰 불편은 없습니다. 내가 지금 있는 집은 에퍼슨의 집이라고 원래는 큰 부자의 집인 모양인데, 지금 이곳 市立大學에 기증되어 학생과 일부 교수·강사들의 숙소로 이용되고 있습니다. 마침 방학이라 교수·강사들이 휴가를 간 틈이므로 나는 이 집안에서도 가장 큰 Elephant Room이라는 큼직한 방을 점령하였습니다.

이곳 미술관 부관장은 식크만씨. 하바드대학 졸업. 中國에 6,7년 체재, 그후 전쟁 중에는 昆明飛行隊附로 日本軍基地爆擊戰에 참전, 전쟁을 필한 후에는 日本 占領軍司令部에 있다가 온 사람인데, 中國語는 北京官語에 능통합니다. 中國美術에 精通. 씨가 이곳 미술관에 모은 중국미술품은 어느 것이나 다 逸品입니다. 그리고 설비와 진열에는 美國에서도 首位에 갈만큼 우수합니다.

2개월이나 되는 동안이라 하지만 이 도시의 동서남북도 잘 모르고 있습니다. 매일 宿舍와 미술관 사이를 걸어다니니까, 어디에 무엇이 있는지를 알 수 없습니다. 다만 이곳에 와서 우리나라 사람을 한 분 만났습니다. 姜鴻範씨라는 70이 넘은 분입니다. 이 분은 이곳에서 요리점을 경영하시는데 美國夫人과 같이 꽤 재산도 모은 모양입니다. 나의 週間行事의 하나로는 이 姜氏宅에 가서 냉면을 얻어 먹는 일입니다. 김치를 만들어 넣고 얼음도 넣어 곱배기를 만들어 주는 것을 미국인들이 놀라는 것도 모르는 체 내려삼키고 입을 씻고 나서는 멋이란 이루 말할 수 없습니다. 故鄕同胞의 반가움을 이번 같이 느껴본 일은 없습니다.

이번에 나는 미국의 어느 도시에 들르든지 전화번호부를 내어서 조선사람을 찾습니다. 金이고, 李·姜 같은 이름을 찾아 보는데, 미국에 金(Kim)이라는 姓이 있는 줄은 이번에 처음 발견하였습니다. 이곳에 와서 金이라는 姓을 찾아 전화를 걸어보니 "나는 朝鮮사람이 아니오 아이엠 소리"라고 딱 끊어 버립니다. 더욱이 이(Lee)라는 姓은 미국에서는 유명한 이름이고 강이란 姓도 미국에 있답니다. 이래서 전화부로는 고향동포를 찾기 어려운 줄도 처음 알았지요. 그래도 행여나 하고 찾아봅니다. 원래 큰 도시에는 동포 한 명쯤은 있으니까.

6월 1일에는 500리의 장거리를 자동차로 돌파하여 시카고에 갔다 왔습니다. 마침 스웨덴의 칼그렌교수가 그곳에 와 있는데, 시카고의 부런디지(A. Brundage)씨가 晩餐을 베푼다고 하고, 이탤리인 骨董商 무쏘씨가 諸般準備를 하였다 하기에 그간 피로도 좀 풀리고 뉴욕에서 만났을 때 再會를 期約하였던 터이고 해서, 이곳 넬슨博物館副館長 식크만씨, 볼드윈씨 이렇게 트리오로 볼드윈씨 자동차를 타고, 오전 6시 캔사스市를 출발, 오후 5시경 시카고에 도착하였습니다. 時速 80마일로 달리는데도 그 사이 산하나 없는 곳 만을 지납니다. 따라서 산 있고 물 있고 하여야 山水가 아름다울 터인데, 별로 아름답다고 할만한 것도 없습니다. 하기야 어디를 가든지 푸른 平原에 잘 닦아 놓은 길이 있고 깨끗한 家屋만이 즐비하게 서 있으니 우리나라 같은 가난뱅이 나라에서 오는 사람에게는 예쁘게 보입니다.

도중 마크 트웨인이 태어난 한니발이라는 조그마한 데에 들려서 이 少年小說로써 미국에서 가장 사랑받는 문호에 살던 집을 改造한 博物館 구경을 하였습니다. 마크 트웨인의 작품 하나도 읽어본 일이 없고, 이 문호에 대하여 가진 지식이라고는 유럽에 있을 때 Tom Sawyer라는 活動寫眞을 본 것 외에는 아무 것도 모르는 나는, 그 집 앞에 있는 울타리를 재미있게 보았을 뿐입니다. 이 흰 페인트를 칠한 울타리가 톰 소여라는 소설 중에서, 큰 역할을 하고 활동사진에서도 그렇고, 또 사실 울타리에 설명판을 붙여 놓았습니다. 아브라함 링컨이 出生하였다는 스프링필드도 지나고, 두 시간에 한 번씩이나 도중의 호텔이나 또는 음식점에 들려서 커피도 마시고……. 이 자동차여행은 꽤 재미있었습니다.

다만 유럽에서 비교적 많이 여행을 하였던 나로서는, 미국의 어디를 가든지 도시의 외모나 모든 것이 다 비슷하여 특색이 없지요. 지금의 건물이라는 것은 오래서 백년밖에 되지 않으니까. 歷史가 오래지 않으니 특색이 있을 리 없습니다. 식크만씨와 볼드윈군은 가다가는 "그 집은 참 오랜 집이고 좋다"라고 감탄합니다. 그래 몇 해나 되는냐고 물으면 "한 80년 되지"하고 그들도 웃습니다. 원 西紀前後 것이 아니면 재미없는 나로서는 도무지 감탄할 생각이 나지 않습니다. 제일 눈에 띄는 것이 목조건물이 많은 것입니다. 地方村落만 그런 것이 아니라 켄사스같은 대도시도 큰 집 내어 놓고는 목조건물이 많습니다. 그러나 어디가든지 집들은 다 깨끗하게 칠하여 놓았습니다. 역시 세계에서 제일가는 富國이라 다릅니다.

시카고에서는 라살호텔에 들었습니다. 방마다 라디오가 있는데 5센트 하나 넣어야 한 시간 동안 들을 수 있다고 하는데, 나는 1센트로만 이틀동안이나 라디오를 사용하였으므로 우리들 사이에 이야기거리가 되었습니다. 이 호텔은 만 1년 전엔가 대화재가 나서 숙박객 중에 소사한 사람이 많아, 근래의 大慘事를 당한 곳으로 유명합니다. 이 호텔 주인이 즉 부런디지씨입니다. 부런디지씨는 한때 젊었을 때에 10종 경기로 이름을 날리던 사람인데, 지금은 巨萬의 富를 이루고 萬國올림픽委員會 副會長, 美國올림픽會長의 큰 직책을 가지고 있습니다. 오늘은 우리가 늦게 와서 만나지 못하고, 이탤리인 무쏘씨 초대의 만찬에 참석하고 그후 무쏘씨 방에 가서 씨의 蒐集品을 구경하였습니다. 靑銅器 4,5점은 대단히 우수한데, 씨의 수집품 중의 逸品은 長沙에서 나온 漆器입니다. 오후 11시가 지나 방에 돌아와서 1센트의 기능을 발휘하는 라디오를 들으면서 이 거대한 호텔에서 첫 밤을 지냈습니다. 시골뜨기가 이런 데 오면 반드시 맨처음에 방값을 먼저 조사합니다. 5弗50仙. 7백원씩 계산하면 3천5백원도 더 되나 그러고 생각하여 보니 서울에서 우리 가족 전체가 이 하루 방세로 한달생활을 하여야 되는 셈입니다. 참 기막힌 노릇입니다. 이런 호텔에 들어서도, 이런 생각을 하게 되는 처지가 더욱이나 딱합니다. 이 호텔은 물론 시카고에서 일류호텔인데 구라파에서 보고 온 경험으로 생각하면 상상 이상으로 호화롭습니다. 누구나 다 주머니에 수백불씩은 넣고 다닐 사람들 가운데서 20弗밖에 안든 주머니를 가지고 발발 떨 사람은 나뿐일 것입니다. 하하.

그 다음날은 대단히 바쁜 날이었습니다. 아침에 무쏘씨방(이 호텔에서 생활함)에 가서 어제밤의 靑銅器, 漆器를 더 구경하고 정오쯤 되어 시카고대학 박물관으로 차를 몰았습니다. 이 박물관 연구실에는 지금 中國의 碩學 董作賓씨가 賓客으로 와 있습니다. 씨는 中國의 言語歷史

研究院의 중요 멤버로, 특히 그 甲骨文硏究는 세계적으로 유명합니다. 그런데 美國에 온지 일년 반인데 英語는 '한 마디'도 못합니다, 조그만 방에 中國茶를 끓여 놓고 殷代曆學硏究에 몰두하는데 그 자료는 물론 甲骨文과 靑銅器 銘文이 主입니다. 곰팡이 쓴 古書를 쌓아 놓고 그 어느 중국 小都市에서 만든 양복을 입고 앉아 있는 董作賓氏와 筆談을 하였습니다. 이 董作賓씨야말로 세상만사가 어찌 돌아가는지 모르고 사시는 모양입니다. 中共軍이 어찌되든 中央軍이 勝하든 敗하든 董作賓씨에게는 그것이 하등 관여할 바 아닌 것 같습니다. 나는 氏가 주는 中國茶 한 잔을 마시고 후에 다시 찾아 뵈올 것을 약속하고, 한없이 존경하는 마음으로 이곳을 나왔습니다.

그리고 우리는 시카고대학교수 크릴씨 댁에 갔습니다. 씨는《中國의 誕生》·《中國古代文化硏究》등 好著를 발표한 미국의 가장 우수한 이 방면의 학자입니다. 중국에는 근 10년씩 있은 사람으로 中國敎科書의 著書도 있습니다. 요사이는 孔子연구를 한답니다. 크릴씨와의 대화로 얻어 들은 바에 의하면 孔子란 결국은 그 시대의 產物입니다. 따라서 孔子思想의 어느 부분이 어디서 오고 어느 부분이 공자 자신의 獨創이고 어느 부분이 後人들이 만든 부분인가 간단히 말하면, 이것이 氏의 孔子硏究의 중심인가 싶습니다. 아직 45, 46세의 靑年學者입니다. 氏에게 나는 나의《壺杅塚과 銀鈴塚》을 기증하였습니다. 씨의 夫人도 역시 中國硏究者입니다. 원래는 크릴씨의 愛弟子인데 하도 神通하여 크릴씨가 집에 데리고 갔다고 우리 副館長은 말합니다. 우리나라 같으면 제자와 연애했다고 큰 일이 날 것입니다.

크릴씨는 오늘밤 부런디지씨의 만찬회에 올 것이므로 우리도 일찍이 그곳을 나왔습니다. 부런디지씨의 만찬회는 라쌀호텔의 특별실입니다. 칼그렌교수는 나를 보더니 또 만났다고 기뻐서 악수를 청합니다. 이날 만찬은 자라의 스프·로스 비프 등, 여하튼 이 라쌀호텔의 최고수준을 다하였습니다. 이날 참석한 주요 멤버는 시카고博物館 東洋部長 케리씨 夫妻, 크리르교수 夫妻, 칼그렌교수 夫妻 등 10여명입니다.

만찬이 끝난 후 자동차로 부런디지씨 私邸가 있는 레이크 쇼로 갔습니다. 이곳에서 우리는 씨의 蒐集品인 青銅器를 감상하였습니다. 室內에 진열도 하였으나 원래 물건이 많아서 이곳에도 넣고 저곳에도 넣고 약 3시간의 青銅器鑑賞에는 나도 정말 기진맥진하였습니다. 부런디지부인은 'crazy people'이라고 머리를 흔듭니다. 玉·陶磁器·회화·日本版畫 같은 것은 손도 대지 않았는데도 우리는 이 집에 꼭 세시간이나 있었습니다. 돈도 많고 취미도 좋습니다. 아마 그러나 氏의 青銅器등 異國 文物수집 취미는 올림픽에 대한 熱보다는 못한 것 같습니다.

青銅器를 감상하는 틈에 나보고 "朝鮮青年들이 이 나라에 많이 왔는데 외국 돈이 없어서 英國에서 있을 올림픽에 갈 수 있을런지 나도 지금 극력 노력 중이오"라고 말합니다. 언젠가 우리 力道選手들이 시카고에서 國賓待接을 받았다는데 그것이 곧 이 부런디지씨의 라쌀호텔이 아닌가 싶습니다. 크릴씨는 지금 軍政廳에 있는 蔡賦女史(Miss Chapin)를 아느냐고 묻습니다. 蔡賦女史는 美國에서 많이 알려져 있습니다. 호텔에 돌아왔을 때는 밤 열두시가 지났는데도 무쏘씨는 칼그렌교수를 청하여 또 자기 青銅器를 감상시킵니다. 이렇게 青銅器에 미친 사람들은 정말 처음 보았습니다. 새벽 한 시가 되어서 1센트의 라디오를 듣다가 잠이 겨우 들었습니다.

그 다음날에는 다시 아침부터 열 시간동안 자동차로 시카고—캔사스간을 달렸습니다. 지금 이 美術館에는 北京故宮博物院 王世襄씨가 와 있습니다. 北京大學 졸업생으로 전공은 繪畫, 建築이 올시다. 대대로 학자, 정치가를 많이 낸 中國의 유수한 門閥에서 났는데, 씨 자신도 그림도 그리고 글도 잘 씁니다. 王씨의 특기는 琴道로서 저녁이면 중국옷을 입고는 거문고를 탑니다. 또 한 가지는 요리의 명수입니다. 이곳에 와서 씨의 中國料理를 세 번 먹었는데 이 때까지 먹어 본 중에서는 別味입니다. 한번은 이곳 市立大學總長 매커씨댁에 가서 이곳의 名士, 貴婦人들에 그의 요리솜씨를 보여준 일이 있습니다. 그날 모인 손님은 브라운교수 夫妻, 《캔사스시티 스타아》紙의 스나이드夫人,

뉴욕에서 온 舞臺演出家 뉴필드씨 夫妻 등의 일류 文化人들이었습니다. 중국에서는 아직도 요리술이 문화인의 한 취미에 드는 모양입니다. 바로 오늘은《캔사스시티 스타아》紙(8월 8일)에 王世襄씨에 대한 기사가 스나이드부인에 의해서 소개되어 있습니다. 이제 한 열흘 있으면 꼭 50일만에 이곳을 떠나는데 떠날 때에는 역시 某種의 愛着을 느낍니다. 하기는 이곳에서는 사교적으로 몇몇 사람들을 만난 외에는 직접 교제라고는 博物館關係者들 뿐이었는데도 불구하고 어느 정도로 미련을 남기고 가게 됩니다. 하기야 나도 一生에 죽은 이별도 하고 산 이별도 하였는데, 무슨 여자같은 소리를 하느냐고 웃으실런지도 모르겠습니다. 그러나 캔사스는 不知不識間에 나에게 여러 가지 기억을 남겨줄 것이라고 믿어집니다. 제일 첫째 이곳에 와서 나의 구라파시대의 恩師·친 知己들의 소식을 들었고, 또 걱정 편지도 받았습니다. 그중 독일친구들의 편지는 나로 하여금 밤 깊도록 8,9년 전의 또는 15, 16년 전의 추억에 잠기게 하였습니다.

그 중 어느 젊은 독일친구의 편지는 그야말로 나의 모든 신경을 긴장시키는 참혹한 것이었습니다. 즉 그 젊은 친구가 화란에서부터 독일중부에까지 몇 주일동안 먹을 것도 못먹고 산을 헤메다가 英國軍의 손에 포로가 되기까지의 경위입니다. 나의 恩師 H교수는 굶주림과 모든 곤란을 겪으면서도 이제 한 책만 더 쓰고 著書는 집어치운다고 편지를 보내 왔는데, 이것은 H교수가 평상시에도 하시던 말씀입니다. 나와 같이 신경질인 교수는 모든 정신력을 집중하여 책을 쓰고는 긴장이 풀려서 이제 책쓰는 것은 집어치운다고 하고도, 몇 개월 지난 후에는 또 새 책을 쓴다고 기운을 내던 것은, 나도 같이 있을 때 경험한 바 올시다. 그러나 내가 처음으로 교수를 만날 때에는 나는 겨우 25세이었고, 교수는 54, 55세이었은즉, 교수는 지금은 근 七旬일 것이니 지금 마지막 책을 쓴다 함도 있을 수 있는 일이 올시다.

이곳와서 나는 나의 拙著《檀君神話의 新研究》에 대하여 많은 새 資料를 얻었습니다. 이는 귀국 후 다시 새로 起稿하여 보려고 하는데 지금 英語로 이곳 美國 中國美術協會年報에 발표하도록 간단히 추려 보고 있습니다. 이것이 되면 H교수의 학설도 많은 지지를 받게 될 것 같은 것으로 생각되어 옛날 助手이던 나로서는 한 기쁨이라고 생각됩니다. 그런데 놀라운 것은 많은 독일학자들이 전쟁 동안에도 주위의 소란을 초월하여 많은 저서를 낸 사실입니다. 이 H교수도 저서 네 권을 내었고, 또 내가 잘 아는 쾰른大學 先史學敎授인 퀸박사도 아마 수 권의 저서를 내었기에, 나에게 '一連'(Eine Reihe)의 책을 썼다고 소식을 전하고 있습니다. 이러한 반면에는 모든 노트, 책 기타 연구자료를 폭격으로 불태우고, 그래도 또 꿈틀거리고 일하여 나아가는 젊은 학자 보르네만박사 같은 나의 친구도 있습니다. 또 한 가지 기쁜 소식은, 우리나라 사람들 중에서 독일 留學生은 누구나 다 기억하실 李儀景박사(筆名 이미륵)가 戰爭中《鴨綠江은 흐른다》라는 小說을 내어 독일에서 많은 호평을 받고 있다는 사실입니다. 이것은 내가 어떻게든 英語로 번역시켜 보려고 합니다. 나의 벨기에 시기의 恩人 환夫人은 지금 79세의 高齡으로 視力이 부족함에도 불구하고 나에게 親書를 보내왔습니다. 이렇게 이번 美國에 와서 아직도 硝煙이 자욱한 구라파의 廢墟가운데서, 멀리 太平洋을 건너오는 옛적 친구의 소식을 듣는다는 것은 실로 감개무량한 바 있습니다. (《學風》 1948년 12월호)

아메리카 通信 : 제3신

H兄,

토론토까지 왔습니다. 캔사스를 떠난 후의 이야기를 하여드릴까 합니다.

캔사스를 떠나기는 8월 22일이었습니다. 닷새가 차지 않은 만 3개월을 그곳에서 지냈습니다. 후반은 어느 정도 지루한 감도 있었으나 생각하면 美洲 1년 滯在에 그 곳에서 3개월을 지냈으니만큼 기억에 남기고 싶은 가지가지가 있습니다. 또 떠나게 되니까 어느 정도 애착이라고 할 수 있는 그런 감회도 없지 않았습니다. 그러나 이런 센티멘탈리티는 지극히 非美國的입니다. 다시 말하면 미국인에게는 그러한 데까지 애착을 느끼는 그런 감정은 찾아보려고 하여도 없습니다. 사실 내가 이곳에 와서 미국인 성격 중에서 발견한 한 가지가 이것이 올시다. 예를 들면 寄宿舍 같은 데서 두 학생이 약 3개월간 같이 행동하고 같이 공부하고 지냈다고 합시다. 그러하다가 갈라지면, 더욱이 그 중의 한 사람이 外國人으로서 다시 再會의 기회없이 작별하게 되는 경우라면, 우리나라 사람의 성격으로서는 惜別이라는 감정이 있을 것이 아닙니까? 동무로 지내던 사람과 다시 만날 수 없이 작별한다는 것은 말할 수 없는 어느 정도의 感傷을 느끼게 하는 것이 常情이 아닙니까? 그런데 이런 경우에 美國人들의 감정은 대단히 냉담합니다. 작별할 때 손을 들고 "잘 가거라. 平安히 지내게!"하고 돌아서면 그만 아무런 애착도 이별의 感情도 느끼지 않는 것이 이 미국인들의 通性인가 생각합니다. 그렇다고 해서 이 사람들이 불친절하거나 그런 것은 아니외다. 미국인은 내가 만난 한 지극히 친절한 사람들이고 어느 사람이나 자기가 할 수 있는 데까지는 나의 편리를 도와주려고 애를 씁니다. 그야 물론 한계가 있겠지요. 나쁘게 말하면 個人主義가 발달한 나라니까, 자기에게 손해가 없는 한 남의 편리를 보아준다고도 할 수 있겠지요. 하기는 親子息도 그 어버이집에 살면서 방세 내고 밥값 내고 하니까. 이야기가 좀 탈선된 것 같습니다마는, 하여간 깊은 센티멘탈한 感情은 생활에 바쁜 미국인에게는 먼 존재인가 합니다. 그렇다고 해서 이것을 곧 그들의 국민성이라고 말하기까지는 가고 싶지 않습니다.

8월 22일 오후 미니아폴리스에 도착. 그 날은 매릴랜드라는 호텔에서 자고 다음 날 그 곳 美術館에 갔습니다. 캔사스의 넬슨美術館 식크만씨가 장거리 전화로 내가 간다고 통지하여 놓았으므로 내가 오전 10시경 미술관에 도착하여 명함을 내니 사무원들이 나를 기다리고 있었다고 합니다. 館長 자신은 오후에야 市에 돌아오므로 오전은 도우夫人이 나를 기다리고 있었다고 합니다. 도우夫人은 22, 23세 되는 젊은 분으로 얼마 전에 미네소타大學에서 美術史를 전공, 졸업한 사람으로서 그 전공이 西洋美術이니만큼 東洋美術에 관한 한 아무 것도 모른다고 나한테 배울 터이니, 하고 오히려 가르쳐 달라고 합니다. 이곳 미술관에는 이 市의 富豪 製紛業者 필스베리씨의 중요한 中國 靑銅器와 玉器의 蒐集品이 진열되어 있습니다. 靑銅器의 대부분은 이미 사진으로 낯익은 것이지마는 玉器는 상당히 재미있는 것이 많습니다. 예를 들면 진열장의 문을 열고 유물을 꺼내게 하여 달라고 말하니까, 이 필스베리翁의 蒐集品은 아직도 翁의 私有物이므로 진열장의 문도 翁의 同意가 없이는 열 수 없게 되었다고 합니다. 靑銅器와 玉器 외에는 漢代의 우수한 畫像을 그린 石棺이 있습니다. 점심을 먹고 미술관에 다시 가니까 관장 플림톤씨가 와 있고 조금 있다가 내가 왔다는 말을 듣고 필스베리翁 자신이 왔습니다. 같이 2층 靑銅器 玉器 진열실에 가서 약 2시간 진열장 문을 열고 翁이 고심하여 모은 물품을 하나하나 꺼내어 보았습니다. 翁은 7旬이 넘은 5尺도 못 되는 조그마한 老人으로 이 미술관에서는 經營委員會 會長職을 가지고 있습니다. 翁을 위하여 선풍기도 가져오고 의자도 가져왔으나 바로 이날부터 시작된 금년도의 더위가 90도를 넘으므로 翁에게 미안하여 진열실 參觀은 일찍이 끝냈습니다. 이 미술관은 이곳 대학과 밀접한 관계가 있어서 圖書室의 설비도 상당합니다. 朝鮮에 관한 書籍으로는 에카르트의 英文《朝鮮美術史》가 있을 뿐입니다. 대개 큰 박물관에서는 어디든지 그러하지만 이곳도 木工室의 설비도 상당하여 진열장은 館에서 제작한다고 합니다. 사진실도 보고 식당 설비도 보고 박물관 전체에 대한 視察을 끝냈습니다. 8월도 얼마 안 남은 그때 더위가 갑자기 와서 그따위 선풍기만으로는 도저히 견디기 어려울 정도입니다.

플림톤씨의 자동차에 同乘하고 이 中部에서도 아름다운 도시, '湖水와 森林의 都市'라고 自稱하는 이 도시를 구경하였습니다. 호수가에는

男女老少들이 納涼하느라고, 혹은 水泳服에 혹은 內衣만 입고 이곳 저곳에 몰려 앉아서 헤엄도 치고 합니다. 이 날은 플림톤씨가 한턱하여 미니아폴리스俱樂部에서 저녁을 먹고 다시 씨의 친구의 집에 가서 놀고 오후 9시가 지나서 작별하였습니다.

일요일은 미술관이 休館하는데도 불구하고, 이날 모든 진열실을 개방하여 나에게 好意를 보여준 미술관 친구에게 감사를 드리지 않을 수 없었습니다. 8월 24일, 이날 아침 9시에 시카고에 도착할 기차가 연착되어 나는 겨우 12시 지나서 시카고에 도착하였습니다. 兄도 아시는 그 노래 잘하는 會ㅊ君이 驛에 와 주어서 같이 인터내셔널 하우스에 가서 방을 정하였습니다. 그의 자동차는 10만리를 走破한 근 20세나 되는 老物인데 지금 팔면 80,90弗이나 받는다고 합니다. 헌 자동차를 타고 다니는 것이 좀 꺼리는지 차에 대한 변명이 많습니다. 會ㅊ君을 따라서 汽車展覽會를 보았습니다. 이 전람회에 아무런 흥미도 갖지 못한 나는 이날 98度라는 근래의 기록을 세운 더위에 心身이 모두 극도로 피로하였으나, 잠시 우리 동포들이 經營하는 教會堂에 가서 牧師님에게 敬意를 표하고 일찍이 인터내셔널 하우스에 돌아왔습니다. 복도에서 먼저 만났던 董作賓씨를 만나서 다음날 東洋硏究所에 갔습니다. 東洋硏究所라는 곳은 시카고大學에 附設된 기관으로 원래는 東洋이라고는 하나, 近東이 중심이 되어 있는데 진열실과 연구실로 갈려져 있읍니다. 진열실에는 兩河地方의 遺物과 이집트의 遺物이 주로 진열되어 있고 東亞의 것으로는 다만 美洲에서 有數한 도서관이 이곳에 있습니다. 中國 北平國立圖書館 司書로 있던 錢在訓씨가 이곳에 와서 도서의 정리를 하고 있기에, 씨의 안내로 이곳 도서를 구경하였습니다. 東亞關係의 도서로 제일 큰 것은 워싱턴에 있는 國會圖書館, 둘째로는 하바드大學圖書館, 셋째가 뉴욕의 콜롬비아大學圖書館, 넷째가 이 시카고의 東洋硏究所 圖書館입니다. 藏書數가 12만권, 그 중 10만권은 15,16년내에 購入한 것인데 사들인 사람은 크릴교수이며, 2만권은 원래 中國學者로 저명한 라우퍼씨가 구입하여 크릴圖書館(著名한 시카고所在의 私立圖書館)에 있던 것을 편의상 이곳에 합쳤다고 합니다. 錢在訓씨는 漢籍 하나를 빼어 보이면서 이것은 朝鮮版인 것 같다고 합니다. 우리나라 관계의 書籍은 《慶州 金冠塚》·《王光墓》·《彩篋塚》같은 것이 눈에 뜨입니다.

11시 가까이 되어 董作賓씨가 왔기에 우리는 英語 半 筆談 半으로 그 사이 서로 지낸 이야기를 하고 있다가 12시가 되어서 크릴교수의 초대로 大學 教授俱樂部에서 점심을 먹고 잠시 그 곳에서 잡담을 하다가 다시 연구소에 와서 작별하였습니다. 董作賓씨는 내일 밤 9시경 나에게로 찾아오기로 약속하였습니다.

8월 26일, 이날은 아침 10시에 自然科學博物館에 갔습니다. 자연과학박물관이라면 대개 鑛物部·植物部·動物部·人類學部로 나누는데 美學·歷史·考古學 관계는 이 大自然 중의 사람에 대한 학문, 즉 人類學部에 속합니다.

컨비씨를 찾았더니 반가이 맞아주었습니다. 씨는 專門이 北方民族 그 중에도 에스키모族입니다. 東洋방면에는 한때 이곳에 라우퍼씨가 있어서 세계적인 명성을 높이고 있었는데, 씨의 死去 후는 적적하게 되어 지금 東亞지역 전문가는 한 사람도 없습니다. 현재 이곳 人類學部에는 노르웨이 오슬로博物館의 크루트 코르스루트씨가 와 있습니다. 금후 서로 연락하여 研究報告書 교환 같은 것을 하기로 언약하였습니다. 예의상 이곳 관장에게 敬意를 표할 필요가 있어 컨비씨와 같이 부관장 밀러씨를 방문(館長은 不在)하였습니다.

밀러씨에게서 이 博物館에 관한 歷史 및 經營방침을 듣고 나는 우리 國立博物館에 대한 자랑거리와 장래의 여러 가지 문제를 이야기하여 주었습니다. 이 박물관은 美洲에서도 첫째 둘째로 가는 屈指의 大博物館으로 그 규모의 굉장함과 사업의 스케일은 비할 데 없습니다. 대개 박물관이라 하면 美洲에서는 民衆에 대한 啓蒙教育事業이 중요한 부분을 차지하고 있는데, 이곳에서는 상당한 경비로 그 사업을 진행하고 있습니다. 그 중의 하나는 各 學校에 간단한 진열품을 무료로 진열하는 것인데 動植物을 각 季節에 맞추어서 누구든지 알기 쉽게 標本으로 만들어 보냅니다. 또 하나는 講演으로, 진열품 설명으로, 또 活動寫眞으로 啓蒙敎育을 하는 것인데 강당은 大中小 세 개가 있습니다. 그 중의 大講堂이 정말 굉장한 설비인 데는 놀라지 않을 수 없습니다.

밀러부관장의 선물로 약간의 도서를 기증받아 가지고 이 날은 상당한 收穫을 가지고 이곳을 나왔습니다. 밤에는 약속한 대로 董作賓씨가 찾아왔습니다. 拙著《壺杅塚과 銀鈴塚》1부를 贈呈하고 그 내용을 이야기하였더니 그 중의 異形容器는 역시 夜壺 같다고 하고 漆面은 方相氏面이라는 데 同意합니다. 다만 銘文 '廣開土王壺杅十'이라는 句節의 해석은 나와 달리하므로 속으로 좀 당황하지 않을 수 없었습니다. 씨에게서 郭沫苦씨의 이야기와 容庚씨 기타 現代中國 諸學者의 이야기를 들은 것은 많은 참고가 되었습니다. 밤 11시경 작별하였는데 來後日 다시 東洋硏究所에서 만나기로 약속하였습니다.

8월 27일 아침에 美術硏究所 켈리씨를 방문하려고 전화를 걸었더니 요새 더위 때문에 오후 3시부터 開館하니 속히 오라고 하기에 뛰어갔습니다. 켈리씨 역시 이먼저 하루 동안 시카고에 왔을 때 부런디지씨宅에서 만난 舊面의 인사입니다. 마침 프리어미술관의 스티브씨가 왔으므로 만났습니다. 이 美術館硏究所에는 상당히 우수한 우리나라 高麗磁器가 한 진열장 가득히 있습니다. 특별 진열로 브런디지蒐集品이 진열되어 있어 再會의 느낌을 가지고 다시 보았습니다.

켈리씨의 방에서 앞을 내다보면 시카고의 고층건물이 눈 앞에 보이고 이 美術硏究所 아래는 바로 지하철이 통하고 있어 연구소 위치로는 부적당한 점이 많습니다. 예에 의하여 이 연구소 카드整理法·纖維類保存法 같은 것을 견학하고 오후 3시에 이곳을 하직하였습니다.

8월 28일은 약속대로 董作賓씨를 찾아서 씨의 著書를 중심으로 여러 가지 흥미있는 이야기를 들었습니다. 그의 최근의 大著는《殷虛文字》甲編인데, 이것은 계속하여 乙·丙의 두 권이 더 나올 것이라고 합니다. 12시까지 이야기하다가 몇 해 후에 北京이나 南京에서 再會할 것을 약속하고 굳게 악수를 하였습니다. 씨에게서 親筆의 甲骨文字 두 幅을 얻었습니다. 이상이 대개 나의 시카고에서의 중요한 견학과 방문이고, 그 다음 수일간은 각 一次 自然科學博物館과 美術研究所에 가서 혼자서 진열품을 보았고 시가의 구경 같은 것으로 시간을 보냈습니다.

어느날 저녁은 윌츠君이 와서 미시간湖에 가서 수영을 하자고 합니다. 바로 인터내셔널 하우스에서 멀지 않으므로 갔습니다. 그리하였더니 물이 낮동안 90度 이상의 온도에도 불구하고 얼음같이 찹니다. 도저히 물 속에 들어가서 오래 있을 수 없어서 湖畔의 모래 위에 누워서 하늘을 쳐다 보았지요. 호반이라고 하면 무슨 雜草도 있고 고요한 것을 聯想할른지 모르나 이 미시간湖畔의 모래 위에 누어서 보는 광경은 또 굉장하외다. 한쪽은 20여층의 시카고 高層建物이 솟아있고 그 아래 바로 우리가 누운 곁에 있는 자동차 도로에는 개미떼처럼 함께 달아나는 數千臺의 자동차무리! 俗되고도 俗되어서 오히려 무슨 詩라도 읊고 싶은 광경입니다.

시카고에서 구경한 것 중에서 또 하나 흥미로운 것은 인터내셔널 하우스에서의 內外國人의 生活입니다. H兄에게 이미 알려드렸는지 모르나 이 인터내셔널 하우스라는 것은 실로 外國人 學生들과 美國人 學生과의 親善을 위하여 록펠러가 돈을 내어 만들어 놓은 것으로 뉴욕, 시카고, 버클리의 3개소에 있습니다.

人種의 色은 黑人으로부터 黃色을 거쳐 白色에 이르기까지 별별 民族이 다 모여 있습니다. 民族差別感이라는 것이 이곳에서만은 어느 정도 말살되는 것 같습니다. 아무리 흑인이라고 하더라도 친해놓고 보면 사람이 별로 다를 리가 없으니까. 이 인터내셔널 하우스에서만은 사실 어느 정도의 民族同等의 理想에 달하는 것 같습니다. 男女學生의 연애 장면을 많이 볼 수가 있는데 白人과 인도네시아少女와 연애하는 장면 같은 것을 보면 사실 이곳만은 別天地를 이루고 있습니다. 어디서나

東洋學生으로는 中國人이 압도적으로 수가 많습니다. 8월 31일 시카고를 출발하였습니다. 도중 안 아버라는 미시간大學 所在地에 도착하여 그곳에 체류하시는 韓豹項씨夫人의 마중을 받아 그곳 인터내셔널 센터에 있는 겔博士를 만났습니다. 씨는 다년간 外交官으로 中國에 있었고, 一時 加州大學에서 강의한 일도 있으며 우리나라에 대하여서는 많은 好意를 가지고 있는 분입니다. 博士의 夫人은 朝鮮 胎生의 美國夫人이라고 합니다. 旅程이 바빠서 夫人을 못뵌 것은 유감입니다. 그날 밤은 韓씨와 그 夫人이 진정껏 만들어 준 우리나라 밥을 대접받고 밤이 새도록 이야기하였습니다. 시계를 보니 꼭 오전 1시 반입니다. 韓씨에게서 처음으로 우리나라 사람들의 美國 內에서 활동하는 이모저모를 얻어들을 수 있었습니다. 그러나 그 이야기는 내가 이번 美國에서 찾아보고 얻어들은 것과는 상당히 거리가 먼 정치적인 이야기가 많아서 이곳에 언급하고 싶지 않습니다.

9월 1일 夏期講座가 끝난 후 얼마 안 되어서 大學關係의 교수 같은 사람들은 휴가를 갔으므로 만날 수가 없었습니다. 그리고 이곳에는 大學 附屬博物館도 있는데 그것은 폐관 중입니다. 그러나 그 중 考古學博物館만은 꼭 보고 가야 되겠기에 그 책임자되는 女史에게 전화로 부탁하여 약 30분간 견학했습니다. 大學博物館이라 큰 규모는 아니지만 小博物館으로 參考되는 점이 많습니다. 시간의 여유가 없어 박물관의 本館을 못 본 것은 유감입니다. 그 본관에는 오가오그루라는 女史가 있어 캔사스美術館의 래드孃이 내가 방문한다는 것을 여사에게 예고했는데도 불구하고 못 만난 것은 한편 미안한 일이었습니다. 원래 나의 旅程은 디트로이트에 머무를 예정이었는데 안아버에 들러버렸으므로 그날로 캐나다 토론토로 직행하기로 하였습니다. 디트로이트에 가는 도중 사우스빌이라는 곳에 들러서 그 곳에서 휴가 중 요양원의 일을 보시는 高鸞京씨를 방문하고 두 시간 동안 이야기하고 작별하였습니다. 만나는 同胞들마다 “우리나라의 일은 어찌되나?”라는 질문을 합니다. “왜놈들은 자꾸 부흥한다는데 우리나라는 왜 저모양인가?” 다

같은 질문입니다. 이 대답은 故鄕에 계시는 여러 政客께서 하셔야 될 일입니다. 그래서 나는 "글쎄요, 나는 博物館 일만 하는 사람이니까요." 이렇게 괴로운 대답으로 딱한 경우를 면하는 수 밖에 없었습니다.

디트로이트에는 꽤 홍미있는 박물관이 있는데 그것을 보려면 또 하루를 旅館에 들어야 하므로 비용관계상 디트로이트는 생략하고 곧장 캐나다 토론토로 향하여 國境을 넘은 후 4,5시간 후 토론토에 도착하여 金元龍씨의 마중을 받아 鄭牧師의 주선으로 그곳 大學 寄宿舍에 들었습니다. 金元龍씨와 샌프란시스코에서 작별하여 약 5개월만에 만나게 되었는데, 우리는 그새 적적하게 서로 떨어져서 海外生活을 하였던 만큼 그저 까닭모르게 반갑고 기뻤습니다. 그래서 그 저녁은 순서없는 횡설수설로 밤이 가는 줄도 모르게 이야기했습니다. 사실 캐나다는 우리나라 사람이 많이 오는 데가 아니므로 우리 故鄕同胞 세 사람이 만났다는 것은 캐나다 歷史上 처음있는 記錄일른지도 모릅니다. 우리들 話題의 대부분은 역시 우리나라의 장래는 어찌되나 하는 것이었습니다. 해방이 되었다고 무슨 더 좋아진 것은 없다고 하더라도 그래도 倭政時代보다 달라진 것은 구체적으로 어떻게 우리가 이후의 일을 해 나가야 하느냐를 토론하게 된만큼, 이야기하면 이야기할수록 빨리 돌아가서 되는 안 되든 우리 일을 우리 힘껏 해야겠다는 데 결론이 돌아갔습니다. (《學風》 1949년 2월호)

아메리카 通信 : 제4신

다시 뉴욕으로 돌아왔습니다. H兄도 잘 아시는 윈클러씨 집에 客으로 와서 허드슨江을 이래로 내려다 보는 리버사이드 드라이브라는 뉴욕의 일류 주택가에 수일간 묵게 되었습니다.

나의 旅程은 이곳에서 약 3주일, 그 다음 다시 뉴욕을 거쳐 보스턴에 가서 하바드大學附屬博物館을 중심으로 2개월간 있다가, 다시 뉴욕에 와서 얼마간 있다가 歸國할 예정입니다. 따라서 이번에는 조금 시간의 여유가 있습니다. 그래서 H兄에게도 전에 중단됐던 캐나다通信을 계속하여 보내드릴까 합니다.

캐나다의 文化中心地는 두 군데를 들 수 있는데, 그 중 하나가 내가 갔던 토론토이고 또 하나가 몬트리올입니다. 後者는 프랑스 계통의 住民들이 있어서 아직도 그곳에서는 佛語가 通用語이고 市 이름도 그들은 몽리엘이라고 부릅니다. 그런데 흥미있는 것은 아직도 언어를 달리하는 두 그룹은 서로 政治上으로나 文化上으로나 反目하는 것입니다. 하기야 H兄도 아시다시피 大英帝國의 根幹을 이루는 스코틀랜드가 英帝國에서 離脫하고자 하는 운동이 상당히 큰 것은 누구나 아는 바입니다. 그러니까 佛·英 兩系統의 反目이 캐나다에도 있는 것이 그리 놀랄 일은 아니지요.

토론토에는 캐나다學界를 리드하는 大學이 있고 이 大學에 부설된 온타리오博物館이 있습니다. 이 온타리오博物館은 5개 박물관으로 분리되어 植物學博物館·鑛物學博物館·古生物學博物館·動物學博物館·考古學博物館 등으로 나누어 있는데 각 박물관에 관장이 있고 그 아래 部長이 있습니다. 그러나 全 온타리오博物館을 통합하는 博物館總長이라는 것이 없고, 大學에서 박물관을 감독하는 經營委員會가 있어 거기서 總監督을 한답니다. 考古學博物館에 가장 중요한 위치를 차지하는 것이 東洋部로 여기에는 오랫동안 中國 開封에서 主教로 있었던 화이트師가 금년 봄까지 部長으로 있으면서 大學에서 副教授의 직명으로 講義했습니다. 이 東洋部에 부설되어 우수한 東洋圖書室이 있습니다. 서적이 상당히 잘 수집되어 있음은 부러운 일이 올시다. 화이트師가 停年이 된 후로는 훠날드라는 老婦人이 그 뒤를 이었는데 씨는 1930년 전후하여 우리나라에 와서 平壤·慶州 등지를 보고 갔다고 하며, 우리나라 美術에 대하여도 수차에 걸쳐 論文을 발표했습니다. 내가 9월 2일 처음으로 박물관에 나간 날 바로 화이트師가 런던에서 비행기로 날아왔다고 합니다. 마침 中國 華西大學博物館長으로 있는《中

國明器》·《四川文化》 등의 저서로 알려져 있는 鄭德坤씨가 있었으므로, 이날은 鄭씨와 같이 화이트師의 안내로 中國 青銅器를 중심으로한 제 1·2·3·4號室을 주로 견학하였습니다. 이 박물관은 考古學博物館이라는 이름에 符合하게 진열품은 考古學研究에 대단히 적절하게끔 한 遺蹟에서 나온 물건이 많습니다. 그 중에도 저명한 것은 화이트師의 著書 《洛陽古墓巧》와 그후 梅原末治의 著書 《洛陽金村古墓聚英》으로 유명하여진 洛陽 古墳에서 나온 수 십점입니다. 그 다음은 좀 어색하게 命名되어 있는 '象의 墓'에서 나온 소위 一括遺物입니다. 象의 墓라면 코끼리의 遺骸가 나온 古墓라는 印象을 주나 사실은 어느 青銅器 위에 코끼리 문양이 새겨져 있는 까닭입니다. 이 古墓는 安陽 小屯에서 멀지 않은 곳에 있던 것으로 青銅器研究에 한 據點이 되는 것입니다.

중요한 수집품의 하나는 甲骨文의 자료입니다. 상당히 우수한 콜렉션으로 이것을 자료로해서 甲骨文에 대한 연구를 발표한 師의 單行本이 있습니다. 또 하나 注目을 끄는 것은 明器인데 唐宋의 明器는 어디서든지 흔히 볼 수 있는 것이나 明代의 한 遺蹟에서 나온 수 십을 헤아리는 明器 一群은 정말 볼 만한 新資料입니다. 토론토博物館에서 대단히 유명한 것은 壁畫입니다. 宋代와 또 좀 그보다 약간 後代의 大壁畫가 있는데 그것은 정말 一大偉觀을 보이고 있습니다. 이에 대하여도 화이트師가 단행본으로 연구를 발표하였으므로 여기서는 더 깊이 언급하고 싶지 않습니다. 이 토론토博物館에는 史라는 中國青年이 하나와 있습니다. 하바드大學 졸업생으로 外交史와 中國語를 가르치고 있는데 이 도서실에서 연구하고 있습니다. 그 외에 지극히 유능한 톰슨孃이 휘날드部長의 助手로 있습니다. 이 톰슨孃은 내가 5월 초에 포그博物館에서 처음 만났던 사람인데 그 후 우리에게 많은 好意를 보여주었으며, 나에게는 물론 더욱이 토론토에 있게 된 金元龍씨에게는 좋은 學友가 되었습니다. 이 박물관에는 스페드러라는 유리와 도자기를 연구하는 유능한 사람이 있읍니다. 씨의 관리 하에 高麗磁器 진열장이 있는데 그 중 한 점은 아무리 해도 新品인 것 같습니다. 씨와는 조용히 이야기할 기회가 있었는데 우리나라 土器와 磁器의 破片을 각 시대별로 기부하여 달라고 하기에 나는 이에 쾌히 승락하였습니다. 이것은 歸國하는 즉시로 보내주어야 하겠습니다. 金씨가 보스턴으로 향하여 출발한 후에, 매일 혼자서 혹은 톰슨孃을 데리고 진열실 견학을 다녔습니다. 그리고 그 후 한 번 훠날드部長하고는 大學關係 女子俱樂部에서 만찬을 같이 하면서 조용히 이야기할 기회가 있었습니다. 만찬이 끝난 후 그는 石窟庵의 十一面觀音 사진을 내어 보였습니다. 정말 어디서 보아도 우리 石窟庵은 人類史上의 一大傑作입니다.

鄭牧師는 지극히 유능한 분으로 나는 고향에서 만날 기회가 없었던 이들 유능한 우리 青年을 海外에서 만나게 될 때마다 무어라고 말할 수 없는 감격을 느낍니다. 하루는 저녁에 鄭牧師가 留宿하는 寄宿舍房에서 冷麵을 만들어 먹었습니다. 乾麵을 끓인 후 冷水로 씻고 그 후 冷水에 맛나는 가루(中國版 味之素)를 넣고 돼지고기를 두고 간장(간장은 어디서든지 살 수 있습니다)을 쳐서 먹으면 꼭 평양 냉면입니다. 이렇게 해서 먹으면 한 사람에 30센트가 드는데 절약도 되기는 하나 다만 한가지 안 된 일은 이곳에서는 방 안에서 料理하는 것을 절대로 싫어하는 일입니다. 토론토를 떠나기는 바로 9월 22일입니다. 온타리오湖水를 橫斷하여 나이아가라瀑布를 구경하고 버팔로에 도착 즉시 그 곳 科學博物館에 갔습니다. 과학박물관이라고는 하나 역시 내용은 시카고의 自然科學博物館과 같이 人類學이 그 일부분을 차지하고 그 중에는 中國青銅器 같은 것도 있고 볼만한 것으로는 루리스탄青銅器 같은 것도 있습니다. 甘肅省 出土의 彩色土器도 몇 점 있습니다. 마침 일요일이어서 幹部는 아무도 없기에 다음날 來訪의 뜻을 알리고 명함을 놓고 왔습니다. 그날 저녁은 미리 약속했던 길버트슨君과 같이 그의 女子친구 집에서 밤깊도록 이야기하고 호텔에는 돌아오지 않고 그 곳에서 밤을 지내고 그 다음날 다시 박물관에 갔습니다. 이 곳 박물관의 主要幹部는 해믈린이라는 巨富입니다. 씨는 世界博物館聯盟의 幹事長 비슷한 職에 있는 사람으로 방금 歐洲에 있다고 합니다. 이곳 박물관의 애겔書記長을 만나서 인사를 하고 이 박물관에 대한 긴 설명을 듣고 컨닝孃의 안내로 박물관을 一巡했습니다. 비교적 규모가 적고 이 때까지 보던 어느 박물관보다도 빈약해 보입니다. 이 박물관은 다음날 다시 와서 주로 大衆에 대한 教育事業에 관해서 상세한 프로그램의 설명을 들었는데 이 교육사업만은 볼만한 것이 있습니다. 그 대신 이 박물관은 연구기관으로는 하등의 업적을 내지 않고 있고 또 그럴만한 學者도 없습니다. 施設 見學次 보니까 電燈과 活動寫眞을 최고도로 응용하고 있는 것은 볼 만한 일이올시다.

이곳 박물관에는 매년 한 차례 博物館經營에 관한 강좌를 연다고 합니다. 그래서 이번에도 나와 金元龍씨가 이 강좌에 참가할 예정이었는데 한 박물관에서 두 사람씩 참가할 필요가 없어서 金씨만이 그 곳에 참가하게 되었습니다. 나는 애겔書記長 하직하고 다시 同市의 歷史博物館과 美術館을 보았습니다. 歷史博物館이라고는 하나 그 지방의 歷史資料가 주이고 미술관도 대단히 빈약합니다. 한 두 점의 中國青銅器와 佛像이 있습니다(《學風》 1949년 3월호).

歸路 아메리카 通信

本國에서는 우리 동포들이 艱難의 길을 걸어가는 것을 못 본 체하고 8개월 동안이나 美國博物館 巡禮를 돌아다니던 나는 12월 15일의 록펠러財團 人文學部 주최로 열린 나를 위한 午餐會를 최후로, 예정보다 4개월 먼저 歸路에 오르게 되었다. 午餐은 록펠러센터의 62층 식당에서 열렸다. 참석한 사람은 록펠러재단의 幹部 스티븐스씨, 파스씨 외에 뉴욕現代美術館長(失名)과 부룩클린博物館 케에트씨, 메트로폴리탄博物館 東洋美術部長 프리스트씨, 同總務 이스비씨 등이었다. 메트로폴리탄博物館長 테러씨가 이날 病患으로 참석하지 못하여 결국은 나의 美國滯在 中 한 번도 面會의 기회가 없었던 것은 대단히 유감이었다.

席上에서 나는 美國博物館事業 시찰 후의 感想談을 이야기하여 시설좋고 돈많은 美國博物館 당국자로 하여금 우리나라 박물관사업이 얼마만한 난관을 돌파하여야 되는지를 설명하였다. 나의 월급이 美貨로 환산하여 10弗이 못된다는 말은 그 중에서 感銘이 깊은 듯하였다. "당신과 같은 지위의 사람이면 貴國에서는 적어도 7백~8백弗의 월급은 받아야 될 것이 아니오." 10弗의 봉급을 받는 박물관장, 사회에서는 아무 注意와 顧慮도 못받는 韓國의 國立博物館長이지만 그래도 내가 할 수 있는 한의 노력은 다하고 있으며 또 그때까지도 博物館事業은 어느 정도 새로운 기반을 닦는 도중에 있다고 버텨보기도 하였으나 그 말에는 나조차 자신이 없었다.

席上에서 누가 圖書를 기증받는 것 혹은 교환은 어느 정도 하였느냐고 물어보기에 후리어美術館에서는 얼마, 하바드大學 피보디博物館에서는 몇 권, 또 예일大學附屬博物館 硏究報告書는 몇 권, 瑞典博物館에서는 몇 권 등을 열거한 후 다만 美國 최대의 博物館인 메트로폴리탄博物館에서는 한 권의 책도 기증받은 일이 없습니다라고 끝을 맺으니 同席의 프리스트씨가 同博物館 이스비씨와 상의하여 후일 나와의 再會를 약속하고, 결국 자진해서 30여권을 우리 국립박물관으로 보내게 된 것은 이날 午餐에서의 副產物이라 할까. 비행기로 뉴욕을 떠날 것을 16일에서 20일로 연기하고 16일은 부룩클린博物館의 케에트씨를 방문하였다.

부룩클린은 본래 독립한 市였는데 현재는 뉴욕의 일부분이 되었고, 大 뉴욕에 흡수된 후로는 이곳의 발전이 더디고 박물관도 쇠미하여 간다고 케에트씨가 설명한다. 건물도 당당한데 내용은 아주 볼 것이 없어 나는 속으로 훌륭한 진열물을 가지고도 진열관 하나 쓸 만한 것 없는 우리 박물관과 좋은 對照라고 생각하였다.

난데없는 눈이 내리기 시작하여 19일에는 뉴욕에 두 자 두께의 눈이 쌓였는데, 그 다음 날은 다행히 개어 20일 나는 TWA社 비행기로 뉴욕을 출발하였다. 이날은 출발이 늦은 비행기 시간을 기다리는 사이에 왈돌프 아스트리아호텔에서 林元植씨와 尹丙洙양과 몇 시간 앉아서 이야기한 것은 길이 기억에 남을 것이다. 오후 10시경 출발하여 그 다음 날 아침 잠시 로스엔젤레스에서 休息, 샌프란시스코에는 正午에 가까와서 도착하였다.

河氏夫婦를 만나서 몇 시간 이야기하고 나는 맥큔夫人을 따라서 지난 5월에 낯이 있었던 마르티 부인댁에 2일간의 여장을 풀었다. 5월에 이곳에서 맥큔교수와 수차에 여러 가지로 이야기한 바 있었는데 그새 교수는 저 世上 사람이 되었다.

내가 美洲에 滿 8 개월 체재하는 사이 저 세상사람이 된 知人은 한두사람이 아니다. 내가 洋行을 한다고 온갖 周旋을 유달리 하여 주시고 送別宴에도 참가하고 仁川부두에도 나와주신 친구 중에도 幽明을 달리한 분이 한 두 사람이 아니다. 이 맥큔교수는 내가 美洲에서 맨 처음 만난 사람 중의 한 사람이고 또 그새 가장 서신왕래가 많았던 사람 중의 하나이다. 교수가 돌아간 지금 교수댁에서 그 부인과 교수의 장인되시는 벡커씨와 같이 밤이 깊도록 이야기하였다. 벡커씨는 우리나라와 관계가 깊은 분으로 延專 數理科에서 오랫동안 봉직하고 있던 분이다. 우리의 공통된 걱정은 千載一遇의 기회를 붙잡고도 南北으로 갈려 있는 우리나라의 前途이다. 사실 멀리 해외에서 본 우리나라의 현황은 딱하기 짝이 없는 것이다. 南北의 分割은 우리들의 책임도 아니고 美·蘇의 세계적 대립에서 빚어진 것이라 하더라도 우리끼리 협조하면 어느 정도 해결될 수 있을 문제가 아닐까. "하기는 우리나라는 두 루즈벨트 때문에 이 고생이야. 첫 번 루즈벨트는 우리나라를 倭놈에게 주었고, 둘째 루즈벨트는 우리 영토를 蘇聯과 더불어 2分하여 놓았으니까." 나는 벡커씨와 이렇게 말을 하기는 하고도 美洲를 떠나기 前夜의 가장 절실히 느끼는 것은 이 美洲本土안에 2천명도 되지 않는 동포들 사이에도 이 派 저 派로 나뉘어서 서로 嫉視하고 싸우고 있는 것이다. 이 동포들의 싸움은 局外者인 우리 같은 방문객으로 하여금 그 어느 쪽에 속하는 사람도 찾는 것을 주저하게 하는 정도이다. 예를 들면 이 派의 人士를 방문하면 저 派에서는 그 방문객을 맞아도 주지 않는 까닭이다. 이를테면 우리나라 政界를 축소한 것을 우리는 美洲 어느 都會에서나 우리 동포 5, 6 명이 사는 데에서는 발견할 수 있는 것이다. 우리나라 現政局의 縮小圖를 본다면 듣기도 과히 거북하지는 않으나 나는 매양 舊韓末 政局의 縮小圖를 美洲에서 보는 것 같은 감을 가지게 될 때는 몸서리를 금할 수가 없었다. 나는 美洲滯在間 구매한 서적 기타 박물관관계의 물건은 우선 이 맥큔夫人에게 보내두었기 때문에 이들 물건의 정리와 앞날의 일에 대하여 상의하느라고 많은 시간을 요하였다. 그러나 다음날인 12월 22일은 터키 안카라大學에서 최근까지 교편을 잡고 있던 에버하르트敎授를 20여년만에 만나서 그 사이의 歐洲學界의 소식과 新生 터키學界의 이야기를 들은 것은 많은 참고가 되었다. 씨는 獨逸人으로 伯林大學에서 헤닛슈교수와 후랑케교수 밑에서 자라난 사람으로 당시 장래의 유일한 獨逸學界의 호프로 알려져 있던 사람이다.

1937 년인가 브뤼셀에서 열린 東洋學會에서 이 분을 만난 다음 이번에 다시 만나게 된 것은 기쁜 일이었다. 전쟁 중 中立國에 있던 교수는 가끔 金載元이는 그 후 어디에 있노 하고 궁금하게 생각하였다고 한다. 東洋을 연구하는 학자의 수는 전세계를 통하여 일본과 중국을 제하면 얼마되지 않는다. 따라서 그들의 동정은 누구의 눈에도 띄는 것이므로 이 에버하르트 교수처럼 이쪽 저쪽으로 굴러다니던 사람에게서 각 학자의 소식을 듣는 것은 재미있는 일이다. 크리스마스선물을 싸는 맥큔夫人도 우리의 대화에 정신이 팔려서 일하던 손을 쉬고 우리 이야기를 듣는 수가 있었다. 23 일 아침 샌프란시스코를 PAA 社 비행기로 출발. 무사히 호놀룰루에 밤 9시에 도착, 이곳에 나는 28 일까지 만 5일간 체재할 수가 있었다. 호놀룰루란 지도를 보면 臺灣보다도 南쪽이다. 따라서 우리나라에서는 가장 추운 시절인데도 불구하고 지금 기온은 마치 4, 5월 같아서 와이키키海岸에는 해수욕을 하는 청춘남녀를 볼 수 있다.

비행장에서 내리면서 비를 맞으며 자동차를 달리느라니 左右에 어둠 속이나마 야자나무가 보인다. 나는 이곳에서 기파드씨宅에 머물게 되었는데 우선 기파드씨 母親을 찾아갔다. 그랬더니 마침 그곳에 만찬회가 벌여져 있는데 문이라고 있는 문은 전부 다 열어 놓고 婦人들은 모두 경쾌한 여름옷을 입고 선풍기라도 있으면 쓸 것 같이 보인다. 이 기파드씨宅 家具는 거의 모두 中國 日本色이 농후한데 가끔 李朝의 陶磁器 같은 것도 이구석 저구석에 놓여 있다. 오늘 저녁 음식은 전부 中國料理인데 어느 누구하나 중국식 젓가락을 쓰는 데 서투른 사람이 없다. 하도 奇異한 현상이기로 물어 보았더니 이곳에 사는 사람은 젓가락 쓸 줄 모르는 사람이 적고, 또 그 東洋式 음식은 거의 하와이飮食化되어 이곳 주민은 매일같이 먹는다고 한다. 이 席上에서 나는 우리나라의 김치는 호놀룰루 어느 식료품점에서도 살 수 있다는 말을 들었다. 그래서 이 김치는 某씨의 獨占販賣로 '김치王'이라는 이름을 듣는다고 한다. 물론 韓人의 後嗣이다.

이날 저녁 밤이 깊었는데도 불구하고 호놀룰루美術館長 그리핑씨의 방문을 받았는데 다음날 미술관에서 만나기로 하고 작별했다. 24일은 약속대로 미술관에 그리핑씨를 찾아갔다. 이 미술관은 熱帶地方의 미술관으로는 이상적인 건물이다. 넓적한 單層建物로서 누구나 들어가서 휴식이라도 하고 갈 수 있는 친근하기 쉬운 것이다. 내용은 물론 설립 후 얼마 안 되는 곳이므로 대륙의 다른 미술관과 경쟁할 수는 없으나, 그래도 西洋美術로 보면 그 시대의 潮流를 넉넉히 엿볼 수 있는 것은 거의 모아 놓았다. 이태리의 프리미티브 회화로 보더라도 當代의 걸작은 없을지언정 그래도 그 시대의 회화의 경향을 아는 데에 필요한 것은 전부 모아 있다. 우리나라 미술실도 있다. 李朝·高麗자기의 數種과 또 회화 그리고 17, 18세기로 생각되는 木彫刻品이 한 점 있다. 이것은 상당히 우수한 것으로 그 수법이 西洋美術品과 상통하는 점이 있어 많은 관람자의 주목을 끈다.

나는 博物館人으로 우선 어디가든지 倉庫 구경을 한다. 그것도 맨처음에 요구하는 것이 창고 구경이었다. 상당한 시설이었다. 그리고 朝鮮時代 陶磁器硏究資料가 꽤 많이 수집되어 있는 것은 주목할 만 하다. 이날 점심은 와이키키海岸의 제일 큰 로얄호텔 베란다에서 하와이 특유의 料理를 먹었다. 요리보다 눈앞에 보이는 풍경은 정말 말할 수 없이 아름다웠다. 오후 7시부터 G씨家族의 聖誕晩餐會에 참가하였다. 눈에 띈 것은 우선 이집 食母와 下人 전부가 일본사람인 것이다. 유창한 영어를 하는 것은 물론 제2세인 까닭이다. 도시 이곳에서는 2世를 일본사람이나 중국사람 또 韓人이라고는 않는다. 그들은 미국사람이고 또 사실 이 하와이에 한하여는 각 人種에 대한 아무런 차별도 하지 않는다. 크리스마스 트리 아래에 오래간만에 다시 洋人들과 앉게 되니 여러가지 感懷가 없지 않다. 그러나 이 크리스마스라는 것이 원래 추운 중부구라파를 중심으로 발달된 것인데, 이런 熱帶地方에서 양초대신에 꼬마 전등을 달아놓고 성탄을 축하하는 것은 좀 이상하게 생각되었다. 나는 기독교신자가 아니다. 그러나 우리 집에서는 매년 크리스마스 트리를 만들고 아이들에게도 선사물건을 주는 것으로 되어 있다. 그래서 나는 洋人들과 앉아서도 우리 집에서도 역시 크리스마스 트리곁에 어린애들이 모여 있으리라고 생각하였다. 그러나 다시 생각하여보니 美國 크리스마스는 우리나라 크리스마스보다 하루가 늦은 것을 알았다.

내가 뉴욕을 떠날 때에는 街路上에 크리스마스 트리가 서 있고 5번街(Fifth Avenue)의 큰 상점의 쇼윈도에는 가지 각색의 장식이 있어, 나는 어느날 아침 市立圖書館의 문이 열리는 것을 기다리는 사이에 이들의 쇼윈도구경을 마음껏 한 일이 있다. 그러나 뉴욕과 같은 분주한 大都會의 크리스마스라는 것은 중부 구라파에서 맛보는 크리스마스와 情趣가 매우 다른 것이었다. 그런데 비행기라는 최신문명의 產物은 나를 그 사이 뉴욕과 4천리 이상 떨어진 하와이의 外國人宅의 크리스마스 트리 아래에 앉게 하였다.

1940년 歐洲를 떠난 이래 8년간 戰爭中의 多難한 우리 살림과 해방 후 3년간의 혼란을 겪고 난 나는 크리스마스가 가지는 일종 로맨틱한 情緖도 잊은 지 오래다. 더욱이 지금은 다시 故國의 혼란 속으로 뛰어 들어가기 직전인만큼 이 팔자좋은 사람들의 크리스마스宴會는 나와는 아무 인연없는 세계사람들의 神仙노름같기도 하였다. 여유가 있고 교양이 높고 또 마음들은 착하고 ——그 덕분에 나도 이날 저녁 프레젠트를 받았다. 글쎄 이렇게 생각하는 것이 옳다고는 생각지 않으나 月給 10弗도 못받는 신세라.……

나는 하와이를 地上의 極樂이라고 생각한다. 첫째 기후가 좋다. 12월의 우리나라 같으면 제일 추울 때 그 곳에서는 해수욕을 한다. 둘째 이곳에는 도둑이 없다고 한다. 나의 친구 기파드君도 어느 때나 집을 비우고 다녀도 문을 잠그는 일이 없다. 이것은 내가 4, 5일 같이 있는 사이에 본일이니 틀림없다. 윌마양은 기파드씨의 친구로 조그마한 두 방으로 된 집에서 혼자 사는 분이다. 낮에는 銀行에서 사무를 보고 있는 사람인데 열쇠라고 하나도 가지고 있지 않다. 집 門도 닫지 않거니와 집안의 책상이든 무엇이든 자물쇠가 달린 것은 하나도 없다. 기후좋고 도둑없고 이곳이면 地上의 樂園이 될 것이 아니냐.

크리스마스 데이는 루기엔스씨宅 朝餐에 초대되었다. 오전 11시라던 것이 오후 2시에나 시작되었다. 이 조찬도 역시 神仙노름이다. 太平洋을 눈 아래로 보는 훌륭한 주택에서 미술을 논하고 음악을 평하고 民藝品鑑賞을 하고, 이날 아침도 나는 도끼자루 썩는 줄을 몰랐다. 이날 이곳에 모인 사람은 약 20 명이나 되었다. 나는 이날 R財團 파스씨에게 이런 의미의 편지를 썼다. "나는 나의 마지막 좋은 날을 이 樂園에서 보내고 있소이다. 禁斷의 열매는 먹지 않았으나 며칠 후 쫓겨날 것입니다."

하와이에는 우리나라 사람의 2世가 많다. 그 중에도 K.D. 朴씨가 가장 中堅이라고 하기에 이날 몇 시간을 허비하여 겨우 씨의 집을 찾아냈다. 朴씨를 통하여 이곳 하와이에 사는 80명이나 되는 우리 동포의 이야기를 들었으나 그 이야기는 여기서는 생략하기로 한다. 역시 이곳에서도 舊韓國末 黨派싸움을 다시 계속하는 第1世가 많은 모양이다. 무엇을 다투는지 모를 일이라고. 그러나 第2世 영제네레이션은 그런 다툼이 없다고 한다. 그 대신 이 2世는 美國사람이고 韓國人은 아니다. 기파드씨宅에서 아침 7시쯤 아직 太平洋의 水平線이 보이기 전에 넓은 유리창을 통하여 사방으로 밝아오는 宇宙의 아침을 맛보는 것은 유쾌한 일이다. 씨의 부엌 냉장고에는 계란·빠빠야·바나나 또는 파인애플 같은 과일이 얼마든지 있다. 이것을 마음껏 먹으면서 아침 해 뜨는 것을 기다린다는 것은 정말 神仙노름이 아닐 수 없다.

12월 26일은 기파드씨과 윌마孃과 같이 호놀룰루市를 나와 市外의 名勝地를 구경하였다. 활동사진 〈타아잔의 冒險〉에 나오는 것같은 森林地帶를 나와서 거꾸로 흐르는 폭포도 구경하고 人夫의 운임 때문에 2, 3년 전부터 작업을 중지한 砂糖栽培地帶와 그 때문에 몰락하여 가는 부락도 구경하였다. 오후 5시 기파드씨 주최의 칵테일 파아티가 기파드씨宅에서 열렸다. 이것은 나로 하여금 大學博物館 기타 文化界의 인물들을 만날 기회를 주게 하기 위한 모임이었다. 이날 우리나라 사람으로는 K.D. 朴씨夫妻만이 왔으나 호놀룰루大學講師, 中國人 潭卓垣博士夫妻, 역시 中國人 畫家인 李某의 夫妻, 美術館 館長인 그리핑夫妻, 이 미술관 창설자의 孫女로 현재 캔사스美術館에 근무중인 쿡스孃, 윌마孃, 호놀룰루의 巨富인 스폴링夫人, 그 외 이름을 잊었는데 露西亞人 畫家夫妻 등이 참석하였다. 이 席上에 潭卓垣博士에게 우리나라의 書籍購入에 대한 의뢰를 받았다. 현재 호놀룰루에 우리나라 册은 150권밖에 없다고 한다. 8千명이라는 우리나라 사람의 後裔가 거주하는 호놀룰루의 대학에 불과 150권이라는 책밖에 없다는 것은 사실 공평히 보아서 호놀룰루에 居住하는 우리나라 사람이 얼마나 우리 문화에 대하여 등한하였는냐는 것을 알 수 있다. 이것은 실례이지만 호놀룰루居住人이 부끄러워하여 마땅하다고 본다. 潭博士는 현재 某씨의 寄附로 우리 책을 구입하려 하고 있다. 이것은 어떻게라도 成事시켜야 될 일이다.

원래 나는 호놀룰루에 좀더 長時日 체재할 목적으로 나의 飛行機便의 예약을 연기하려고 호놀룰루에 도착한 즉일부터 회사에 교섭하였는데도 불구하고 이에 대한 아무런 回信도 받지 못하였다. 그래서 할 수 없이 처음 예정대로 28 일 이곳을 떠나기로 하였다.

27 일은 眞珠灣 구경. 아직도 이곳은 海軍의 중요한 근거지로 경계가 심하다. 기파드씨는 바로 저곳에 眞珠灣攻擊時에 太平洋艦隊가 있었다고 손으로 가리킨다. 진주만에서 오는 길에 비숍博物館을 견학. 이 박물관은 太平洋圈內 島嶼文化를 전문으로 하는 세계 唯一의 박물관이다. 규모는 작으나 진열품은 우수하다. 진열된 물건보다 창고에 있는 유물이 더욱 훌륭한 것이 많다고. 館長은 白人과 土人 사이에서 태어난 사람으로 이 방면에는 世界的인 權威者로 著書도 많이 있다. 참고되는 이야기도 많이 들었다. 하직하고 나올 때 하와이土人의 老婦人을 만났다. 이 夫人은 현재 남아 있는 하와이土人語에 대한 唯一無二의 權威者라고 한다. 夫人이 손에 쥐고 있는 연구자료는 불과 20 년 전까지도 하와이에서 刊行되던 土人語로 된 신문이다. 글자는 로마字이다. 지금은 간행되지 않는다니 얼마 아니면 死滅할 언어임이 틀림없다. 멀리 갈 것 없이 이곳에 우리는 文化上으로 人種上으로 絶滅되려는 민족을 보는 것 같아서 나는 이 박물관을 나오면서 그 뚱뚱한 夫人을 다시 뒤돌아보지 않을 수 없었다.

이날 점심은 패시픽俱樂部에서 이곳 美術館長과 같이 하였다. 식사후에는 미술관에 동행, 그 소장 도서를 견학하고 도서교환 등 장차 우리 박물관과 사이의 연락에 관하여 토의하였다. 우리의 2 世가 8 천이나 사는 이 호놀룰루의 미술관에 우리는 좀 더 관심을 가질 필요가 있다고 생각한다. 따라서 우리 박물관의 힘으로 할 수 있는 한 이 미술관을 援助할 생각을 하였다. 오후에는 이곳 미술관 창설자의 後裔인 쿡스씨宅을 방문. 마침 夫人과 令孃 브렌다孃이 외출하여 만나지 못한 것은 유감이었다. 이 쿡스宅은 하와이名門 중의 一家로서 수 百萬長者라고 한다. 美術館 創設者의 家門이고 현재도 그 미술관을 財政的으로 지탱해 나가는 집인 까닭으로 敬意를 표하러 온 것이다. 이 사람들은 내가 뉴욕에 도착직후 스웨덴 칼그렌교수 歡迎의 칵테일 파티에서도 만났거니와 브렌다孃은 내가 3개월간이나 있던 캔사스 넬슨미술관의 나의 친구 식크만씨의 助手인 까닭으로 여러 가지 의미로 만나고 싶었던 것이다. 夫人과 令孃은 不在중이었으나 男子主人의 안내로 이집의 화려한 庭園을 관람하였다. 弗의 나라 美國――그것도 神仙境인 호놀룰루에만 있을 정원이다. 中國과 日本의 취미를 섞어서 디자인한 것인데 그 호화롭고도 자연스러운 데는 정말 아연하였다.

이집을 나와서 기파드씨의 자동차를 다시 스폴딩夫人이 있는 데로 몰았다. 쿡스家의 친척으로 역시 미술관 後援者의 유력한 한 사람이다. 이 스폴딩宅에 와서 나는 그 住宅이나 庭園이 쿡스宅보다도 더 훌륭한 데는 놀라지 않을 수 없었다. 굉장한 정원이 자연으로 된 이 하와이섬의 한 골짜기를 이용하여 만들어져 있다. 日本에서 一流의 庭園師를 불러서 3년간의 일과 數萬의 달러를 던져 만들었다고. 그러나 이 정원보다 눈앞에 전개되는 太平洋의 넓은 바다가 이 집의 一大 庭園을 이루고 있는 것이 可觀이다. 이곳 정원에는 지금 西洋蘭이 滿開하고 있다. 夫人은 내가 사흘 후에는 서울에 도착되겠다는 말에 나의 妻에게 가져가라고 蘭 두 폭을 잘 싸서 주었다. 그러나 이 蘭은 東京에 근 열흘 체재하는 사이에 시들어 못쓰게 되었다. 우리딸 리나와 신나에 갖다주라는 하와이産 落花生만은 서울까지 가지고 왔다. 넓은 太平洋을 앞에 두고 夫人이 주는 茶를 마시고 이집을 하직하고 나올 때 다시 생각하니 이곳은 역시 地上의 樂園인 것 같다. 그러나 생각하면 美洲의 생활수준은 지금 최고도에 달하고 있다. 王宮 중에도 그 호화롭기 세계의 대표적이라는 루우불宮殿이나 또는 歐洲의 어느 궁전을 보더라도, 지금 이 美洲의 이들 階級의 생활수준에 비하면 간소하기 짝이 없는 것이다. 나는 기파드씨와 같이 이 스폴딩夫人의 邸宅을 나오면서 거의 極致를 이루는 듯한 이 사람들의 생활이 장차 어찌될까 하는 생활철학을 論한 것은 내가 비단 10弗 미만의 월급쟁이 때문만은 아니다. 이 저택에서 나오는 도로까지도 그림에서나 보이는 길 같기도 하다.

이날 저녁은 K.D. 朴씨의 초대로 이곳에서 제일 큰 中華料理店에서 먹었다. 다만 내가 체재시간이 짧아서 하와이土人의 훌라 댄스구경을 못한 것은 유감이었다. 저녁을 먹은 후 윌버 崔씨宅에 와서 이날 저녁 나를 위하여 모인 호놀룰루의 우리 同胞의 第2世 10여명을 만났다. 用語는 주로 英語이었으나 그래도 그 표현되는 감정은 아직도 우리나라 사람의 感情인 것 같다.

일본이나 中國사람과는 달라서 아무런 故國의 政治的이나 經濟的으로의 배경이 없이 최악의 조건 밑에서 이곳에 온 우리 동포의 걸어온 길은 그리 평탄한 것은 아니었다고 한다. 그러나 제2次世界大戰 이래로 好轉된 이들의 생활은 현재는 능히 白人과도 어깨를 겨눌만큼 되었다고 한다. 醫師·建築師·庭園師 등의 고급인 직업을 위시하여 家具店·藥房(이것은 Drug Store, 약방이라고는 하나 약방 외에 簡易食堂 설비를 가진 百貨店을 겸한 것과 비슷)·雜貨店·樂器店·料理店 등 각종 직업에 진출하여 그들의 문화수준도 많이 향상되었다고 한다. 이들 동포들에 관해서는 여러 가지 재미있는 이야기가 많으나 이루 적을 수도 없다. 다만 흥미있는 몇 가지만을 적어본다.

하와이에는 누구나 알듯이 근 30의 人種이 居住한다. 세계의 어느 땅바닥보다도 이곳에서는 이들 각 인종이 잘 융합되어 산다는 것이 사실인 듯하다. 그런데 우리 同胞 後裔의 混婚狀況은 대단히 재미있는 일이다. 우리 동포의 제2世 여성 중 20여퍼센트 만이 같은 同族과 婚姻하고 거의 이와 同數가 조선사람 아닌 東洋사람과 결혼하는데 기타는 즉 약 반수 이상은 白人과 混婚하여 버린다고. K.D. 朴씨의 설명을 들으면 물론 適齡期의 同族의 男性을 구하지 못하는 것도 이유이겠으나, 그만큼 사교적이고 코스모폴리티칼한 점을 看過할 수 없다고. 이곳 大學의 某教授가 하와이 本住의 각 人種의 생활상태를 연구한 바에 의하면, 인텔리젠스는 우리 동포가 근 30이나 되는 人種 중에서

優秀性으로는 제 2 위, 그러나 트러블 많기로도 하와이土人 다음으로 제 2 위라고. 이 트러블중에는 黨派싸움도 하나 드는 모양이다. 아마 당파싸움에는 상당한 素質이 있는 모양이다. 하하. 子子孫孫으로 또 하와이까지 그 소질을 가져 왔으니까.

위에도 말하였거니와 이들 동포들에게 우리 본국에서는 좀 관심을 가져야겠다. 그야 미국에 있는 2世들에게 우리의 愛國心을 養成한다는 것은 될 일도 아니다. 그래도 우리 민족의 과거 걸어온 길과 우리의 문화에 대한 상식은 갖고 있어야 될 것이 아니냐. K.D. 朴씨가 우리말을 대학에서 가르친다고는 하나 좀 한걸음 나아가서 歷史·美術 같은 講座까지도 있어야 할 일이다. 延世大 M교수의 말씀과 같이 필랜드 국민은 수 백년전 東洋에서 移住한 民族이라고 해서 아직도 東亞의 天地를 그들의 고향으로 알고 東亞의 歷史·美術에 대한 수 많은 학자를 내었다. 이것은 헝가리 국민들에게도 해당하는 것으로 부다페스트國立博物館長 호바트씨를 뉴욕에서 만났을 때도 씨는 그 本國에서 東亞研究熱이 많다는 것을 설명하여 주었다. 그래서 호바트씨도 第2次戰爭 직전 日本에 留學왔다가 전쟁 중 日本에서 지내고 귀국도중이라는 것을 알았다. 이러한 예도 있는데 8千이라는 純韓人이 衣食住에 아무 염려없는 생활을 함에도 불구하고 당파싸움에나 열중하고 故國문화에 아무러한 관심을 갖지 않아서는 안 될 일이 아닐까. 하기는 이러한 데에도 역시 本國 同胞의 적절한 指導方針이 필요한 것이다. 오래간만에 월버 崔씨宅에서 김치도 얻어 먹고 조선말도 하였다. 어디엔가 평양냉면도 있다고는 하는데 나의 호놀룰루 출발이 하루 후로 臨迫하여 국수 맛을 보지 못한 것은 유감이었다. 이날 동포들의 요구에 의하여 나는 간단히나마 나의 滯美中의 感想을 말하였다. 물론 용어는 英語이었는데 이야기가 끝나고 나서 "어느 분인지 이 어른 英語는 꼭 獨逸사람이 말하는 것 같구려."라고 큰 소리를 질러서 滿場을 웃기게 하였다. 이날 저녁은 12월 27일이나 4, 5월 기후 같은 屋外의 포오치에서 우리는 유쾌히 밤 가는 것을 모르고 지냈다. 역시 이것도 神仙노름의 한 장면이었다.

오늘은 이곳을 떠나는 날이다. 우선 다시 미술관에 가서 館長, 司書, 館長의 助手 등과 마지막 의견교환을 하였다. 나는 그 길로 상점에 돌아다니면서 리나와 신나에게 줄 쵸콜릿 그리고 電氣없는 나라로 가는 준비로 電池로 돌리는 携帶用 라디오 등을 샀다. 비행장까지 온 美術館長과 기파드씨와 같이 비행장 식당에서 점심을 먹고 PAA社機에 몸을 싣기는 오후 1시반. 웨에키島 途中着陸은 오후 10시. 우리는 이곳서 다시 오전 1시에 출발하기까지 약 2시간 휴식하였다. 簡易兵舍만 있는 이 조그마한 섬 위의 모래밭 위에 누워서 나는 하늘에 반짝이는 별들을 쳐다보면서 몇 시간 默想에 잠겼다. 무엇보다도 하와이의 인상이 귀국 前夜의 나로 하여금 이생각 저생각에 잠기게 하였다. 어떻게 되어서 저런 樂園이 地上에 있을 수 있을까. 온 세상이 地獄의 구렁이로 들어가는 이 때에 저런 낙원이 혼자서 존재를 계속할 수 있을까.

陶淵明의 武陵桃園을 다시 찾지 못하는 것을 애석히 여기지 않는 사람이 없을 것이다. 내가 中學校 漢文讀本에서 그것을 배웠을 때도 어린 마음으로 정말 그런 仙境이 있을까? 과연 있었다면 그곳을 다시 찾지 못한 그 漁夫가 매우도 안타깝게 생각되었다. 그러나 무릉도원설에는 그런 仙境은 이 세상에 있을 수 없고, 있더라도 오래 계속할 수 없다는 지극히 단순한 言外의 眞理가 있는 것을 잡지 못하는 사람이 많다. 全世界가 貧困의 구렁이에서 헤매는데 미국만이 繁榮할 수 있으며 또 저 하와이의 仙境이 오래 존속하기는 어려울 것이 아닐까. 이것이 나의 웨에키島에서 하늘의 별을 쳐다보면서 美國의 영토 위에서의 최후의 '유치한 哲學'이라 할까.

12월 29일은 날자 變更線 때문에 없어지는 날인데 30일 아침 富士山이 멀리서 보인 후 약 2시간 후 오전 9시에 羽田飛行場에 내렸다. 東京에서는 나의 美人친구 굿맨씨宅에 留宿하게 되었다. 司令部에서는 美人이나 그밖의 外國人을 막론하고 日本滯在許可를 해주지 않으므로 나도 24시간내로 東京을 再出發하여 正월 初하루 서울에 歸着하는 줄로 알고 있었다. 그러나 羽田비행장에까지 나온 굿맨씨에게서 나는 정월 9일까지 日本에 체재할 수 있다는 司令部의 허가를 받은 것을 알았다. 이것은 지금 司令部 美術部에 있는 미시간大學교수 플러머씨가 나의 부탁을 받고 주선하여 준 까닭이었다. 이 때문에 戰後 日本의 面貌는 볼 수 있었으나 귀국이 늦어져 하와이에서 받은 蘭이며 비행장에서 그리핑씨와 기파드씨가 주던 우리집 사람에게 보내는 레이(하와이에서 特有의 習慣으로 出迎餞送 경우에 주는 꽃선물)가 시들어 없어진 것은 유감이었다.

이날은 피곤한 것도 무릅쓰고 첫날의 東京이 주는 인상을 받아들이려고 애를 썼다.

내가 日本에 처음 가기는 1937년 구라파에서 돌아와서 얼마 후 東京에 갔는데, 이번이 세번째로서 역시 美洲에서의 歸路에 이곳에 들른 것은 이상한 인연이다. 東京의 면모는 많이 달라졌다. 집이 탄자리도 아직 많이 남아 있다. 再建도 상당하나 아직도 채소밭으로 있는 데가 더욱 많다. 美洲에서 돌아오는 나의 눈에는 모두가 빈약하게 보였으나, 그래도 며칠 지내고 이곳저곳 보는 사이에 역시 日本의 부흥은 상당하였다. 나의 눈에는 무엇이나 다 신기하게 보였다.

첫째 省線(鐵道省時代의 國鐵電車의 호칭)이고 電車고 다 잘 다닌다. 電車와 省線의 유리창의 아래층을 나무로 댄 것은 서울과 같다. 그러나 그 외의 유리는 다 끼워 있다. 省線이나 電車의 시트에는 어디가든지 '工'字를 먹(墨)으로 크게 써 놓았다. 너무나 칼로 잘 떼어가서 그것을 방지함이라고 한다. 納稅는 '國民第一의 義務'라는 우리도 낯익은 標語가 이곳저곳에 서 있다. 듣자하니 현재 納稅率은 30퍼센트 쯤 된다. '껄'들이 洋人들과 손을 끼고 다니는 것이 많다. 이같은 '팡 팡 껄'의 수는 굉장히 많아 戰後 日本의 생활상을 알려주는 것이다. 제일 눈에 잘 띄는 것이 日本人의 옷이 남루한 것이다.

纖維物이 제일 적은 모양이다. 생산은 상당하다고 들었는데 그 소비를 點數制로 제한하고 그 대신 해외에 수출한다고 한다. 이것을 그들은 饑餓輸出이라고 한다. 美國物件闇取人은 눈에 띄지 않았다. 敗戰國과 그 외 美軍이 주둔하는 데는 반드시 있는 美國 담배장수가 日本에는 보이지 않았다. 物價는 우리나라의 평균 약 3분의 1, 그만큼 貨幣價가 높은 모양이다. 다만 食料品만은 高價, 쌀값은 우리나라의 3배.

제일 많이 가본 것이 神田의 冊房거리이다. 燒夷彈에 맞아서 책이 귀하다고 들었는데 책의 洪水가 난 것 같이 보였다. 稀貴한 책이라도 얼마든지 나와 있고 또 가격도 서울보다 거의 10분의 1이 되는 것이 많았다. 古蹟圖譜 같은 朝鮮關係도 많은데 이런 것은 서울時價의 15분의 1, 洋書도 많이 나와 있다. 柳宗悅씨에게서 들은 바에 의하면 學者階級이 생활난으로 책을 내놓은 것이 이 冊洪水의 원인인 것 같다고 한다.

대중을 위한 잡지도 많다. 그러나 그 중 소위 '에로'를 파는 저급잡지가 많은 것은 하나의 社會相이라 할까? 新刊書籍들도 紙質도 좋고 가격도 헐하고——이들 책가게에는 여전히 수많은 젊은 사람들이 모여 독서하고 있는 것은 일본에서만 볼 수 있는 현상이다. 나는 가진 돈이 없어 좀 상태가 나쁜 《通溝》 上下卷을 1,500엔으로 샀다. 지금 서울 時價는 4만원 정도라고 한다. 때 마침 年末年始라 누구 한 사람 방문할 수 없었으나, 柳宗悅씨만은 꼭 만나고 싶어서 전화로 연락하고 12월 31일 오전 10시에 만났다. 씨의 民藝館은 무사하여 開館하고 있었다. 60이 넘었을 터인데 50 정도로 보였다. 3·1 運動 직후 日本의 어느 文化人하나 그 日本의 우리나라에 대한 야만스러운 정책에 대하여 항의한 일이 없는데, 이 柳宗悅씨만이 붓으로 입으로 항의한 것은 우리가 기억하고 있는 바이다. 사실 倭政 40년간 日本人 學者들이 우리나라 歷史·美術을 연구한 사람이 상당한 수에 달하고——또 그들 중에는 우리나라의 文化·藝術을 찬양한 사람도 한 두사람 아니지만, 그러한 그들은 예외 없이 우리 民族에 대하여 전혀 아무런 理解도 없었고 이해하려고 노력도 하지 않았다. 당치도 않은 優越感을 가졌기 때문에 소위 우리나라의 歷史와 言語를 연구한다는 자들도 우리나라 말을 解得할 수 있는 자가 없었다.

이러한 日本人 가운데서 柳宗悅씨 같은 이는 드문 예외이었다. 나는 내가 博物館人으로 朝夕과 같이 보는 光化門을 대할 때 마다 '야나기 상' 생각이 난다고 하였더니 그는 감개무량한 듯하였다. 日本人들이 당시 總督府廳舍를 준공하고 光化門을 없애버리려고 할 때 이 由來가 있는 建築物을 파괴하는 데 반대한 것이 柳宗悅씨였고 그 결과로 현재의 자리로 移建하게 되었다. 씨는 兼子夫人을 소개하여 주었다. 夫人도 나와 같은 珍客을 만나서 감개무량한 모양이었다. 이날 시간의 여유가 없어서 간단히 柳宗悅씨의 안내로 씨의 民藝館을 견학하고 돌아왔는데 나는 수일 후 다시 柳씨와 같이 鎌倉까지 갔다 왔다. 나는 博物館界와 美術研究方面의 동향을 알 필요가 있었다. 그래서 正월 2일 한 때 舊總督府博物館에 奉職하고 있던 熊谷宣夫씨를 中野에 있는 그의 집으로 찾아갔다. 빈한한 살림에도 불구하고 꿈틀거리고 학문에 精進하는 日本學徒의 면목이 보였다. 씨는 東洋美術專功 특히 中央亞細亞美術에 조예가 깊다. 씨와 같이 나는 박물관 부속으로 되어 있는 美術研究所를 방문하였더니 新年初라 한 사람도 나와 있지 않았다. 舊帝室博物館은 현재 國立博物館으로 改稱되어 있는데 이곳도 직원은 한 사람도 만날 수 없었다. 그러나 나는 正월 4일과 7일의 兩日 박물관과 미술연구소를 자세히 견학할 기회가 있었고, 또 7일은 박물관과 미술연구관계자들이 나를 중심으로 座談會를 가졌는데 나가서 이 방면 인사들과 의견을 교환할 기회가 있었다.

이날 座談會에는 原田淑人·小場恒吉·田澤坦·本間順治·齊藤忠·田中一松·松下隆章·新規矩男·澤柳大五郎·中川千笑·嘉門安雄·山口竹子·石澤正男·福山敏男·熊谷宣夫·矢島恭介·川上涇·中村傳三郎·持丸一夫·久野健·中武宣傳·秋山光和 등과 和蘭 라이덴國立博物館長 크리거씨가 參席하였는데, 씨와는 벨지움체재時代에 일차 만났던 일이 있는 舊知의 사이이다. 이들 중에는 朝鮮과 관계가 깊은 사람

이 한 둘이 아닌데, 무엇보다도 그들이 알고 싶은 것은 그 후의 우리나라에 있어서의 博物館事業의 현황이었고 또 美術研究의 進步이었다. 나는 될 수 있는대로 그들에게 만족한 회답을 주었고, 또 戰後 근 4년이 되어도 아직도 세계학계의 사정에 어두운 그들에게 내가 보고온 바의 美國學界의 한 사람으로 아마 日本學界의 인사들과 이렇게 만난 최초의 사람인 것 같아서 감개가 무량하였다.

이들 학자 중에는 原田淑人박사·小場恒吉교수와 같이 朝鮮研究와는 인연을 끊을 수 없는 사람들이 많다. 그럼에도 불구하고 과연 그네들이 日本帝國主義 植民政策의 앞잡이 역할 밖에 한 일이 없었다. 나는 이 좌담회에서 日本이 서울에 帝國大學이라고 만들어서 그것이 설립된 지 20년이 지났음에도 불구하고 조선사람은 교수 하나도 없었고 조선 學生은 10분의 1도 넘지 않았다는 사실을 지적하지 않을 수 없었다. 생각하면 이러한 惡魔의 문화정책이 高級文化民族의 하나인 朝鮮民族에게 감행되었다는 사실은 日本 知識階級의 책임이 아니냐. 전쟁범죄자가 있다면 日本에도 수많은 文化犯罪者가 있어 마땅한 일이다.

그러나 이 좌담회 席上에서 나는 이러한 말은 될 수 있는대로 내지 않았다. 생각하면 문화적으로나 경제적으로나 一葦帶水를 隔한 兩國의 相協相助는 꼭 있어야 될 일이다. 이러한 의미에서 이날 모인 사람들은 나를 대하였고 나 역시 이러한 의미로 그들을 대하였다. 그러나 좌담회가 끝난 후 美術研究所의 문을 나올 때 이들의 人的 資源으로나 또는 人民의 勤勉性으로나 우리보다 우월한 日本의 隣邦인 우리나라는 역시 어느 방면으로 보나 곤란한 많은 문제에 부딪칠 것을 예감하였다. 三國事記를 보든지 高麗史를 펴든지 또는 朝鮮王朝史를 보든지 倭寇가 항상 큰 문제였는데, 이 왜구는 이후로도 큰 문제로 남겨져 있는 것 같았다. 나는 美術研究所 研究員에게서 日本學者들의 생활의 內面 이야기도 들었다.

敗戰한 나라의 學者生活이 潤澤할 리 없다. 學制도 美國式으로 개편

중인데 高等學校·專門은 모두 大學으로 昇格되어 전국에 240여의 대학이 생긴다고 한다. 그대신 中學校는 전부 6년제로 舊制 7년제 高等學校의 역할을 한다고 하는데, 이곳도 학제의 혼란은 상당한 모양이다. 학생들도 일변 勞動, 일변 공부하는 사람이 대부분으로 출석률이 나쁜 것은 우리나라와 같은데, 한편 교수들은 월급으로 최저생활은 영위할 수 있는 듯하니 우리나라와는 전혀 사정이 다르다.

東京에 체재하는 사이 하루는 柳宗悅씨와 司令部 플러머씨와 함께 鎌倉으로 갔다. 역시 鎌倉에는 舊日本이 가장 잘 남아있는 듯해서 얻는 바가 많았다. 鎌倉에서는 禪學者로 令名이 있는 鈴木大拙씨를 그의 私邸로 찾았다. 八旬이 넘는 老齡인데도 불구하고 원기가 왕성하다. 수 개월 후 하와이로 講演旅行을 간다고 한다. 柳씨의 말을 들으면 英語로 禪에 대한 저술을 할 수 있는 사람은 鈴木씨 뿐으로 그가 세상을 떠나면 일본에는 그 후계자를 찾기 어려우리라고 한다. 鎌倉에서 자동차를 달리는데 앞을 보니 富士山이 뚜렷하게 나타나 있다. 역시 日本의 名物은 富士山이다. 나는 正월 9일 9시 金浦비행장에 도착하였다(《學風》 1949년 4월호).

책을 내면서

아버님께서 國立博物館에서 나오는 《박물관신문》에 연재하시던 이 《景福宮夜話》를 한데 모아 책으로 내시고 싶어하셨던 것은 오래 전의 일로 대략 돌아가시기 일년 전부터는 원고를 다시 정리하시기 시작하셨던 것 같다.

1989년 가을, 하루는 아버님께서 카메라를 빌려달라고 하시기에 어딜 가시느냐고 여쭈었더니 景福宮에서 사진찍을 일이 있다고 하셨다. 그래서 나는 카메라를 둘러메고 아버님과 함께 경복궁에 가보았다. 그곳은 아버님의 경복궁박물관장 시절과 나의 유년시절을 보낸 고향과도 같은 곳…. 실로 오랜만에 경복궁 내 여기저기를 함께 거닐며 사진을 찍었던 때가 엊그제 같이만 느껴진다. 그때 慈慶殿 뒷담에 새겨진 아름다운 十長生圖를 보면서 새삼스레 6·25 동란 전 뒤뜰을 통해 관장실 창문으로 넘어다니던 어릴때의 기억이 되살아났다.

이제 다시는 그런 기회가 오지 않으리라는 안타까운 마음을 달래며 이 책을 완성해드리니 생전에 못다 나눈 이야기를 이 책을 통하여 할 수 있을 것 같다. 바라건대 이 책이 같은 분야에 종사하고 있는 아버님의 후학들에게 뜻있는 지침과 격려가 되어준다면 마지막까지 이 일에 매달리셨던 아버님을 기쁘게 해드리리라 생각된다. 그리고 원래의 원고 중 많은 수의 漢字를 한글로 바꾸어 놓은 것을 아버님께서 이해해주시리라 생각한다. 또한 有光교수와 크네즈박사께서 특별기고를 보내주시어 책의 내용을 더욱 알차게 해주신데 대하여 감사하게 생각한다.

이 책을 완성하는 데 크게 도움을 주신 郭東璨선생님께 남다른 감사를 드리며, 文賢順, 李善亨, 李淑姬의 수고에 고마운 마음을 표한다. 끝으로 이 책의 출판은 물론 앞으로 아버님의 自敍傳, 수필집, 논문집까지 모두 네 권을 모아《藜堂金載元博士著作集》의 출간을 기꺼이 응낙해 주신 探求堂의 洪錫禹사장님께 특별한 감사를 드린다.

1991년 3월 큰딸 理那

저자 소개

○ 年　譜

1909. 2. 22(陰)　咸鏡南道 咸州郡 朱地面 興上里 207番地에서 故 金鶴鎬 先生의 아들로 出生

1927　咸興高等普通學校 卒業

1934　독일 뮨헨大學 哲學部에서 文學博士 學位 授與

1934～40　벨기에 겐트國立大學 Carl Hentze教授 助手

1941　醫師 李彩熙女史와 結婚, 슬하에 1男 3女를 두심

1940～70　普成專門學校, 서울大學校 文理科大學 講師

1945～70　國立博物館 館長

1955～90　震檀學會 理事 및 評議員

1955～90　大韓民國學術院 會員

1957～76　하바드·엔칭學社, 東亞文化研究委員會, 서울委員會 委員 및 委員長

1957·1961　國寶海外展示 主管(美國 및 유럽)

1958　第四次 및 第六次 韓日會談 韓國代表團 顧問

1963　UNESCO 韓國委員會 委員

1967　韓國學術研究助成委員會 委員長

1968　韓國考古學會 創立, 會長

1970　國立博物館 館長 停年退任

1970～71　美國 알렌타운市 뮬렌버그大學 招聘教授

1990. 4. 12　他界

○ 受　賞

1962　韓國出版文化賞

1965　大韓民國學術院賞

1966 五·一六 民族賞

1970 國民勳章 牡丹章

○ **主要著書**

《檀君神話의 新研究》(정음사, 서울, 1947)

《壺杅塚과 銀鈴塚》(國立博物館, 서울, 1947)

《韓國史》「古代篇」(共著)－震檀學會編(乙酉文化社, 서울, 1959)

《感恩寺》 (공저)(國立博物館, 서울, 1961)

Treasures of Korean Art(共著) (London, 1966)

《韓國美術》 共著 (日語版, 講談社, 1970)

(韓國語版, 探求堂, 1973)

Arts of Korea, 共著 (Kodansha International, Tokyo, 1974)등 多數

경복궁 야화

초판1쇄 1991년 4월 2일
2쇄 2000년 11월 2일
3쇄 2013년 1월 5일

저 자 김재원
발행자 홍정수
발행처 탐구당

등록일 1950년 11월 1일
등록번호 서울 제 03-00993 호

주소 서울특별시 용산구 한강대로 62 나길 6
전화 (02) 3785-2211(대표)
팩스 (02) 3785-2272
홈페이지 www.tamgudang.co.kr
전자우편 tamgudang@paran.com

ISBN 978-89-6499-012-4

값 11,000 원